连云港传统文化
研学旅行

江苏省连云港未成年人社会实践基地　编著

中国华侨出版社
·北京·

图书在版编目（CIP）数据

连云港传统文化研学旅行 / 江苏省连云港未成年人
社会实践基地编著. —— 北京：中国华侨出版社, 2021.9
　　ISBN 978-7-5113-8587-1

　　Ⅰ.①连… Ⅱ.①江… Ⅲ.①地方文化 - 连云港 - 中
小学 - 乡土教材 Ⅳ.①G634.591

　　中国版本图书馆 CIP 数据核字(2021)第 167642 号

连云港传统文化研学旅行

编　　著 / 江苏省连云港未成年人社会实践基地

责任编辑 / 姜　婷

封面设计 / 力扬文化

经　　销 / 新华书店

开　　本 / 710mm × 1000mm　　1/16　　印张 /18　　字数 /345 千字

印　　刷 / 成都兴怡包装装潢有限公司

版　　次 / 2021 年 9 月第 1 版　　　2021 年 9 月第 1 次印刷

书　　号 / ISBN 978-7-5113-8587-1

定　　价 / 76.00 元

中国华侨出版社　　北京市朝阳区西坝河东里 77 号楼底商 5 号　　邮编：100028

发行部：(010) 64443051　　　　传　真：(010) 58815874

网　　址：www.oveaschin.com　　E- mail：oveaschin@sina.com

如果发现印装质量问题，影响阅读，请与印刷厂联系调换。

编委会

目录
CONTENTS

第一章　研学旅行概述

第二章　研学旅行课程标准

第三章　研学旅行课程设计与实施

第四章　传统文化研学旅行课程资源

第五章　连云港传统文化研学旅行课程案例

第六章 以研学旅行为载体承载新时代劳动教育

Part

1

第一章

研学旅行概述

连云港传统文化研学旅行

第一节　研学旅行的由来

研学旅行是教育的重要组成部分。读万卷书，行万里路；知行合一，寓教于乐；充实人生阅历，夯实教育基础。研学旅行是"旅游+"概念下的新模式，它延续和发展了古代游学、"读万卷书，行万里路"的教育理念和人文精神，成为素质教育的新方式。它是由教育部门、研学机构和学校有计划地组织安排，通过集体旅行、集中食宿方式开展的研究性学习和旅行体验相结合的校外教育活动。

说到"研学"，就不得不提起"游学"。在中国古代就有"游学"的历史，学子远游异地，求师问道，寻求真知。我国古人就有游历四方，探寻真知的觉悟。"游学"流变到近代之后，内涵发生了些许变化。比如，曾国藩送出国门的赴美学童，还有其后的赴英留学热潮、留日热潮、留俄热潮等，也被称作是游学。到了现代，游学的概念内涵又有了变化，就是将组织学生前往学校之外的空间进行的教育活动，即我们口中的夏令营、冬令营，每年一到寒暑假，就会有许多家长将孩子送去参加冬夏令营，以此培养孩子的独立自主能力、表达能力、解决问题能力和社会综合实践能力。

相较游学，研学是一种研究性学习和旅行体验相结合的校外教育活动，更加注重"学"，重视课程内容，更加强化其深刻的教育意义。

1. 2013 年 2 月 2 日，国务院办公厅发布的《国民旅游休闲纲要（2013—2020 年）》中最早提出了"研学旅行"。

《纲要》中明确说明"在放假时间总量不变的情况下，高等学校可结合实际调整寒、暑假时间，地方政府可以探索安排中小学放春假或秋假"，并提出了要"逐步推行中小学生研学旅行","鼓励学校组织学生进行寓教于游的课外实践活动,健全学校旅游责任保险制度"。

2. 为秉承"创新、协调、绿色、开放、共享"的发展理念,落实立德树人的根本任务。2016 年 11 月 30 日,教育部、国家发展改革委员会、文化部等 11 部门共同发布《关于推进中小学生研学旅行的意见》。

《意见》指出,中小学生研学旅行是由教育部门和学校有计划地组织安排,通过集体旅行、集中食宿方式开展的研究性学习和旅行体验相结合的校外教育活动,是学校教育和校外教育衔接的创新形式,是教育教学的重要内容,是综合实践育人的有效途径。《意见》还提出,按照全面实施素质教育的要求,将研学旅行、夏令营、冬令营等作为青少年爱国主义和革命传统教育、国情教育的重要载体,纳入中小学生日常德育、美育、体育教育范畴,增进学生对自然和社会的认识,培养其社会责任感和实践能力。建立小学阶段以乡土乡情研学为主、初中阶段以县情市情研学为主、高中阶段以省情国情研学为主的研学旅行体系。加强对研学旅行的管理,规范中小学生集体出国旅行。同时,国务院将支持各地依托自然和文化遗产资源、大型公共设施、知名院校、工矿企业、科研机构,建设一批研学旅行基地,逐步完善接待体系,并鼓励对研学旅行给予价格优惠。

3. 国家旅游局于 2017 年 1 月 10 日发布《研学旅行服务规范》。

《规范》是国家旅游局针对研学旅行实施做出的权威性的规范文件,其中对人员配置、产品分类、服务改进、安全管理提出了明确的要求。研学旅行机构或学校可以针对此文件查漏补缺,及时调整。

4. 教育部于 2017 年 8 月 22 日发布《中小学德育工作指南》。

解读:《指南》主要明确学校组织开展研学旅行,以推进中小学生综合素质的提升。在研学旅行实施过程中,校外机构应与学校通力协作,达到学校教育目标,这是尤为重要的。

5. 教育部于 2017 年 9 月 25 日发布《中小学综合实践活动课程指导纲要》。

《纲要》指出，综合实践活动是国家义务教育和普通高中课程方案规定的必修课程，与学科课程并列设置，是基础教育课程体系的重要组成部分。

6. 中共中央国务院 2020 年 3 月 20 日发布《关于全面加强新时代大中小学劳动教育的意见》。

《意见》为构建德、智、体、美、劳全面培养的教育体系，就加强新时代大中小学劳动教育提出劳动教育意见。充分认识新时代培养社会主义建设者和接班人对加强劳动教育的新要求，全面构建体现时代特征的劳动教育体系，广泛开展劳动教育实践活动，着力提升劳动教育支撑保障能力，切实加强劳动教育的组织实施。

7. 教育部基础教育司 2017 年 11 月 20 日《第一批"全国中小学生研学实践教育基地或营地"公示名单》。

文件大致明确了中小学研学实践基地和营地应具备的基本条件，对研学旅行及营地教育从业者有一定的参考意义。

第二节　研学旅行的理论基础

从 2013 年国家提出"研学旅行"开始，教育部的相关负责人曾表示，"研学旅行不是一般的旅游，要有课程的开发，特别是到了富有教育意义的革命传统基地和文化基地，要把革命的精神、文化的内涵讲出来，让学生受到教育"。研学旅行是学校教育和校外教育衔接的创新形式，是教育教学的重要内容，是综合实践育人的有效途径，是一种自然主义教育、生活教育、休闲教育。

一、研学旅行是一种自然主义教育

研学旅行是一种自然主义教育。自然主义教育在中西方都源远流长，它代表了一种遵守自然秩序、遵从自然本性的教育观。西方自然主义教育的代表人物通常上溯到亚里士多德，中间经夸美纽斯、卢梭正式确立，最终发展成为颇有影响的教育流派。亚里士多德认为，教育应该遵守一种自然的秩序，应该从儿童身心发展的规律出发，"首先要注意儿童的身体，其次留心他们的情欲培养，然后才及于他们的灵魂"。这种注重儿童身心教育的观点，对于改变我们重知识教育而轻素质教育的倾向，至今仍有启发。

文艺复兴时期，人文主义教育家拉伯雷反对经院派的教育方式，主张受教育者应该走到大自然当中，直接学习自然知识。他要求教师指导儿童在大自然中研究天文学知识，在田野里学习植物学，在草地上观察一草一木。这种教育方式就是通过把教育的场所由封闭的学校引向开放的大自然，观察、认识并体验大自然中的一切。这种教育方式是灵活的，也是符合儿童身心特点的。

捷克著名教育家夸美纽斯，是西方自然主义教育的系统构建者，夸美纽斯明确提出了"教育适应自然"的原则，并将其作为贯穿整个教育体系的一条根本性原则。夸美纽斯的"自然"包含两方面的含义，分别是自然界的普遍顺序以及人的自然本性和儿童年龄特征。他指出，人所应该学的必须通过实践来学会，也就是不停地去实践并重复，才能真正学到东西。因此，那种灌输型的教育就是违背了知识传授的规律。他主张，旅游与体验的教育方式是一个人从小到大都非常重要的学习方式。因为，通过旅游体验，学生可以了解并探索自然本质以及人类所创造事物的规律与特点。

卢梭的自然主义教育的核心是"归于自然"（Back To Nature）。"自然的状态"在卢梭关于人类不平等和国家的起源学说中固然是指人类的史前时代，但在教育上更侧重指人性中的原始倾向和天生的能力，它与人类的"自然状态"又是紧密联系在一起的。卢梭自然主义教育的核心是"回归自然"。一方面，他认为善良的人性存在于纯洁的自然状态中；另一方面，卢梭还从儿童所受的多方面的影响来论证教育必须"回归自然"。他说每个人都是由自然的教育、事物的教育、人为的教育三者培养起来的。卢梭为之呼吁的"回归自然"、遵从天性，就是开创新教育的目标和根本原则，这最大体现于他的《爱弥儿》一书中。他在此书中说："大自然希望儿童在成人以前就像儿童的样子。如果我们打乱了这个次序，他们就成了一些早熟的果实，既长不丰满也不甜美，而且很快就会腐烂，我们就会造成一些年轻的博士和老态龙钟的儿童。"这个言论让我们正确认识到儿童的种种需求就如饮水起居一样是人的天性，我们要尊重他们的需要，为学生的自我完善营造一个绿色的环境，给学生提供更广阔的发展空间——一切为了孩子的成长需要。

卢梭还十分重视受教育者的实践行为，他认为学生只是被动接受书本知识，基础教育者的口头训示即"填鸭式"的教育是毫无效果的，重要的是要身临其境，身体力行。他反复指出："我要不厌其烦地一再说明这一点；要以行动而不以言辞去教育青年，他们在书本中学不到他们从经验中学到的那些东西的。"他甚至多次提出对儿童要仁慈，认为这是人的"头一个天职和唯一美德"，强调热爱儿童和尊重儿童天性的原则。这一点对我们当前的教育也有深刻的启迪。当今社会，大多数孩子都是独生子女，是父母心中的宝贝。由于望子成龙、望女成凤的急切心态导致不少家长不顾青少年的自由发展规律，一味地给子女施压，迫使他们从小忍受成人之苦，无法享受到一个孩子真正的乐趣，这是违反教育原则的，也不利于少年儿童的身心健康。其次，他十分推崇自由，强调要让孩子在游戏活动中学习。这一点也符合新课标的精神。因此教育"归于自然"、即以自然的教育为基准，才是良好有效的教育。

裴斯泰洛奇受卢梭自然主义教育思想的影响，一方面强调要遵循儿童的天性，另一方面则进一步将自然教育思想深化，在教育史上首次提出了"教育心理学化"的口号，使教育适应自然的理论有了新的内涵，开拓了西方教育心理学化运动。

美国著名实用主义哲学家杜威在继承前辈关于自然主义教育思想的同时，发展出自己独特的理论体系。他将自然主义思想进一步发展为教育要以儿童为中心，提出了新教育的三中心理论，即"儿童中心"、"活动中心"和"经验中心"。杜威认为，教育就是生活，是生长，是经验的改组或改造。教育活动本身就是教育的目的，不存在教育过程以外的任何目的。课程要以儿童的身心发展的规律来设置，形成了独具特色的"儿童中心"课程论。至此，自然主义教育思想在西方的发展汇聚成一个大的教育潮流，成为影响世界教育的重要理论和思想。

中国从先秦开始到近现代，就形成了我国自然主义教育发生发展的脉络，提出了我国自然主义教育思想的命题，认为道家是它的起源，嵇康是它的独立形态的创始人，柳宗元是它的不可缺少的环节，蔡元培是它的集大成者。先秦道家的老子和庄子提出了与自然主义教育有异曲同工之妙的教育思想。老子全盘否定文化教育的价值，主张回归自然、复归人的自然本性，一切任其自然便是最好的教育。在《老子》一书中提出了"绝圣弃智"的观点。庄子继承了老子"道法自然"的思想，倡议不要用人力去改变自然。

道家认为"为学日益，为道日损"（《道德经·第48章》），一个人的成长要遵循一种自然而然的法则，向自然学习，正所谓"山林与，皋壤与，使我欣欣然而乐与"（《庄子·知北游》）。孔子周游列国，"入太庙，每事问"（《论语·八佾》）。曾点的舞雩之乐，也被认为是参悟天地境界的游学方式。后世儒家也多把接触自然、观察自然看作是得道的重要途径，正所谓"万物静观皆自得"（程颢《秋日》）。在大自然中，人的情感是迸发而喜悦的。"天地有大美而不言，四时有明法而不议"（《庄子·知北游》），大自然蕴藏着奥秘，它需要人融入其中，寻获游鱼之乐。《论语》开篇就是"学而时习之，不亦说乎"（《论语·学而》），"习"绝非坐而论道，而是不断实践的意思。

嵇康主要的教育思想"越名教而任自然"，这种思想是嵇康经过二十多年的酝酿、演变之后形成的，是嵇康思想的核心和大纲，也是其教育思想的核心体现。嵇康对儒家"名教"教育进行了全方位的批判，认为儒家名教严重阻碍人的自然发展。"任自然"意味着摆脱"名教"的束缚，让学生的个性能够自然而然地发展下去。"任自然"的教育思想要求对学生进行教育时，不要人为地分辨是非，应因势利导，顺乎自然，让学生个性按照自身固有的规律自由地发展。但非常值得注意的是，嵇康虽然倡导"任自然"，但是他并不是说对子女的成长是完全放任自流，不加任何外力的控制和诱导，实际上他认为适当的引导和控制是必不可少的。

柳宗元认为，天下万物的生长都有自身的发展规律，必须顺应自然规律，否则不仅徒劳无益，还会造成损害。他认为育人和种树的道理是一样的，育人同样要顺应人的发展规律，而不能凭着主观愿望和情感恣意干预和灌输。但又不是放任自流，提供发展的良好环境和动力是必要。柳宗元认为教育儿童的根本方法是不害其长不以好，其实这是一种自然主义倾向的教育思想。

民国初年，蔡元培深化了这种认识。针对传统封建教育无视学生自身的特点、违反自然、束缚个性发展所造成的危害，他提出了"尚自然，展个性"的新教育主张，认为教育要顺应受教育者身心发展的阶段水平及存在差异，从学生潜能的自然性入手，新教育顺应儿童的心理特点，成人或教师不自存成见，而是站在儿童的地位上，了解实际情况，尊重儿童的个性特点，促进其自由发展，"使成人受教于儿童"。在教学方法上，他反对"老守几本教科书以强迫全班之学生"的注入式教学，采用"在深知儿童身心发达之程序，而择种种适当之方法以助之"的自动、自学、自己研究的方法。其中渗透的教育信念是培植、养育，这与他的自由主义教育思想一脉相承，并具有更为深刻的教育意义。

中西自然主义教育虽然有所不同，但毫无疑问的是，自然主义应该是教育发展始终坚持的一个原则。这种教育观点所倡导的受教育者走向大自然，顺其自然本性而教育的理念，都是现今研学旅行活动所要重新加以思考并遵循的。

二、研学旅行是一种生活教育

如果说自然主义教育是研学旅行教育原则的话，生活教育理论则指明了研学旅行的教育内容以及教育手段。就教育的内容而言，所谓的生活教育就是生活中的一切都可以作为教育的内容，教育是为了生活，怎么样生活就怎么样教育。陶行知生活教育理论提出：以"生活即教育""社会即学校""教学做合一"为中心的生活教育理论。他所指出的，马路、弄堂、乡村、工厂、店铺、监狱、战场等，凡是生活的场所，都是我们教育的场所。"教学做合一"既是陶行知的教学思想，也有生活教育的方法论。他的教学目标是培养身心全面发展，能独立生活的人；教学内容是以生活为内容，以事为中心，获取"真知识"；教学方法为"教学做合一"，"做"为中心，在做上教，在做上学；师生关系是以学生为中心，教师为引导者，师生共进。

生活教育理论对我们开展研学旅行活动的启发是重要的。就教育的手段而言，生活教育反对把学生关在学校里，犹如把鸟儿关在鸟笼里，主张应该开放教育，让学生到广阔的生活中体验。可以说，我们现在之所以要在中小学生中推行研学旅行课程，把研学旅行纳入教学计划中，就是为了强调教育理应回归生活世界，教育理应面向生活、服务生活，让学生从生活中获得新知。

我们不仅需要知识的教育，更需要生活的教育；我们不仅需要从书本上学习知识，更需要从各色生活中习得知识，得到情感的陶冶、素质的提升。教育是生活的一部分，生活是最好的教育。

三、研学旅行是一种休闲教育

休闲是生活中很重要的一项内容，甚至是生活的大部分内容。它关系到人的生活质量以及个体的生活满意度与幸福感。长久以来，在功利主义盛行的形势下，教育成了生存的工具、手段，学习工作的技能成为教育的主要目的。这样的教育一定程度上忽视了日常生活的重要性，尤其是忽视了日常生活中休闲的重要性。一般意义上，休闲就是闲暇的时间，它是主体可以自由支配的空余时间，是人自由表现自我、实现人生价值的重要契机。工作往往只是生存所需，并非生活之全部。就人的一天而言，至少有的时间是非工作时间；就人的一生而言，超过2/3的时间都是非工作时间。在非工作时间中，人如何度过时间，并恰当地处理好自我与周围世界的关系，以及人与自我的关系，都是值得受教育者充分重视的事情。

美国著名休闲学者杰弗瑞·戈比认为，"成功地使用休闲，有三个重要观念：创造性、学习和乐趣"，他积极倡议学生要自由选择去玩，去探索他居住的那片土地，去尝试新的爱好。有学者指出，"休闲作为教育的背景"涉及"通过休闲实现的教育"，包括在正规和非正规的学习环境中，如教室、操场、课后活动。

而走出校门进行研学旅行的教学活动，无疑是更富有成效的一种教育方式。正是由于长期以来休闲教育的缺失，导致许多学生不会正确地利用闲暇时间，常常在闲暇时感到无所事事；而当从事休闲活动时，又有很多不恰当的选择以及不恰当的行为。休闲教育的缺乏，也导致长久以来强调的素质教育成为一句空话，学生的全面发展更无从谈起。

随着人类文明整体进程的加快发展、物质财富的持续增长，21世纪人类社会注定会迈进休闲时代，这就要求受教育者更加全面、更加理智地去面对生活，能够自由地实现自我的价值。因此，休闲教育课程体系的设置、休闲理念的传输、休闲实践的引导就显得尤为迫切了。另外，休闲教育除了体现为一种生活的教育，同时也体现为教学方法的革新。休闲是一种价值，是成为人的过程；休闲还意味着快乐的体验。这种体验的特征反映在教育领域里，则是"寓教于乐"的教学方法。

研学旅行通过精心设计课程，引导学生走出校园、走向社会，以一种旅行的方式感知周围的世界。这种教育形式就是一种休闲教育，它能让学生学习旅行的经验，并在充满体验感知的过程中获得成长的快乐。不同的理论基础反映了研学旅行的丰富内涵，同时也为研学旅行实践的开展提供了不同角度的启发。

四、通过研学旅行开展爱国主义教育

爱国主义教育是实现中华腾飞的主要思想基础和强大动力，爱国主义教育是学校教育的主旋律和永恒主题，为了培养学生的爱国主义情怀，研学旅行课程也必须着重开展爱国主义相关课程。

研学旅行课程可依托本地区的红色教育资源，如重大革命历史题材、已故著名党史人物纪念馆、纪念碑、陵园、遗址遗产等弘扬爱国主义精神及优良革命传统的纪念设施，开展研学旅行爱国主义教育。通过研学旅行爱国主义课程，营造一种润物细无声的方式，潜移默化地影响学生。

第三节 研学旅行的意义与课程特点

一、中小学生研学旅行的意义

教育部等 11 部门颁布《关于推进中小学生研学旅行的意见》指出，研学旅行是学校教育和校外教育衔接的创新形式，是教育教学的重要内容，是综合实践育人的有效途径。研学旅行是典型的研究性学习，是体验式学习的一种。研学旅行是研究性学习和旅行体验相结合的一种校外教育活动，是学校教育和校外教育相结合的一种创新形式。作为一种新的创新形式，它引起了广泛关注。因为它的涉及面很广，包括学校、家长、孩子、其他社会人员等。研学的创新形式是千变万化的，不同社会分工的人对研学的关注点也是不一样的。但万变不离其宗，那就是研学的作用是什么，核心意义是什么。

1. 激发学习兴趣

研学的主体对象主要是中小学生，教育心理学研究发现：只有激发一个人内在深层次的动力才会使一个人对一件事感兴趣，才会去慢慢地接触研究它。就学生而言，很多时候传统教育是根据教学大纲将知识传授给学生，学生被动地接受，属于被动学习，孩子的兴趣不大。

研学旅行如何激发孩子的兴趣呢？首先是在环境上，研学将课堂搬到了大自然、博物馆等更有趣味性、更有意义的地方，给孩子们创造了一个愉悦的学习环境，让孩子在精心准备的环境中，进行视觉、听觉、感觉的充分体验激发主动学习探究的兴趣。其次是在活动形式上，开展活动的不再是传统课堂里的老师，而是由受过专业训练的研学旅行辅导教师精心设计和组织活动。如何让孩子们耳目一新充满兴趣地自主学习更多的知识？学习目标如何达成？教学反馈是否令人满意等问题都对研学辅导教师提出了更高的要求。

2. "研"和"行"的统一

当今社会瞬息万变，各种新鲜事物令人目不暇接，课本上的知识更多呈现前人的知识理论经验，无法与现实日新月异的事物有效衔接。研学旅行便成为弥补这一缺陷的有效手段。

从目前的研学市场来看，很多夏令营、旅行社、网络平台等纷纷开展所谓的研学项目，其组织者和实施者并非都接受过专业教育技能训练。那么，如果组织者和实施者对研学还没有深刻认识和缺乏经验的时候，"游中少学"和"以游代学"等情况就比较常见了。有些甚至办成了周游各地，走马观花，与成人观光团相比，只不过同行的伙伴、语言和地理环境发生了变化，深层认知收获颇为有限。研学的核心内涵是促进"研行合一"。在研究学习中行走，在行走中学习合作、求真、修身……这需要设计者问需于学生，与校长、老师、家长达成教育共识，制订贴近学生、满足学生需求的研学教育方案，让学生在开放性的集体活动中开阔眼界、拓展思维，获得生存、为人做事的能力，获得个人丰富的体验感受，观察生活、感受生活、探究社会，培养全面发展的人。

3. 给予不同角色的启发

研学旅行的活动形式丰富多样，可设计空间大，可紧跟时代发展，加强活动内容设计，让学生在研学旅行过程中多样化、多渠道、多方面地吸收知识，补充课本内容的不足。学生在未来职业发展中，不仅需要具备扎实的专业素养，待人接物、自我管理、团队协作等能力也是必备的素质。

很多时候我们在一生中可能扮演多种角色。有的时候，你在是一个父母的同时还是学生，是公民；有的时候，你在是一个员工的同时还是子女，是游客。虽然研学的主体是中小学生，但也包含其他的一些社会角色。现在的中小学生未来也会成为父母，也会走入工作岗位，那么他们在研学旅行中学到的各种品质对他们未来的工作、生活或者更多要扮演的其他角色会有实质意义的帮助。

研学旅行为学生提供了一个提升处事能力的机会，旅行过程中学生不但要处理与其他师生之间的关系，同时会面临各种各样突发事件的挑战，让学生在困难面前学会自我管理的能力，锻炼学生与同学协作配合面对困难及克服困难的能力。这些都是课堂所不能触及的方面，研学旅行将成为帮助学生未来全面发展的必经之路。因此，建立中小学研学旅行体系有利于增进学生对自然和社会的认识。

最关键的一点是有利于推动全面实施素质教育，创新人才培养模式，引导学生主动适应社会，促进书本知识和生活经验的深度融合；有利于加快提高人民生活质量，满足学生日益增长的旅游需求，从小培养学生文明旅游意识，养成文明旅游行为习惯。当然，每一种教育都存在其优势和劣势，所以，我们才要更多地取长补短，把更多的教育形式进行融合，但是，基于对教育结果的要求来看，我们还是要更加专注地研究，千万不能因为追求商业价值而抹杀了其原本的意义。

二、中小学生研学旅行的课程特点

1. 有教育质感但并非单一的商业模式化的课程

研学旅行是学校认可的活动课程。在整个研学活动中，课程上的各个环节、教育目标、课程目标、课程设计、课程评价才能更加去吸引人们来投资。只有专注地去围绕学习者的成长，和专注培养人格全面发展去做一门课程，才是充满着人文气息的教育情怀和充沛的教育理念情感的。

所以说，我们常谈什么是教育？事实上就是在阐述你这个课程到底能不能帮孩子们提升他的心智水平、合作能力、社会责任感、美育等，也就是说德智体美劳全面发展。

全国都在实施德、智、体、美、劳全面发展这样一门课程，只有做得精、做得细、做得有成效，毫无疑问，这样的研学课程是被学校充分认可的。

2. 融会贯通本土化的课程

现在商业机构的研学活动课程，要想在地区内生根发芽、落地，乃至有结果，就要结合本土文化去做课程。

学校要求研学机构设计本校的课程，就是希望能够与本校办校宗旨、特色、课程体系有机地契合起来。能够让学生真正地感受到他们所学的课程体系中，他们最需要的课程、最急需破解的课程。这样方可提高学校的办学特色、影响力以及美誉度。

3. 秩序化的课程

谈起其他商业机构设计课程，大多都是以点散的方式去授课。每个地方校区去设计一门课程，很少会连续设计一系列的进阶性的课程，来满足学校的课程建设。所以，现在大多成功学校，它们严格地设计秩序化的课程，便于后期跟进而不落后于人。从根本上说，设计课程就要从它的上升性、进阶性、连续性、结构性去完善地设计。

4. 落地执行的课程

对于学校来说，空中楼阁的课程大多虚无缥缈而不能实地去执行跟进。所以说，我们青葱汇全国运营中心设计课程的时候要结合当地的资源，以及学校的办学实际情况，才能比较容易获得学校的认可，当然也便于课程落地执行实施。研学机构设计课程出来之后，最难跟进的就是实施了，实施过程中要跟进、要细致，不仅学校更看重的是课程的质量，也可以说整个教育体系机构都最看重课程的质量。

第四节　研学旅行的主要特征与基本原则

研学旅行是面向全体中小学生，由学校组织安排，以培养中小学生的生活技能、集体观念、创新精神和实践能力为目标，通过集体旅行、集中食宿的方式开展的一种普及性教育活动，是加强和改进未成年人思想道德建设的重要举措，是推动学校教育和社会实践相结合、全面推进素质教育的重要途径，重点突出全员参与、集体活动、走出校园、实践体验。

一、研学旅行的主要特征

研学旅行是一门引导学生从实际生活中发现问题，注重知识和技能综合运用的实践课程，具有自主性、开放性、探究性和实践性特征。

1. 研学旅行的自主性

学生是研学旅行的主体，在研学旅行活动中具有自主性。首先，在研学旅行过程中，学生会自发地生成兴趣，把需要解决的问题置于核心地位，会在教师的指导下基于学校的实际和地区的资源进行自主选择与整合，进而确定活动主题。其次，学生是研学旅行组织过程中的管理者与承担者。学生会通过充分磋商来确定规则与纪律、分工与合作以及出现的问题并解决。最后，学生是研学旅行过程的亲历者和体验者。当学生开始研学旅行后，他们会主动地去感觉、去思考，这种别样的生活与体验能够让学生重新审视自我、塑造自我。

2. 研学旅行的开放性

研学旅行超越了校本教材、学校课堂的局限，向自然、生活和社会领域延伸，研学旅行密切了学生与自然、社会的联系。因而，研学旅行的内容必然具有开放性的特征。由于在不同的时间和空间里呈现，即使同一研学内容也会呈现出更加丰富多彩的表现形式。随着活动的展开，学生会不时生成新的主题和目标，从而使研学旅行的广度拓宽、深度延伸。在相同的研学旅行中，由于学生个体经验的差异而趋向各自感兴趣的认知场域，从而为学生的个性发展提供了开放的空间。所以说，研学旅行使学生通过亲身投入于自然和社会，宽广了胸怀，丰富了见识。

3. 研学旅行的探究性

研学旅行为学生提供了许多探究、解决问题的机会。在确定研学旅行主题时，学生首先遇到的问题就是如何选题，这就要求学生善于思考，积极捕捉来自身边的问题并进行界定、筛选和整合。学生需要对研学旅行可利用的课程资源进行分析、比较与评估，以设定较为合理的探究、体验项目。研学旅行过程中随机生成的许多问题，可能会是学生不曾预料到的，故需要学生通过探究体验加以解决。同时，无论是通过"温故"而获得的还是通过探索发现的新知识，在需要在研学旅行中再次验证。最后，经学生自己验证的新知识，再用于解决类似问题的时候，会形成举一反三的体验。

4. 研学旅行的实践性

研学旅行就是体现实践性，是步入社会、走进大自然进行广泛的实践。一方面，学校要根据校情和所处地域资源的实际情况，因地制宜，引导学生走出校园，在与日常生活不同的环境中拓宽视野、丰富知识、了解社会、亲近自然、参与体验；另一方面，在组织研学旅行活动中，要多安排实践性活动，游览观光、参观考察和听讲解的时间可以适当控制，有意增加尝试体验、动手制作、团队合作、创意设计、角色扮演等学习方式，让学生运用触觉、视觉、嗅觉等多种感官去实践、体验。

二、研学旅行的基本原则

研学旅行是基础教育课程体系中综合实践活动课程的重要组成部分，由各学校根据相关规定及本校实际情况自主开发和组织实践，其基本原则是：

1. 公益性原则

研学旅行应坚持公益性质。所需费用应由学生个人承担的，须经当地物价部门核准，只能收取基本费用，不得开展以营利为目的的经营性敛财，对特困家庭的学生要减免费用。教育是公益事业，从事和参与教育事业的人，需要有一颗公益心。《意见》明确规定："研学旅行不得开展以营利为目的的经营性创收，对贫困家庭学生要减免费用。"对于研学旅行这种公益性教育活动，应该是全员参与的，要建立有效的经费筹措机制，保障贫困家庭的孩子也有机会出去研学。另外，公益性原则还体现在经营收益方面，从事研学旅行工作，不能与旅游市场运作方式一样，要实行"薄利"甚至"微利"，抱着"大捞一笔"的心态，是做不好研学旅行的。相关部门应该采取具体措施，规范和约束研学旅行活动，使其充分体现出公益性原则。

2. 安全性原则

组织中小学生研学旅行，要始终把安全问题放在首位。《意见》提出："研学旅行要坚持安全第一，建立安全保障机制，明确安全保障责任，落实安全保障措施，确保学生安全。"可以说，安全问题始终是压在校长心头的"一块石头"，只有当师生平安归来，心中的"石头"才算"落地"。有的小学校长全程陪同，亲自组织小学生研学旅行，就是为了确保在旅行过程中做到万无一失。

3. 教育性原则

研学旅行活动内容要结合学生的身心特点、接受能力和实际需要，注重知识性、科学性和趣味性，为培养个性化、创新型人才提供良好的成长空间。研学旅行的根本目的是教育，尤其是一种学会过集体生活的教育。它与成人旅游以及家长带孩子外出旅游是不同的，因此，其首要的原则是教育性原则。《意见》提出："研学旅行要结合学生身心特点、接受能力和实际需要，注重系统性、知识性、科学性和趣味性，为学生全面发展提供良好成长空间。"除了知识与能力层面的教育，让学生经历问题解决的过程与方法，在各种经历中，形成良好的情感、态度与正确的价值观，这是研学旅行综合教育的育人价值。

4. 实践性原则

研学旅行要引导学生走出校园，在与日常生活不同的环境中拓宽视野，丰富知识，了解社会，接近自然，参与体验，增强学生的社会责任感，培养创新精神。

第五节　研学旅行在国内外的发展

一、研学旅行在国内的发展现状

2016 年 12 月，教育部等 11 部门颁布的《关于推进中小学生研学旅行的意见》中指出，要将研学旅行纳入中小学教育教学计划，研学旅行活动这才算是在我国开始普及。研学旅行作为一种将教育活动与旅游体验合二为一的新兴游学形式，越来越受到中小学校的重视及青睐。研学旅行作为一种群体性的外出实践活动，具有其余众多课程无法比拟的优点，如其研学主体的自主性、内容的开放性、方法的探究性等。

有学者借鉴国外学者的研究，具体提出了研学旅行在"问题解决和思考能力、人际沟通能力、信息管理能力、自我管理的学习能力、适应能力、对社会与文化的包容能力、时间及财务管理能力及自我激励和独立个人品性能力"八项能力培养方面的教育功能，这与《中小学生综合实践活动课程纲要》中的学生能力培养紧密相关。还有学者借鉴培养创新人才所需要的心智模型，特别阐释了研学旅行在知识心智、内在动机心智、多元文化经验心智、问题发现心智、专门领域判断心智和说服传播心智方面对学生心智能力培育的影响和意义。因此，研学旅行作为一种体验式素质教学模式，引发了国内教育界及旅游界的共同关注。

随着一系列鼓励研学旅行的政策的发布，国内研学旅行市场发展迅速，呈现出如火如荼的态势。具体特点如下：

1. 国家支持，政策扶持力度大

在全面落实立德树人根本任务，推进素质教育的今天，研学旅行作为一种将教育活动与旅游体验合二为一的新兴游学形式，越来越受到中小学校的重视及青睐。研学旅行作为一种群体性的外出实践活动，具有其余众多课程无法比拟的优点，如其研学主体的自主性、内容的开放性、方法的探究性等。近年来研学旅行得到了国家和政府诸多的政策支持。从 2013 年开始，不断有省市开始研学旅行的试点工作；2014 年，国务院发文要求"支持研学旅行发展，把研学旅行纳入学生素质教育范畴"；2016～2017 年，原国家旅游局以及教育部先后推出一系列政策，给研学旅行提供了良好的发展平台。

2. 规模扩大，发展空间大

教育部规定每个中小学每年必须开展一次研学旅行活动。目前，国内中小学在校生人数超过两亿，各中小学都在全力推进研学旅行市场，在"旅游+"全面推进的发展机遇期，以研学旅行为代表的体验式教学活动，其需求日益增长。因此，市场潜力不可估量。

3. 研学旅行产业链逐步完善

在各种政策以及市场的驱动下，越来越多的旅游企业加入研学旅行队伍，形成了专门的研学旅行部门，并且出现了研学导师等新兴职业，研学旅行部门越来越重视与旅游景区的合作；中小学也根据本校的实际情况，安排学生参与，满足教学和学生的需要。

4. 国内旅游资源价值高

中国地大物博，五千年深厚的历史文化积淀为中国提供了种类繁多的自然景观以及人文旅游资源，中国是当之无愧的旅游强国以及旅游资源大国。截至 2018 年 10 月，我国 5A 级旅游景区数量为 259 个；截至 2019 年 7 月，中国世界遗产已达 55 项，是与意大利并列拥有世界遗产最多的国家，同时，中国也是世界上拥有世界遗产类别最齐全的国家之一。因此，中国有众多的旅游资源可供深入挖掘，能够支撑多样化研学旅行产品的开发。

二、研学旅行在国外的发展现状

纵观各国的研学旅行，每个国家都会有自己独特的发展模式，比如，日本通常把"研学"称之为"修学"，涉及职业选择、自然体验、传统文化传承等多个方面，甚至还将这一特色写入学校的招生简章之中；欧美的研学大多以营地教育为主，营地教育是一种在户外以团队生活为形式，并能够达到创造性、娱乐性和教育意义的持续体验，也是欧美国家学生最受欢迎的活动。以欧美国家为例，它们研学旅行的发展特色，为国内研学旅行的未来发展提供许多借鉴作用。

提到欧美国家，最具代表性的第一个就是美国。相比于国内家长的"望子成龙""望女成凤"，美国的家长似乎很少有这个思想，他们更倾向于关注孩子的兴趣爱好，通过参加各种各样的奇特有趣的活动，培养孩子活跃有趣的思维和能力。

美国孩子在假期是没有书本的暑假作业的，他们会通过营地、夏令营、职业体验等多种形式进行有趣的社会实践，来锻炼自己独立思考和处理问题的能力。这些特色的活动也是美国学校招生的考量指标，很多名牌大学会要求学生提供暑期的社会实践经历，这也是迈入学校必备的一块敲门砖，而且做义工也是美国孩子暑假生活的重要组成部分。

和美国孩子不同，如果说美国孩子的研学重在社会实践的话，那法国孩子的研学最大特点就是旅行，他们喜欢去各种各样的地方去体验当地特色的文化和习俗，出国也是常有的事，通过到不同的国家进行进修，不仅能深入体验到当地的环境文化，而且对于自己语言的锻炼也是一个不错的效果。

英国应该是研学旅行发展最早的国家之一。研学旅行，在英国被称为 The Grand Tour——"大陆游学"，起源于 16 世纪，盛行于 18 世纪，并由最初的贵族化向平民化发展。大陆游学最早的时候是英国贵族青年进行教育必经的阶段，文艺复兴促进了欧洲文化的发展繁荣，也加深了民众们游学的热情，当时的游学内容主要是以人文教育为主。

到了 18 世纪，英国游学领域逐渐兴盛，受众也从单一的贵族化向大众化转变，这一切都源于工业革命的到来。它代表着传统农业社会向工业社会的重大变革，工业革命创造了巨大生产力，也诞生了工业资产阶级和无产阶级，他们对教育质量的诉求日益高涨，大量的工薪阶层也加入大陆游学的队伍中，随着参与研学的人数越来越多，政府也开始给研学做出了制度的规范，并将研学纳入地方性教学大纲之中，作为学生教育工作的一部分。

英国的发展历史长，拥有大量文化厚重的历史博物馆，所以英国学生的研学很多以这个为主，学习英国传统礼仪、雕塑以及其他各种各样的实践课程，除此之外很多英国家长还会组织外出游行的计划。

纵观各国的研学旅行，大多数学生的研学都重在社会实践，又或者去体验不同地方的教育和文化，而且这些教育观念是从小就养成的，政府、学校、家庭和社会的高度重视，对研学课程的精心设计，为孩子的研学教育提供了支撑。而在我国，中小学研学旅行还未形成完整的体系，研学旅行的未来任重道远。

第二章

研学旅行课程标准

为全面贯彻党的教育方针，坚持教育与生产劳动和社会实践相结合，引导学生深入理解和践行社会主义核心价值观，充分发挥研学旅行在中小学综合实践活动课程中立德树人的优势，保证中小学研学旅行的课程建设标准化、教学活动有效化、组织管理规范化、学业评价合理化，促进研学旅行活动健康持续发展，特制定本标准，可用于指导各地、各领域、各等级、各类型研学旅行专门课程标准的制定和评价。

第一节　课程性质与定位

一、课程性质

研学旅行是由教育部门和学校有计划地组织安排，通过集体旅行、集中食宿方式开展的研究性学习和旅行体验相结合的校外教育活动，是学校教育和校外教育衔接的创新形式，是教育教学的重要内容，是综合实践育人的有效途径。研学旅行具有以下明显的特点：

1. 计划性。研学旅行不是泛泛的游学，而是纳入教育部门和学校教育教学计划的重要教育教学活动，是参与学生一个也不能少的集体教育活动。

2. 实践性。研学旅行是学校理论教育与校外实践教育相结合的教育教学方式，面对自然界与社会的真实情境，让学生在"做""考察""探究""旅行""反思""体验"等一系列实践活动中发现和解决现实问题、体验和感受真实生活。

3. 整合性。研学旅行是跨学科的综合教育教学课程，尤其是以跨自然与社会学科两大学科领域的地理学科为纽带，整合教育教学内容和方式，鼓励学生综合运用各学科知识和方法，思考、认知、解决综合性问题。要求学生综合考虑与自然、与他人、与社会、与自我的关系。

4. 开放性。研学旅行打破了学校课堂一言堂的课程格局。研学的情境是开放的，现实问题没有唯一的答案，有利于发散思维。研学活动是开放的，学生面向真实的世界，与开放的社会互动。

5. 趣味性。研学旅行离开学生常住地，旅行经历、异地景观和研学实践容易引发学生探究兴趣，提高学生的生活品位、审美情趣和创新意识。

二、课程定位

1. 研学旅行是中小学综合实践活动的重要方式，是各个学段课程方案中的必修课程。研学旅行属于综合实践活动课程，与学科课程并列设置、相互补充，是中小学课程结构不可或缺的组成部分。研学旅行是学科课程内容的延伸、综合、重组与提升，既是学科课程基础知识、基本原理的应用，也是对学生各学科核心素养养成的实践检验、各学科领域学习成果的拓展和加深。研学旅行推进中小学研究性学习的开展，培养学生良好的学习习惯。

2. 研学旅行推进中小学地方课程、校本课程的建设和实施，使各学科的地方课程、校本课程突破地域限制，开展异地研学，拓展地方课程、校本课程的视野，提升地方课程、校本课程的品位和实效。高中地理课程是唯一将实践力作为学科核心素养的高中课程，地理实践力表现为考察、调查和实验，多要通过研学旅行来实现。

3. 随着高校和高中招生考试的改革，综合素质评价成为招生录取的重要参考，研学旅行作为综合实践活动的有效方式，对高考和中考的影响日益凸显。

4. 研学旅行对于全面培育人文底蕴、科学精神、学会学习、健康生活、责任担当、实践创新等学生发展核心素养，综合学生培育各学科的核心素养，落实立德树人根本任务，培养德智体美劳全面发展的社会主义建设者和接班人意义重大。

第二节　课程基本理念

一、以全面落实立德树人根本任务为宗旨

研学旅行课程帮助中小学生了解乡情、市情、省情、国情，使中小学生开阔眼界、提升家国情怀；着力提高他们的社会责任感、创新精神和实践能力；促进中小学生培育和践行社会主义核心价值观，激发中小学生对党、对国家、对家乡、对人民的热爱之情；创新人才培养模式，引导学生主动适应社会，推动全面实施素质教育；增强他们对中国特色社会主义的道路自信、理论自信、制度自信和文化自信，全面落实教育立德树人的根本任务。

二、以真实问题情境为学生素养培育的课程内容

研学旅行必须走出校门，学生面对的不是传统课堂中抽象化的知识点和虚拟环境，而是现实世界的真实问题情境。研学旅行在课程建设、基地规划、线路选择、课程实施、教学设计、课程评价等各个环节，都要以培育学生发展核心素养为主线，基于真实的问题情境，促进课堂学习与旅行探究深度融合，获得对自然、社会的真实体验，启发学生发现问题、分析问题，依靠集体合作，解决现实问题。

三、以引导探究和合作学习为课程教学方式

研学旅行从教育均衡和学生发展核心素养出发，强调集体旅宿、集体研学，在改变学生个人接受性学习方式的同时，也注重学生独立探究和个性发展。在自然、社会的真实情境中开展丰富多样的实践活动，突破学科界限，突破学生个性差异的局限，推进多学科融合、主题式学习，倡导研学课程资源共享、研学创意和成果分享，发展团队合作精神，培育学生主动学习的态度和多样化的学习方式。研学旅行的学业评价既要注重集体业绩，也要防止滥竽充数，还要进行个性化写真描述。

四、以思维品质的培养作为重要的课程目标

研学旅行课程具有开放性，要求在研学活动过程中将发散思维与收敛思维相结合，将辩证思维培养作为重要的研学目标，不追求任务结果和呈现方式的一致，而是注重培养学生思维的深度和广度，思考解决同一问题的不同路径和表现方法。研学旅行课程又要基于一定的主题开展，要精心挑选适宜学生发展的活动内容并加以整合。实践活动不能停留在肤浅的操作层面，必须以综合思维引导操作，从实践中实现思维进阶。研学旅行的学业评价必须兼顾研究的深度和操作的合理化程度。

第三节　课程目标

一、总目标

研学旅行课程的总目标是通过亲近和探究自然，接触和融入社会，关注和反省自我，体验和感受集体生活，使中小学生养成价值认同、实践内化、身心健康、责任担当等意识和能力。

1. 价值认同

欣赏祖国大好河山，感受中国传统美德，体验社会经济巨大发展成就，尊重中华民族优秀文明成果，了解中国共产党的历史和光荣传统，理解、接受并践行社会主义核心价值观，形成国家意识、文化自信和拥护党的意识和行动，培养家国情怀和人文底蕴。

2. 实践内化

在校外真实情境中，经历问题研究的过程，获得探究体验和经验，形成发现问题、提出问题、分析问题、解决问题的志趣和能力，在实践中内化、提升知识和素养，培养批判质疑、勇于创新的科学精神。

3. 身心健康

缓解学业紧张和压力，放松身心，提高审美情趣。磨炼体魄和意志，培养吃苦耐劳精神和抗挫能力。培养安全意识，提高自我保护和生存能力。体验社会文明建设，养成健康的行为习惯和生活方式。学会生活，提高生活质量和品位。

4. 责任担当

适应集体生活和研学，形成团队意识和互助精神。学会交流和分享研学成果和创意，提高与人交往能力。养成规则与法制意识，明辨是非，自尊自律。养成文明礼貌、宽以待人的品格以及积极参与和谐社会建设的意愿和能力。形成社会责任感以及积极履行公民义务的意识和能力。在现实情境中培育可持续发展理念、绿色生活方式和行动能力。

二、学段目标

研学旅行课程针对基础教育三个学段，主要覆盖小学四至六年级，初中一、二年级，高中一、二年级共七个年级。研学旅行课程各年龄段学生的生理、心理发育有很大不同，学生通过研学旅行课程培养的价值认同、实践内化、身心健康、责任担当的意识和能力也有因年龄而导致的程度差别。本标准针对不同学段学生的价值认同、实践内化、身心健康、责任担当制定了不同的学段目标。

学段＼目标	小学四至六年级	初中一、二年级	高中一、二年级
价值认同	感受乡土河山之美，感知乡土文化中的优良传统，了解当地的革命史迹，了解家乡历史和发展与祖国的关系，知道并初步践行社会主义核心价值观，文化自信和初步形成国家意识，初步形成拥护党的意识。	了解旅行目的地的生态环境美德，体会地方文化反映的中国传统美德，认知地方历史演变和现实发展中的革命传统和改革理念，接受并践行社会主义核心价值观，形成国家意识，文化自信和拥护党的意识。	认知旅行目的地所体现的祖国大好河山，中国传统美德，革命光荣历史，理解旅行目的地历史所反映的在中国共产党正确领导下中华民族复兴的光辉业绩和宏伟前景，理解、接受并践行社会主义核心价值观，形成国家意识，文化自信和拥护党的意识和行动，培养家国情怀和人文素养的底蕴。
实践内化	在校外真实情境中，对于给定的简单问题，初步学会收集、处理简单信息，初步掌握研究问题，使用工具的简单程序和方法，学会集体生活，集体研学，能够初步提炼实践经验，总结和展示研学成果，并从中获得体验乐趣，初步形成动手实践，动手实践，以及与人合作、师生互动的习惯。	在较为复杂的校外真实情境中，对于给定的较为复杂的课题，能够收集、处理相关信息，应用所学知识，发现其中较为简单的科学问题，初步运用科学研究方法和手段分析解决问题，能够主动接受教师指导，积极参与小组分工合作，学会整理、概括实践经验，完成较为简单的研学报告或其他形式的研究成果，并能与人交流分享，从中获得成功体验，形成乐于实践，敢于质疑探索，实事求是的科学态度和初步的创新意识和能力。	在复杂的校外真实情境中，面对现实问题，能够运用所学基本理论，基础知识，收集和处理有关信息，发现值得探究的实际问题，积极参与团队研学，制订科学的研究计划和路径，运用适合的研究方法和设备，主动争取教师和专业人员的指导，自主发现、分析和解决问题，完成研学成果的创作，展示和推广成果，获得成就感，养成科学态度和创新精神，培育科学伦理和人文素养，提升实践意识和能力。

续表

学段\目标	小学四至六年级	初中一、二年级	高中一、二年级
身心健康	亲近自然，体验文明，放松身心。初步学会体验生态之美，初步树立中华民族文化自信心，初步养成尊重生命、热爱生活的态度和爱美情趣。初步形成投身生态建设、文明建设的意愿。在集体生活中敢于面对困难，克服困难，磨炼体魄，锻炼意志，初步形成健康生活方式，独立生活能力。初步形成安全意识和自我保护能力。	走进自然，走进社会，开阔视野，缓解学业紧张和压力。学会发现和欣赏大自然和社会中的美，形成生态文明意识，传承中华民族优良传统的意愿，应用研学成果为生态建设、文明建设做贡献。在研学旅行过程中培养刻苦耐劳和抗挫折的精神和能力，形成安全意识和行为能力，能够保障研学旅行安全。	养成热爱自然、热爱社会的情感和对自然、社会的审美情趣。学会自我放松和缓解学业紧张和压力。理解生态文明，社会文明的美学实质，形成美的意识和能力。成陶冶情操，创造美与生态建设、文明能够积极评价和参与生态建设，坚韧乐观的心态和良好的心理素质。养成健康的生活方式和积极的生活态度，提高生活质量和品位。具备安全基础知识、基本理论和基本技能，以及积极参与安全建设的意愿和能力。

续表

学段 目标	小学四至六年级	初中一、二年级	高中一、二年级
责任担当	置身大自然、社会和集体生活，初步了解家国关系及其所反映的家乡情感，产生较强的爱乡爱国情感和报效祖国的初步志趣，初步感受到社会主义事业接班人的责任和荣誉。形成热爱集体、互爱互助，从小事做起表现自我价值的初步意识和能力，了解社会设法治社会，和谐参与社区基本内容，具有参与社区服务、保护环境的初步意愿和能力。	融入大自然、社会和研学团队，理解地方关系、国家发展问题以及地方与中央的关系，树立爱国情和报国志向，具有社会主义接班人的意愿，学好建设祖国的本领并付诸研学行动。形成团队意识，自觉承担研学中的责任，在研学活动中服务社会，从中体验正确的自我价值和成就感。初步具有法治意识和生态理念，自觉维护法制，保护生态环境。	学会在自然考察和社会调查中认知国情国力、国家发展前景和问题，成为社会主义接班人的高尚情操和人生观。形成热爱社会主义祖国，具有社会主义事业担当勇于担当的精神，有意识有能力贡献研学成果，为社会发展做贡献的研学成果，并从中提升自身全面发展的素养。培养公民意识，履行公民义务，树立可持续发展观念，形成积极参加社会建设和生态建设的社会责任感。

第四节　课程结构

一、设计依据

1. 学生发展核心素养的提升

切实将学生发展核心素养的培养贯穿在研学旅行课程的建设和实施中。研学旅行课程建设围绕"德、智、体、美、劳"全面发展的主线，体现德育为先、能力为重，认知为基础，强调社会责任感、创新精神和实践能力，注重研学活动的文化性、科技性、自主性和社会性，让学生通过研学旅行，在自然和社会的大课堂中提升终身发展所需的情商和智商，做全面发展的人。

2. 社会转型发展的需求

当前我国正处于社会转型发展关键阶段，经济增长方式和社会政治体制发生深刻变革，社会文化自信不断提升且文化日益多样化。时代背景对当前和未来的人才需求体现出重质量和多元化的趋势。研学旅行课程必须顺应社会发展，提供现实的、探究价值高的研学资源，满足学生深入探究和多元化学习的需求，帮助学生培养生活技能和集体观念，养成自理自立、文明礼貌、互勉互助、吃苦耐劳、艰苦朴素等优秀品质和精神，拓宽人才培养渠道，为培养高素质人才奠定基础。

3. 学科融合综合教育的趋势

当前凸显核心素养的课程改革关注学科融合，打破学生偏科局限。研学旅行的课程包括地理类、自然类、历史类、科技类、人文类、体验类等多种类型，这些不同类型的课程内容内涵丰富，涵盖中小学各个学科。学生在研学旅行过程中将面对自然和社会复杂情境中的真实问题，需要学生综合运用不同学科的知识和方法。因此，研学旅行是我国当前以学科教育为主的情景下试行综合教育的重要途径。

二、结构

1. 研学旅行课程需要在小学四到六年级、初中一到二年级、高中一到二年级三个学段七个年级实施，原则上要逐步建立和完善小学阶段以乡土乡情为主、初中阶段以县情市情为主、高中阶段以省情国情为主的研学旅行活动课程体系。在完成要求的研学旅行课程后，结合本地本校的实际情况，各学段的研学旅行范围可以在要求的基础上适当拓展，比如小学阶段也可开展国内的研学旅行，甚至到境外进行研学。

2. 研学旅行课程可分为地理类、自然类、历史类、科技类、人文类、体验类等类别。每次研学旅行活动可以以某一类别的课程内容为主，更鼓励多种类别课程内容的融合。

3. 小学阶段的研学旅行课程设计应以游览、观光、体验为主，重视游戏性、艺术性内容，减少讲授，以满足这一年龄段学生好玩、喜动的天性。初中阶段的研学旅行课程应设计更多理解性内容，适当增加竞赛、参与、探索性内容，以满足这一阶段学生强烈的求知欲、好奇心。高中阶段的研学旅行课程内容要以知识的拓展、理论的应用、综合性体验、研究性学习为主，辅之以观光、考察、游历等活动。

三、学分与课时建议

1. 研学旅行课程必须纳入中小学教育教学计划。

2. 中小学综合实践活动是必修课程，研学旅行是综合实践活动的重要组成部分。

3. 中小学研学旅行有课时保障，高中阶段的研学旅行有相应的学分。高中学生的研学旅行学业水平和表现是高校招生录取的重要依据。

4. 研学旅行要求集中食宿，即每次研学旅行至少要在外留宿一夜。因研学旅行课程条件、内容与形式多样，难以统一要求研学旅行时间，可根据实际情况灵活调整每学年累计研学旅行时间和每次研学旅行时间，尽量错开旅游高峰期，但是必须保证在三个学段研学旅行的有效实施。

第五节　课程内容

依据教育部等 11 个部门颁布的《关于推进中小学生研学旅行的意见》，本标准将研学旅行课程内容划分为地理类、自然类、历史类、科技类、人文类、体验类六个方面。这部分不进行学段的细分，各学段开展研学旅行时可根据需要选择适宜的课程内容进行。具体见下表：

研学旅行课程内容			
分类	内容	标准	活动建议
地理类	地理类研学旅行内容包括地理位置与地名、地理要素与景观、地理环境、地理标志、人地协调观与地理审美等方面，主要体现地理、科学、艺术等学科在研学旅行中的作用，借助地图、地理信息技术等工具，依托自然和人文地理环境，通过自然考察、实验、社会调查等形式，探究地质地貌、气象水文、	1. 地理位置与地名 实地确定地理位置与地名，认知和评价区域地理位置特征，了解当地地名与政区沿革的关系。实地确定旅行线路、区域范围，制作简易地图。 2. 地理要素与景观 实地认知地理要素与景观，了解其区域特征及成因。了解地理要素与景观对区域发展的影响。	遵循野外作业规范，使用地图、定位仪器、测绘、观察、观测等装备，获取第一手自然地理信息。 遵循社会调研规范，使用调查量表、统计工具等，获得身临其境的社会地理信息。 遵循取样、实验规范，使用取样、实验装备，采集岩矿、空气、水、土壤、生物、资源、物产等实物样品，进行地理实验。 遵循图文收集规范，收集自然、人文、区域的地理资料、文件、文献等的纸质、电子版本。 走访社区、部门、机构、行业、企业等，开展观察、体验和访谈。

续表

研学旅行课程内容		
分类	**内容**	**标准**	**活动建议**
地理类	土壤植被等自然要素，人口、聚落、经济、文化、社会等人文地理事象，进而发现该区域存在的人地关系问题，并提出相应的解决方案。通过地理类研学旅行课程使学生认识到理论与实践相结合的重要意义，从中培育学生的综合思维、人地协调观、地理实践力等核心素养。	3. 地理环境 　　实地认知地理环境的整体性与差异性。评价当地地理环境与区域发展的相互关系，对区域决策提出初步意见与建议。 　　4. 地理标志 　　实地认知和应用区域地理标志。实地了解和推广地理标志产品。 　　5. 人地协调观与地理审美 　　践行人地协调观，检验和提升核心发展素养。认知和实行地理审美。	遵循有关规范，对实践活动进行文字记录、填图、简易地图和统计图表绘制、声像摄取录制等，使用地理信息技术等建设地理信息库。 　　参与生态、经济、文化、社会、政治等的建设事务。 　　遵循安全规章，使用安全防护、救护装备，保障研学旅行安全有序。 　　采取小组合作与个人分工独立作业相结合的方式，全面开展考察、调查、实验、体验、旅游、探究、讨论、辩论、分析、评价、鉴赏、发现，创作、交流、展示等活动。 　　提交考察、调研、实验、评价、建言等报告和绘制的地图、创作的作品等，展示、交流研学旅行实践成果。
自然类	自然类研学旅行内容包括欣赏自然现象与景观、自然资源与灾害、自然生态、自然规律等方面，主要体现地理、生物、科学、艺术等学科在研学旅行中的作用，借助生态、林	1. 自然现象与景观 　　现场识别自然现象与景观，认知其成因。发现、欣赏当地自然现象与景观的美学特色。 　　2. 自然资源与灾害 　　现场认知自然资源	遵循野外安全防护规范，通过考察、采样、实验等方法，开展合作学习，深入探究当地自然现象与景观。 　　借助电子数码设备，摄录自然现象与景观声像，经后期制作，加以展示。 　　走访政府发展改革、自然资源等部门，调查代表性企业，访问相关网站，收集当地文献资料、统计

研学旅行课程内容		
分类	内容	标准	活动建议

<table>
<tr><td rowspan="3">自然类</td><td>草、地质、水利等学科的科学研究方法，依托自然保护区、风景名胜区、地质公园、矿山公园、森林公园、湿地公园、水利风景区、生态旅游区等自然保护地，深入了解自然环境与人类发展的关系，协调人地关系机制，进而宣传保护环境的理念，参与和体验环境保护志愿者工作，从中培育科学精神、社会参与等学生发展素养。自然类研学旅行的内容标准和活动建议如下表所示。</td><td>与灾害的价值与危害，了解其成因。认知当地自然资源与灾害的区域特征，提出对当地对策措施的初步评价和改进建议。

3. 自然生态
实地感受自然生态状况，了解区域自然生态特征及成因。提出对当地生态建设的意见、建议。

4. 自然规律
实地印证所学自然规律，分析综合性案例。应用自然规律，发现、分析、解决具有当地特殊性的自然科学问题。</td><td>年鉴等，考察资源赋存地，召开模拟意见咨询座谈会，评估当地自然资源开发利用和保护现状，提出整改意见。

走访政府应急管理等部门，调查地质、地震、气象、海关检疫、图书、档案等相关机构，访问相关网站，收集当地文献资料、灾害及救灾记录，考察灾害遗迹，访谈相关居民，举办模拟论坛，探讨当地自然灾害的成因，提出防灾、减灾建议。

走访政府生态环境保护等部门，实地调查生态环境破坏与修复问题，运用相关测量和实验设备实测和分析空气、水、土壤、植被等的理化性状，访问相关网站，收集当地文献资料，作为志愿者，参与生态环境保护工作。

以"负氧离子浓度变化""植物精气与人类健康""生物入侵及防治""蔬菜生产安全"等为主题，举行专题模拟听证会，提交会议备忘录。开展"跟着物理（化学、生物、地理、语文）课本去旅行"活动，通过考察、调查，比较课本上与真实情境中的自然规律及其表现，应用自然规律，发现、分析、解决实际问题。

提交、展示、交流及相互评价研学实践成果。</td></tr>
</table>

续表

研学旅行课程内容			
分类	内容	标准	活动建议
历史类	历史类研学旅行内容主要包括历史遗迹、文物与非物质文化遗产、历史聚落、纪念场所、历史题材艺术、家国情怀等方面，主要体现历史、思想政治、社会、语文、地理等学科在研学旅行中的作用，借助历史考证、社会调研、人文探究、文艺鉴赏等方法，依托历史遗迹、革命遗址、博物馆、纪念馆、文艺展馆等人文遗产，欣赏、体会中华优秀传统文化、哲学智慧、道德伦理、文学艺术特色、传统科技工艺创造、历史名人名事声誉等，引导学生坚定文化自信、传承和弘扬革命传统。历史类研学旅行的内容标准和活动建议如下表所示。	1. 历史遗迹 识别历史遗迹，认知其年代。还原遗迹的历史环境，了解名人名事。 2. 文物与非物质文化遗产 现场识别、认知文物与非物质文化遗产。感受、体验文物、非物质文化遗产的历史背景与文化传统。 3. 历史聚落 了解历史聚落的文脉与文化价值。体验历史聚落的文化传承与现代生活。 4. 纪念场所 了解纪念场所的历史观念。评价、弘扬纪念场所的精神和价值观。 5. 历史题材艺术 感受、欣赏历史题材艺术。初步学会历史题材艺术创作。 6. 家国情怀 践行、提升家国情怀素养。 传承优良传统，树立文化自信。	参观古聚落、古遗址，访谈当地居民，走访政府住房与城乡建设、侨务、民族、宗教、文化与旅游等管理部门及图书、方志、档案、谱牒、文史、建筑设计、文化创意、艺术创作和演艺等相关机构，访问相关网站，收集当地文献资料，实地拍摄、测量，复原历史，举办专题研讨会、模拟考古发现发布会等活动。担任志愿者，参与寻根恳亲、乡愁体验等活动。 参观老革命根据地、革命活动和战争遗址、红色名人名事纪念场所，访谈当事人和相关人员，走访宣传、党史、民政、文博等部门及图书、方志、档案、文史、文化艺术创作和演艺等相关机构，访问相关网站，收集当地文献资料，实地体验环境与生活，担任志愿者，参与革命文化整理、革命文物保护、老革命根据地扶贫脱贫等工作，举办革命节庆或纪念活动、革命传统传承培训营、红色故事会、红色文艺创作班、红色文化采风展等丰富多彩、喜闻乐见的活动。 观摩非物质文化遗产和历史题材艺术展示和演艺，参与抢救、整理民间语言文学、故事传说，学习和实践工艺、演艺，举办文化遗产传习拜师，传统工艺、演艺宣传展示和传承学习汇报演示活动。

研学旅行课程内容			
分类	内容	标准	活动建议
历史类			提交、展示、交流及相互评价研学实践成果，召开学校、学生和家长参与的总结、交流汇报会。 召开学校、学生和家长参与的恳谈会，以汇报、交流、展览等形式展示研学成果。
科技类	科技类研学旅行内容主要包括科技发展、科技研发、科技建设、科技伦理等方面，主要体现数学、科学、物理、化学、生物、信息技术等学科在研学旅行中的作用，借助现代人工智能、VR、AR、3D打印等技术、科学探究和实验方法，依托科技馆、科技活动、科研机构、高等院校、国家重大工程、现代产业园区等场所，通过参观、培训、实验等形式，培育学生的科学伦理、创新意识、劳动观念等素养。	1. 科技发展 实地认知科技发展过程及区域特征。评价科技发展成果对当地社会发展的贡献。 2. 科技研发 初步学会科技研发程序、方法。参与、实践科技创新。 参观科技场馆，体验科技实验、游艺设施，听取解说，参与互动，走访政府科技等管理部门及图书、科技情报、档案、方志等相关机构，访问相关网站，收集当地文献资料，调查科技重大项目的当地受众，撰写科技发展调查报告、科技实验报告，举办科技伦理讨论、辩论会，举办模拟科技立项论证会，结合校	收集当地文献资料，调查科技成果的当地受众，撰写科技应用调查报告，举办以"科技与生活""科技与社会""科技与城乡""科技与环境""科技与海洋""科技与军事""科技与艺术""科技与人生规划"等为主题的讨论、辩论会，举办模拟科技立项论证会，结合校内设施开展与科研机构和高科技企业合作的科技活动，定期举办成果展示汇报会。 参加学校与社会合作举办的以物种培育、农产品二维码追溯、无人机、3D打印、机器人、绿色用品、互联网营销、艺术科技等专题科技竞赛。 参加国际、国家和地方科技社团、机构举办的各种专题科技考察团队课题竞赛等活动。

续表

研学旅行课程内容			
分类	内容	标准	活动建议
科技类	科技类研学旅行的内容标准和活动建议如下表所示。	内设施开展小发明、小创新活动及举办成果展示汇报会。 　　参观高新技术开发区、高科技企业、高新农业园区、重大工程建设项目、科研机构和台站，体验实验、生产设施，听取解说，开展调查，走访政府科技工业与信息化、农业与农村、交通运输、生态环境保护、国防、教育等管理部门及图书、科技情报等相关机构，访问相关网站。 　　3. 科技建设 　　现场体验重大建设项目中的科技应用。参与科技建设，对当地科技建设提出意见建议。 　　4. 科技伦理 　　评价现实科技项目中的科技伦理，在实践中提升科技伦理素养。感受、创造科学美。	

研学旅行课程内容			
分类	内容	标准	活动建议
人文类	人文类研学旅行内容主要包括人文特色、社会发展、人居环境、文化建设等方面，主要体现思想政治、历史、社会、地理等学科在研学旅行中的作用。借助社会科学调查、研究、评价、决策等方法，依托爱国主义教育基地、社会发展展馆、城乡聚落、战略发展项目、社会科学研究机构、高等院校、民族聚居地等社会研学基地，重点感知新中国成立以来，尤其是改革开放以来我国社会发展所取得的成就、国际地位的提升、人民生活水平的提高，探究当前我国转型发展的重大问题与发展战略。培育学生的家国情怀、世界眼光、社会责任感等素养。人文类研学旅行的内容标准和活动建	1. 人文特色 　　实地感知、欣赏人文特色，了解其成因。 　　初步评价区域人文特征及其发展前景。 　　2. 社会发展 　　了解当地经济社会发展过程和现状。 　　初步评价区域社会发展质量，发现其问题，提出意见和建议。 　　3. 人居环境 　　体验当地生活条件及其与城乡建设的关系。 　　评价区域人居环境质量，提出改进意见。 　　4. 文化建设 　　感受当地文化建设成果，欣赏文化艺术特色。 　　评价区域文化融合传承与发展创新及其与社会发展的相互影响。	参观博物馆、文化馆、艺术场馆，开放的民族、宗教文化场所，访谈当地社区居民，走访政府文化与旅游、侨务、民族、宗教、台港澳事务等管理部门及图书、方志、档案、文史、建筑设计、文化创意、艺术创作和演艺等相关机构，访问相关网站，收集当地文献资料和艺术作品，实地摄录当地代表性人文景观与活动，参与民俗节庆、文化艺术活动，旅居当地民宿体验生活，参与中外、祖国大陆与台港澳的文化交流活动和担任志愿者，举办文化交流会、文化专题研讨会、文化旅游展示会等活动。 　　游览市容乡景，参观城乡社区、城乡规划场馆、商业娱乐场所、休闲健身场所、地方特色服务餐饮场所、教育培训机构、医疗养生机构、体育运动场所、温泉服务设施等地，走访政府发展与改革、规划、园林、水利、住房与城乡建设、生态环境保护、文化与旅游、卫生与健康、民政、人力资源与社会保障等部门，访谈当地社区居民，到图书、档案、建筑设计、文化创意等相关机构，访问相关网站，收集当地文献资料，参与当地社会活动、社区活动，举办社会、城乡、生态等建设的展示会、研讨会、辩论会，为当地社会发展做出评价，出谋划策。 　　观摩文化创意、工艺、演艺、

研学旅行课程内容			
分类	内容	标准	活动建议
人文类	议如下表所示。		竞技，收集文化艺术作品，学习和实践工艺、演艺、运动，举办艺术推介展示和学习成果汇报演示等活动。 　　参观各行各业的企业、专业市场、物流场站，乘坐各种交通工具，观摩各种业态的商务活动，走访政府发展与改革、工业与信息化、商务、农业与农村、财政、交通运输、水利等管理部门及图书、档案、生产性服务业、各行业协会等相关机构，访问相关网站，收集相关文献资料，实地摄录经济、商务活动，参与各行各业专业研讨、营销、交易等活动，参与体验开放的生产、服务工作，举办经济发展专题研讨会、模拟商务营销会、模拟投资洽谈会等活动。
体验类	体验类研学旅行内容主要包括体育与拓展运动、劳动与创业、集体生活等方面，主要体现劳动技术、信息技术、体育、艺术等学科在研学旅行中的作用，借助现代生产方法和技术、身心发展理论和方法，依托综合实践活动基地、劳动教育基地、团队	1. 体育与拓展运动 　　参与、体验社会体育运动，学会减压放松，养成健康生活习惯。 　　参与、体验竞技体育、军事训练与拓展运动，提升刻苦拼搏意志、团队合作竞争意识以及相应能力。 　　2. 劳动与创业 　　参与、体验劳动与职业训练，培育劳动	走进体育场馆，观摩体验赛事和运动训练，参与体验运动，接受运动培训，组织团队进行集体竞赛。听取、体验、宣传健康生活和运动养生培训。 　　走进野外训练基地、营地，观摩、参加力所能及的野外拓展训练、军事训练、野外生存训练、山地运动、野外探险、定向行军、骑行驾驶等具有挑战性的活动，组织团队，集体竞赛。 　　走进劳动实践基地、营地、厂矿、乡村，亲身践行劳动过程，体验创业、工匠、团队等精神。

研学旅行课程内容			
分类	内容	标准	活动建议
体验类	拓展基地、国防教育基地、军营、体育训练基地、现代生产企业等场所,通过从事生产劳动、军事训练、团队拓展、职业体验、体育培训等形式,达到身心体验、精神提升和团队协同等目的,培育自我发展、健康生活、勇于拼搏、团队合作等素养。体验类研学旅行的内容标准和活动建议如下表所示。	与职业素养和技能。参与、体验创业训练,激发潜力,培育创新意识和能力。 3.集体生活 体验、感受集体旅行、生活和研学活动。 培育集体荣誉、团结互助、遵守纪律等意识和习惯。	走进创意工作室、创业孵化基地等场所,观摩创业、创意工作,体验个性化创意、集体创新的过程。 集体参加志愿者活动,服务社会、社区、弱势群体。 应用体育、通用技术、信息技术等课程学习成果,学习、践行安全防范规则和措施。 举办体验活动实践成果汇报、展示会。

第六节　课程建设

一、研学旅行基地建设

研学旅行基地,是富含研学旅行资源和具备研学旅行设施的研学旅行场所。研学旅行基地的申报和设置,必须符合相关标准。研学旅行基地有不同的类型层次。详见下表:

研学旅行基地建设	
基地标准	1. 具备法人资质，可合法接待研学旅行。 2. 地理位置适宜，交通便利，周边非人口或娱乐设施密集的地区。 3. 安全条件、措施与设施完善，不受自然灾害或人为危害的威胁。 4. 研学资源、产品和设施具有相当的规模、相关特色和一定的示范意义。 5. 研学课程开发较成熟、有特色，能保证较高的研学效益。拥有较高水平的研学导师、服务人员。 6. 管理体制、机制较完善，发展规划合理，建设和经营有方。 7. 申报和推荐程序符合规范，由教育主管部门批准设置，监管评估认可。
基地建设	1. 建设课程与研学教材，通过教育部门审定。 2. 建设研学场所与设施，通过教育及相关部门的审查。 3. 建设管理机构及制度，获得上级部门批准。 4. 建设研学导师团队，持续通过资质考核。
基地类型与层次	基地分综合型、专门型两种。专门类型的研学旅行基地有各种教育基地、纪念设施和遗址、展馆、自然保护地、生产场地、科研中心、代表性学校、青少年校外活动场所等。综合型基地是兼具两种及两种以上专门型基地功能的综合型研学旅行基地。 专门型和综合型研学旅行基地均可针对小学、初中和高中等不同的学段开展活动。研学旅行基地分为国家、省、市、县等级别。

二、研学旅行线路设计

研学旅行线路，由研学旅行地点串联而成，不只是旅行交通路线，而且是研学过程逐步展开的探究路线。广义研学旅行线路，可以串联研学旅行基地、营地。狭义研学旅行线路，可以是空间尺度较大的研学旅行基地内部的研学线路，串联研学旅行实践点。研学旅行线路的选定和设计，必须符合相关标准。详见下表：

研学旅行线路设计	
线路标准	1. 所经由的地点、道路能合法开展研学活动。 2. 安全条件、措施与交通服务设施完善，不受自然灾害或人为危害的威胁。 3. 具有研学旅行产品性质，可以作为一次研学旅行的预订产品。 4. 遵照研学旅行课程标准，可以据此完成一次研学旅行的全过程和全部任务。 5. 研学资源、产品和设施集中，具有一定的典型性和代表性。 6. 旅行路线合理，便于开展研学，时程长短适宜。 7. 积累一定的研学旅行经验，研学活动效果好，线路设计比较成熟、稳定。 8. 能兼顾集体旅行与集中研学的良好成效，能避免"只研不旅，只旅不研"的现象发生。 9. 管理、运行、维护的体制、机制完善，可持续发展。具有一定的弹性，适用面较广。 10. 设计和投产程序符合规范，由教育主管部门及交通等相关部门批准、监管和评估。
线路设计	1. 实地勘探，确定走向、路程和时程，把握好旅行效率与研学效益之间的关系。 2. 规划沿线交通、服务设施，必须支持研学旅行课程的实施，通过教育、交通等相关部门的评审。 3. 设计适应天气变化的沿线休憩、服务设施，配置医疗卫生设施、公共厕所等。 4. 配置研学旅行课程实施所必需的沿线指示、解说设施。 5. 配置安全保障机构，预警、警示设施。 6. 规划管理体制、机制。
线路类型	1. 研学线路分专题型和综合型两种。 2. 专题型是研学某一专门主题旅行线路，包括地理类、自然类、历史类、科技类、人文类、体验类等方面专题线路。 3. 综合型研学线路是多学科、多领域综合研学的旅行线路，关键是探究不同主题之间的关系。

研学旅行线路设计	
线路类型	4. 专题型和综合型线路均可用于小学、初中和高中等学段，综合程度不同。 5. 研学旅行线路分为国家、省、市、县等级别。

三、研学旅行实践点设置

研学旅行实践点是开展研学活动的具体地点，在相应的实践点开展不同的研学任务。研学实践点的选择和设置，必须符合研学旅行课程标准实践点选取标准。详见下表：

研学旅行实践点设置	
实践点标准	1. 研学旅行线路上，研学资源、产品、设施集中，具有地方特色。 2. 地势较为平坦、相对开阔的地区，能够支持集体集中研学活动。 3. 符合研学旅行线路规划，满足研学旅行课程、专题研学活动开展的要求。 4. 不是人流量大、商业活动较密切的场所。 5. 不是自然灾害、人为危险经常发生的地方，应急预案、应急设备配置齐全。 6. 向教育和相关部门报备，接受教育部门监管、评估。
实践点研学任务	1. 依据研学目标，遵照研学课程标准，编制实践点研学任务清单。 2. 围绕实践点研学主题，面对真实情景，激活习得知识，现场收集信息。 3. 体验现实复杂情境，发现与主题有关的问题，提出问题。 4. 应用有关信息、知识，通过思考和实践，分析问题，探究问题机制、成因。 5. 针对现实问题，提出解决问题的措施。 6. 实践点任务的数量和难度应有弹性，适应不同学段的需求。

续表

研学旅行实践点设置	
实践点研学任务	7. 研学形式多样化、合作化。 8. 研学成果提高到学科核心素养和学生发展核心素养，促进学生持续发展。

四、研学旅行营地建设

研学旅行营地，是能够接待一定规模的研学旅行中小学师生集中食宿的服务场所。富含研学旅行资源和具备研学旅行设施的研学旅行营地，也可以兼作研学旅行基地。研学旅行营地的申报和设置，必须符合相关标准。研学旅行营地有不同类型层次。详见下表：

研学旅行营地建设	
营地标准	1. 具备法人资质，可合法接待研学师生食宿。 2. 教育部门已有的、符合研学旅行食宿接待要求的中小学实践活动、劳动教育、军事训练等的基地。 3. 地理位置适宜，交通便利，不是人口或娱乐设施密集的地区。 4. 接近研学旅行基地和线路，来往交通便利。 5. 安全条件、措施与设施完善，不受自然灾害或人为灾害的威胁，有监控、应急预案。 6. 食宿及相关服务设施具有相当的规模、相关特色和一定的示范意义。 7. 研学旅行接待服务较成熟、有特色，食宿服务质量较高，服务人力资源水平较高。 8. 具备基本的医疗保障条件，周边有医院。 9. 公共经费来源稳定，财务管理规范。管理体制、机制较完善，发展规划合理，建设和经营有方。 10. 申报和推荐程序符合规范，由教育主管部门批准设置，监管评估认可。
营地建设	1. 规划研学旅行接待服务功能、设施，通过教育部门审定。

研学旅行营地建设	
营地建设	2. 建设餐饮、住宿、交通、安全等设施，通过教育及相关部门的审查。 3. 建设管理机构及制度，获得上级部门批准。 4. 建设专业服务与生活指导团队，持续通过资质考核。
营地类型与层次	营地分综合型、食宿型两种，综合型营地兼有研学旅行基地的性质。营地还分公益型营地和市场型营地。专门类型的研学旅行营地可针对小学、初中和高中等不同的学段。研学旅行营地分为国家、省、市、县等级别。

五、研学旅行教材建设

研学旅行教材是研学旅行教科书、研学旅行指导书、研学旅行读本、研学旅行用书等的统称，包括正式出版物和适用时空灵活性的非正式出版物。详见下表：

研学旅行教材建设	
教材标准	1. 属于实践活动教学用书，不同于课堂教学学术型课程教材。 2. 必须能够指导师生研学旅行所有行为，包括师生互动行为、学生小组合作学习行为、多学科教师协同指导行为。 3. 必须适用研学旅行全过程，包括行前预备、旅行研学、行后总结评估和成果推广应用。 4. 区域性、部门性教材必须具备范畴内全局指导意义，应通过相应教育主管部门审定。 5. 乡土性、校本性教材是地方、学校研学旅行接受教育主管部门检查评估的重点之一。 6. 地域性教材必须兼顾域内外学生的研学旅行活动需求。 7. 可以分学段编制，也可以综合编制，综合性教材必须满足不同学段的选学需求。 8. 提供充足的研学旅行所需知识、信息，作为研学活动的基础。 9. 重点放在研学旅行活动上，必须包括认知活动、操作活动、思维活动、情感活动等，保证实用性和可操作性。

研学旅行教材建设	
教材内容	1. 研学旅行的意义、目的和具体目标。 2. 研学旅行的组织开展及其过程。 3. 研学旅行的知识基础。 4. 研学旅行的基地、营地、线路、实践点及其活动任务。 5. 研学方式、方法和装备。 6. 研学旅行的成果与评估。 7. 研学旅行的注意事项与应急措施。
教材体例示例	1. 教育主管部门的认定、教材依据。 2. 知识认知基础：各专题概述，认知引入（活动引入、趣味引入、时事引入等），知识阐述，知识链接。 3. 实践活动指导：实践活动目标，实践活动线路，每条线路上的实践活动点，每个实践活动点上的实践活动任务清单，实践活动方法。 4. 研学旅行注意点（安全警示、行动提示、活动装备等）。 5. 附录：专题活动攻略等。 6. 图表：地图、示意图、景观图、资料表等。
研学旅行教材示例	为了推进连云港中小学生教育基地的研学工作，围绕连云港传统文化开发研学教育资源，汇编研学旅行读本，并将此作为研学旅行地域性教材的范例。

第七节　课程实施

一、教师指导

教师指导对于研学旅行作用重要，不可或缺，指导教师不可由一般导游等人员替代，需要有专业的研学指导教师。

（一）指导教师资质

研学旅行指导教师的资质由人力资源管理部门和教育部门认定，指导教师必须持证上岗。高校不同层次的教师教育专业应当设置研学旅行指导的人才培养目标、规格和学位，尤其是依托地理、旅游等专业，规范培养研学旅行指导教师。学校教师，尤其是地理、旅游等专业背景的教师，以及各行各业专业人员、旅游行业导游、会展行业解说员等必须经过教育部门系统培训，通过考核取得资质。必须杜绝研学旅行市场指导教师滥竽充数的乱象。

（二）指导教师职责

1. 在研学旅行活动中，落实教育立德树人根本任务，达到综合培育学生发展核心素养的综合实践活动目标。

2. 贯彻综合实践活动课程和研学旅行活动课程标准，开发研学旅行活动课程教材。

3. 参与建设研学旅行活动基地、营地。设计研学旅行线路及其实践点的活动任务。

4. 组织带领学生参加研学旅行活动全过程，在野外或社会现场指导研学活动的开展，在室内进行必要的讲课、个别辅导。

5. 评阅学生研学旅行作业，公正、客观、科学地撰写学业评语。

6. 管理学生的集体旅行、集体食宿、集体研学。做好学校、社会、家庭之间的沟通协调，共同完成研学旅行教学任务。

7. 开展研学旅行教学研究，参与基于研学旅行的学校教育课程和升学考试的改革。

8. 教育、监督学生遵纪守法、注意安全。

（三）教学设计

教学设计成功与否是研学旅行是否有效的关键。教学设计要达到下列要求。

1. 明确研学旅行在学段课程方案中的地位和作用，科学制定研学旅行活动目标。

2. 明确研学旅行活动的重点、难点和风险，制定突出重点、突破难点、规避风险的预案。

3. 突出学生的主体地位，组织有效的师生互动、学生小组合作学习。

4. 综合运用多学科基础知识、基本理论，综合培育多学科核心素养，提升学生发展核心素养。

5. 综合运用多学科考察、调查、实验等研学方法，切实引领学生从真实情景中发现问题、提出问题、分析问题进而解决现实问题。

6. 注重研学旅行成果的实践生成，留出适时修改和调整教学设计的空间。

二、学生研学要求

学生研学是研学旅行活动的主体，学生研学的要求如下。

（一）预备学习

1. 了解研学旅行活动的背景、意义、地位。

2. 研习研学旅行教材，收集相关资料。

3. 初步了解研学旅行基地、营地、线路。

4. 准备研学旅行装备、生活用品。

5. 了解研学旅行目的地、自然环境、社会习俗，做好吃苦克难、规避风险的身心准备。

（二）实践探究

1. 按照研学旅行教材、学案，服从组织安排，遵循计划，规范参与研学旅行活动，遵守研学旅行纪律。

2. 主动、积极体验研学旅行活动过程，把握好独立思考、自主操作与小组合作、师生互动之间的关系。

3. 认真观察、调查，主动发现问题，积极提出问题，参与问题的分析与解决。

4. 积极参与实践操作，在实践活动中争取发现问题，在分析问题中思考设计解决问题的可行性实践。

5. 面对真实情景，积极整合多学科知识，综合运用多学科方法，抓住独立思考、自主提出解决现实问题意见的机遇。

6. 认真倾听别人的意见，积极表达自己的意见，参与集体讨论和辩论。

7. 安排好生活与学习，形成适应集体旅行、集体研学的节奏，关心同学，关心集体，养成团结互助的品格。

8. 遵纪守法、履行安全规范。

三、活动管理

活动管理是研学旅行顺利开展的前提和保障，对不同行政和教育管理部门的活动管理建议如下。

（一）学校管理

1. 建立研学旅行管理体制，将研学旅行纳入学校课程教学计划，组织开发或选用研学旅行课程、设计或选用研学旅行线路、制订详细的研学旅行课程实施方案。

2. 因校制宜或跨学科合作、自行开展或委托开展研学旅行活动的计划，按管理权限报教育行政部门备案。

3. 对研学旅行方案作安全性审核，做好应急预案，组织研学旅行导师、教师先行实地考察，制定安全注意事项，做好行前安全教育工作，确认出行师生购买意外险，投保校方责任险，与委托方、家长签订安全责任书。

4. 以地理教师为主，组织研学旅行导师队伍，开展导师培训，出台政策、建立制度，调动教师参与研学旅行工作积极性、主动性和创造性。

5. 组织对研学旅行的考核评估，将其纳入学生学分管理体系和学生综合素质评价体系。

6. 建立学校与社会合作开展的研学旅行机制，组织利用各种社会资源，建设研学旅行支持平台。

7. 负责沟通学生监护人，及早告知监护人研学活动意义、时间安排、出行线路、费用收支、注意事项等相关事宜。

（二）教育部门管理

1. 制订辖区研学旅行课程方案和实施规划，组织制定辖区研学旅行课程标准、编制辖区研学旅行课程教材。接受学校制订校本研学旅行课程方案和课程标准的报备。

2. 组织制定研学旅行基地、营地、线路的准入标准、评价体系和退出机制,接受企事业单位建设辖区研学旅行基地、营地、线路的申报,审定批准辖区研学旅行基地、营地、线路的设置。

3. 牵头建立辖区相关部门协同实施研学旅行课程方案的体制机制,召集各部门有关负责人举行联席会议,研究、解决研学旅行相关问题,保障研学旅行顺利开展。

4. 建立和监督实施学校或委托单位开展研学旅行活动的责任制,监督做到"活动有方案,行前有备案,应急有预案"。

5. 接受学校各次研学旅行活动计划、研学旅行基地、营地、线路选用及安全保障措施的报备。

6. 建设辖区研学旅行网站,推进辖区研学旅行智慧化,对外宣传辖区研学旅行基地、营地、线路,吸引辖区外学校来本区进行研学旅行。

7. 建立针对学校开展的研学旅行工作的检查评估机制,并组织实施。

8. 组织辖区研学旅行师资和研学旅行基地、营地、线路管理和工作人员的培训和考核、准入和淘汰。

9. 组织辖区研学旅行教学研究。

(三)相关部门协调

1. 政府各相关部门建立各自协助支持教育部门开展研学旅行的管理体制和工作机制,保障研学旅行顺利实施。

2. 部门负责人参加辖区各部门研学旅行工作联席会议,及时解决本部门负责处理的问题,落实本部门的分工。

3. 制定和落实本部门支持研学旅行的优惠政策,监督学校实施政策,评价政策实施效果。

4. 协同开展研学旅行的宣传和智慧化工作。

四、学业评价

学业评价的目的是促进研学旅行课程的建设和优化，促进学生的全面发展，评定研学旅行的学业水平。

1. 评价原则

全面性原则：要从学生发现问题、探究问题和解决问题，自我规划、自我管理和自我发展，合作探究和交流，科学精神、态度和价值观，创新意识和能力，公民意识和社会责任感等方面全面进行评价。包括学生的个性化表现和学生团队的集体表现。

表现性原则：必须依据学生在真实情境中完成任务时所表现出来的理念、态度、能力、知识等，加以综合评定，即评价学生发展的核心素养。

开放性原则：依据研学内容的广泛性和现实问题情景的开放性，不能设置唯一正确的答案，要兼顾学生达成研学目标的一般情况和在某一方面的特别表现，顾及学生的个别差异进行评价，注重对发散性思维和创新思维的评价。

激励性原则：除了甄别区分功能外，要让学生通过评价认知自己的强项和潜能，激发学生学习的自信心和进取心，促进学生反思和持续发展。

2. 成果形式

学生的学习结果可以有多种形式，可以是一篇研究论文、一份调查报告、一件模型、一块展板、一场主题演讲、一次口头报告、一本研究笔记，也可以是一项活动设计的方案。不同学段、不同学校、不同学生可以根据实际情况采用最适合自己的方式提供研学成果。

成果表达形式：图画、照片、模型、实物、录音、录像、光盘、网页、诗歌、节目、口头报告、书面报告和论文等。

成果交流方式：班报、刊物、展览会、演讲会、答辩会、研讨会、节目表演、展板、墙报等。

3. 评价标准

评价标准可以按等第、分数、学分、评语等形式制定，可根据实际情况选择适当的方式。

高中阶段实行学分管理，评价标准按学分制定。其他学段可以采用其他方法制定评价标准。

不同评价主体的评价，如自我评价、小组评价、教师评价和社会评价等，可以采用不同的方法制定评价标准。

研学过程各个阶段可以采用不同的方法制定过程性评价标准。研学旅行整体评价的构成比例可参照：目标检测40%、过程管理30%、成果评价20%、社会评估10%。

4. 评语编写

评语反映学生在研学过程中客观、真实的表现。导师评价要有真情，描述学生的真实表现。评语要充分肯定学生的优点，恰如其分地指出学生的不足，并提出中肯的建议。评语针对学生的特长和独特的优点，作个性化的描述。

评语编写原则如下：以客观公正为标尺，勾画出学生真实的人格；以鼓励表扬为引线，点燃学生希望的火花；以细腻具体为刻刀，雕镂出学生生动的个性；以亲切生动为雨露，滋润学生干渴的心田；以含蓄委婉为清泉，冲淡学生心头的阴影；以精练优美为画笔，描绘学生五彩的生活。

5. 建立研学记录袋

研学记录袋记载学生研学过程、学习成就、持续进步等全部表现，包括活动记录、研学成果、评价结果和其他相关资料。记录袋装有学生自主收集课题的研究方案，活动记录（如观察日志、调查表、访谈记录、实验记录、导学卡等），研究成果（如研究报告、小论文、作品等），学生的自我评价、反思和体会，教师、同学和家长的评价等信息资料。记录袋档案详细记录学生能力培养和素养形成的路径轨迹，记录的资料要求全面、完整和真实。

记录袋的形成也要发挥学生的作用，让学生参与设计制定评价量表和档案袋内容及形式。记录袋要有学生在研学实践中所获得的体验，如学生的自我陈述以及小组讨论记录、活动开展过程的记录等。记录袋要有学生学习和研究的方法和技能的掌握情况，如在研学旅行各个环节查阅和筛选资料，对资料归类和统计分析，使用新技术，对研究结果的表达与交流等。

记录袋要反映学生创新精神和实践能力的发展，记录学生从发现和提出问题、分析问题到解决问题的全过程中所显示的探究精神和能力，通过活动前后的比较和几次活动的比较来反映发展过程。

记录袋装有学生的学习结果，如一篇研究论文、一份调查报告、一件模型、一块展板、一场主题演讲、一次口头报告、一本研究笔记、一项活动设计的方案等。

记录袋有对学生研学实践的态度的评价，如是否认真参加每个活动，是否努力完成所承担的任务，是否做好资料积累和分析处理，是否主动提出研究和工作设想、建议，能否与他人合作、采纳他人意见等。

课程评价是指检查课程的目标、编订和实施是否实现了教育目的，实现的程度如何，以判定课程设计的效果，并据此作出改进课程的决策。

五、评价原则

1. 全方位评价原则

研学旅行作为综合实践活动课程，对其评价必须全方位进行。不仅要静态评价课程标准、课程建设档案、课程教材、学生研学成果等书面形式为主的材料，还必须实地动态评价研学旅行基地、营地、线路等项目，调查访谈研学旅行相关方的人员，包括学生、指导教师、家长、学校管理人员、基地和营地工作人员、相关部门的涉事人员等。还可以采取暗访的形式，实时观察研学旅行过程。全方位评价包括支持研学旅行的 11 个部门对研学旅行课程建设的成绩。研学旅行如有采取服务外包的方式，则要对服务承担方也进行评价。

2. 多主体评价原则

研学旅行涉及面广，相关方多，需要由多方面参与对课程的评价。在教育主管部门主持组织下，学生、家长、指导教师等都可以作为评价主体，从各自的角度对研学旅行课程的开发建设、课程的实施、课程的条件、学生的研学业绩等进行评价。根据"短板原理"，只要有某一方评价不合格，则整体评价就不能合格通过。

3. 重实效评价原则

研学旅行作为综合实践活动课程，注重研学实效特别重要。实效就是学生通过研学旅行所取得的综合素养的提升，所以评价不能简单地依据研学课题的完成情况，不能简单定量评价，而且还要采取观察、体验、访谈等方式，定性评价学生发展素养通过研学旅行所得到的提升。

4. 顾全面评价原则

研学旅行要特别注意防止"只旅不研""只研不行"的两种偏向。必须兼顾对研学、旅行二者的评价。一方面，要看旅行线路的设计是否有利于研学目标的达成，要看旅行的性价比，是否以较低成本的旅行保证研学任务的完成，或者在条件许可的情况下，以较高成本的旅行支持研学成果的创新和突破；另一方面，要看研学任务是否需要异地旅行的支持，要看研学活动是否充分利用了旅行所提供的研学机会。

六、评价内容

研学旅行课程评价的目的不只是说明课程的现状，更是为了课程的改进。研学旅行课程评价方式多样，建议使用 CIPP 课程评价模式，从背景、输入、过程、影响、成效、可持续性和可应用性评价等方面进行系统评价，提供有效信息。

1. 背景评价

评价研学旅行课程背景，主要从需求、问题、有利条件和机会、教学目标和考核等维度进行评价。即回答下列问题：学生、教师、社会、学科对研学旅行有何需求？研学旅行活动的开展遇到哪些问题？专门知识和专家服务、指导教师、物质资源、经费等条件是否有利？研学旅行课程实施的时机能否满足需求和解决相关问题？研学旅行课程教学目标及其他配套服务目标是否明确？学校对研学旅行课程的师生考核方式和评价标准是否合理？

2. 投入评估

在背景评价的基础上，进一步评价研学旅行课程及其服务的策略、课程实施所需预算、课程实施的可行性和效用性。要评价达成研学旅行目标所需条件、资源，各种课程的目标、内容、方法、学业评价设计是否科学合理，哪一课程最佳，投入的人力、物力、财力是否足够等。

3. 过程评估

对课程实施过程进行监督、记录、反馈，以不断调整和改进实施过程。评价学校是否完成研学旅行课程建议课时和学分，是否全体学生参与研学旅行，课程实施状况以及实施过程中的事件、问题、费用是否得到合理解决，教师指导是否适时、适度、适当，评价过程中的反馈信息如何，课程实施过程是否需要调整和改进等。

4. 影响评价

评价研学旅行课程对目标受众的影响程度、课程实际服务对象与计划受益者吻合的程度，包括评价课程对学生的影响以及学生对影响的感知、师生教学实践总结和成果的质量、课程对学校和教师的影响、课程服务非预期受益者的程度等。

5. 成效评价

评价研学旅行课程实施成果的效用性。与影响评价相比较，侧重评价对受益者长久利益的影响，即评价学生、教师或学校发展所发生的质变。主要测评学生发展核心素养和学科核心素养相应的提升、师生对课程的优缺点的分析、课程影响的深广度、课程目标达成的程度、与其他课程相比的成效等。

6. 可持续性评价

评价研学旅行课程能否制度化循环使用。包括评价学生、教师和其他利益方对课程可持续实施的看法、制约课程可持续实施的问题、课程可持续实施的概率等。如果课程可持续实施，即可着手建设研学旅行的资源包或教材。

Part

3

第三章

研学旅行课程设计与实施

连云港传统文化研学旅行

第一节　研学旅行的课程定位

一、课程的定义与内涵

（一）课程是指学校学生所应学习的学科总和及其进程与安排

1. 广义的课程是指学校为实现培养目标而选择的教育内容及其进程的总和，它包括学校老师所教授的各门学科和有目的、有计划的教育活动。

2. 狭义的课程是指某一门学科。

（二）课程的内涵

1. 课程即教材

课程内容在传统上历来被作为要学生习得的知识来对待，重点放在向学生传递课程知识这一基点上，而知识的传递是以教材为依据的。所以，课程内容被理所当然地认为是上课所用的教材。这是一种以学科为中心的教育目的观的体现。教材取向以知识体系为基点，认为课程内容就是学生要学习的知识，而知识的载体就是教材，其代表人物是夸美纽斯。

2. 课程即活动

这种课程的主要代表人物是杜威。杜威认为"课程最大流弊是与儿童生活不相沟通，学科科目相互联系的中心点不是科学，而是儿童本身的社会活动"。通过研究成人的活动，识别各种社会需要，把它们转化成课程目标，再进一步把这些目标转化成学生的学习活动。这种取向的重点是放在学生做些什么上，而不是放在教材体现的学科体系上。以活动为取向的课程，注意课程与社会生活的联系，强调学生在学习中的主动性，是一种探究性的教学。

3. 课程即经验

在泰勒看来课程内容即学习经验，而学习经验是指学生与外部环境的相互作用，他认为"教育的基本手段是提供学习经验，而不是向学生展示各种事物"。这种观点强调学生是主动参与者，学生是学习活动的主体，学习的质和量决定于学生而不是课程，强调学生与外部环境的相互作用。教师的职责是构建适合学生能力与兴趣的各种情境，以便为每个学生提供有意义的经验。

二、研学旅行课程设计与实施的必要性

研学旅行对于全面培育人文底蕴、科学精神、学会学习、健康生活、责任担当、实践创新等学生发展核心素养，综合学生培育各学科的核心素养，落实立德树人根本任务，培养德智体美劳全面发展的社会主义建设者和接班人意义重大。

1. 关于中小学研学旅行课程的设计与实施，教育部等 11 部门颁布的《关于推进中小学生研学旅行的意见》（以下简称《意见》）中指出，研学旅行课程必须纳入中小学教育教学计划。各地教育行政部门要加强对中小学开展研学旅行的指导和帮助。各中小学要结合当地实际，把研学旅行纳入学校教育教学计划，与综合实践活动课程统筹考虑，促进研学旅行和学校课程有机融合，要精心设计研学旅行活动课程，做到立意高远、目的明确、活动生动、学习有效，避免"只旅不学"或"只学不旅"现象。

2. 教育部印发《中小学综合实践活动课程指导纲要》中，明确将研学旅行纳入综合实践活动课程的范畴。研学旅行课程是面向全体中小学生，由学校组织安排，以培养中小学生的生活技能、集体观念、创新精神和实践能力为目标，通过集体旅行、集中食宿的方式开展的一种普及性教育活动，是加强和改进未成年人思想道德建设的重要举措，是推动学校教育和社会实践相结合、全面推进素质教育的重要途径，重点突出全员参与、集体活动、走出校园、实践体验。

3.《研学旅行课程标准》中提出，研学旅行是中小学综合实践活动的重要方式，是各个学段课程方案中的必修课程。他与学科课程并列设置、相互补充，是中小学课程结构不可或缺的组成部分。研学旅行是学科课程内容的延伸、综合、重组与提升，既是学科课程基础知识、基本原理的应用，也是对学生各学科核心素养养成的实践检验、各学科领域学习成果的拓展和加深。

研学旅行推进中小学地方课程、校本课程的建设和实施，使各学科的地方课程、校本课程突破地域限制，开展异地研学，拓展地方课程、校本课程的视野，提升地方课程、校本课程的品位和实效。高中地理课程是唯一将实践力作为学科核心素养的高中课程，地理实践力表现为考察、调查和实验，多要通过研学旅行来实现。

第二节　研学旅行课程主题设计

《中小学综合实践活动课程指导纲要》指出，综合实践活动是从学生的真实生活和发展需要出发，从生活情境中发现问题，转化为活动主题，通过探究、服务、制作、体验等方式，培养学生综合素质的跨学科实践性课程。按照活动方式分类，研学旅行被纳入综合实践活动课程考察探究中。研学旅行属于综合实践活动课程，因此，研学旅行课程主题活动方案的制订与综合实践活动课程主题方案的设计具有相似的特点。

一、主题设计原则

在制订研学旅行课程主题活动方案时需要遵循几个原则，分别是教育性原则、实践性原则、融合性原则、激发学生自主性原则和挖掘特色性原则，且特色性特别强调了要立足国情、域情和校情。

1. 教育性原则

《意见》里明确指出，教育性原则是第一项基本原则，研学旅行的活动课程要结合学生的身心特点、接受能力和实际需要，注重系统性、知识性、科学性和趣味性，着力来培养学生的社会责任感、创新精神和实践能力。只有把教育性原则放在第一位，我们才能避免"只旅不学"或者"只学不旅"的现象。

2. 实践性原则

研学旅行是研究性学习和旅行体验相结合的一项校内外相结合的教育活动。研学是目的，旅行是载体。也就是说，通过开展各种活动和学生的亲身体验来实现研学综合育人的目的，在课程的设计和实施之中，就要去充分地促进学生知与行、动手与动脑、书本知识和生活经验的结合和统一。

作为这样一个人才培养模式的创新模式，特别要注重学生实践性的学习，避免在学校里以单一的学科课堂知识接受为基本方式、以知识结果的直接获得为目的的学习活动。研学旅行课程可能更强调要超越教材、课堂和学校的局限，在活动时空上向自然环境、学生的生活领域和社会活动领域延伸，密切学生与自然、与社会、与生活的联系。

3. 融合性原则

《意见》里明确提出作为综合实践育人的有效途径，研学旅行要以统筹协调、整合资源为突破口。从立德树人、培养人才的根本目的出发，站在综合育人的高度，再基于核心素养的形成来进行统筹、设置和实施，在此过程中就要进行资源的梳理、整合。包括学校内的学科整合、多学科整合、跨学科的整合，甚至是跨界的整合。在这里边，比如整合资源，要结合地区的情况、学校的情况、学生的实际情况，比如自然文化遗产、红色教育资源、综合实践基地，包括科技馆、知名院校、工矿企业、科研机构等都可以去进行充分地挖掘、整合可利用的资源。

4. 自主性原则

无论是什么研学旅行，激发学生的自主性，让学生在研学旅行中自主去发现和观察研学旅行中的一草一木、一山一水、一事一物、一情一景，学生学习的主动性和积极性才能被调动起来，才能让研学旅行变成路上最好的教育方式。

5. 特色性原则

随着研学旅行的迅速发展，当前的研学旅行机构数不胜数，如果一个研学旅行课程的设置没有自己独特的特点，在众多的研学旅行机构中就很难脱颖而出。研学旅行课程除了挖掘出课程资源的特色，还要特别强调课程资源的选择要立足国情、域情和校情，挖掘当地的研学旅行价值和潜力，以期达到行之有效的研学旅行学习效果。

二、主题设计内容

研学旅行是开展校外教育、落实核心素养培养的重要途径。我们的主题设计的内容，其实《意见》里已经有了明确的说明："小学是以乡土乡情，初中是县情市情，高中是省情国情"设计相关的主题内容。按照活动方式分类，研学旅行被纳入考察探究类活动中，因此，研学旅行课程属于综合实践活动课程。从核心素养来说，研学旅行可以是学校跨越这种学科之间的一些跨界组合、学科知识的重组；也可以密切联系现代科学技术和社会发展相关的主题，依托不同的资源去设计主题内容。根据我国各地中小学开展研学旅行的广泛实践，总结出一些适合不同学段中小学生开展考察探究活动主题内容，供大家参考选用。

考察探究活动推荐主题及其说明

学段	活动主题	简要说明
1—2年级	1. 神奇的影子	体验踩影子游戏、手影游戏的乐趣，了解影子在生活中的应用；创作、交流简单的手影游戏、故事、舞蹈，初步体验科学探究的乐趣。
	2. 寻找生活中的标志	通过访问、观察、实地考察收集生活中的各种标志，如安全标志、交通标志、社会团体类标志、汽车标志等，理解其含义。提高收集、整理、分析和利用信息的能力，初步树立规则意识。

续表

学段	活动主题	简要说明
1—2年级	3. 学习习惯调查	了解和观察本班（年级）同学在读写姿势、文具的使用、阅读与写字等方面的习惯，讨论、总结不良学习习惯的表现、危害，研究和分析养成良好学习习惯的方法；开展主题班队会，增强对学习习惯重要性的了解和重视。持续开展学习习惯宣传与纠错活动，相互帮助，自觉养成良好学习和行为习惯。
	4. 我与蔬菜交朋友	通过访问、交流了解同学们对吃蔬菜的态度；到菜市场或菜田考察蔬菜的形状、种类，了解蔬菜的营养对学生成长的重要性；选择种植一种芽苗菜，体会种植的快乐与辛苦，增进对蔬菜的情感。
3—6年级	1. 节约调查与行动	通过访问、调查、实地考察等多种方式，了解家庭（或学校、社区某些场所）的水（或电、粮食等资源、一次性生活用品等）的浪费情况，设计有针对性的节约方案；开展节约（合理用电、光盘行动、减少一次性用品使用）倡议与行动，并记录、分析效果，提高实践能力，增强节约资源意识。
	2. 跟着节气去探究	结合二十四节气，观察身边的植物、动物、天气等物候变化；长期坚持，认真做好记录，并尝试编制当地的自然日历，理解农业生产与物候变化的关系。关注自然现象，探索自然变化，初步树立严谨求实、一丝不苟的科学态度。
	3. 我也能发明	观察、分析、讨论日常生活中各种用品、物件使用过程中的问题；学习和运用发明创造的多种方法，针对发明创造对象进行功能改进或重新设计，并在实际生活中加以应用和检验，提高动手能力，培养创新精神。
	4. 关爱身边的动植物	观察身边常见的动植物，如校园植物、家庭（社区）宠物、大自然中的各种昆虫、农田中的动植物等；选择其中一种或多种进行小实验、分析与研究，了解其自然特征（习性）并自觉加以保护，增强关注自然、热爱自然的情感，提高科学探索能力。

学段	活动主题	简要说明
3—6年级	5. 生活垃圾的研究	收集资料，了解国内外垃圾分类和处理的有关内容，调查、了解身边各种生活垃圾的处理方法；分析针对现状问题可采取的措施，设计家庭（学校、社区）垃圾箱和垃圾有效分类回收的方案，增强环境保护意识。
	6. 我们的传统节日	结合时令，选择端午节、中秋节、重阳节、春节等一个或几个传统节日，利用收集资料、访问、实地考察等方法，了解节日的来历、习俗、故事等；参与体验该节日的1~2种习俗，并进行交流分享，增强对传统文化的探究意识和认同感。
	7. 我是"非遗"小传人	了解非物质文化遗产的种类、特点、保护现状（如"二十四节气"等），访问本地非物质文化遗产传承人；讨论传承和保护非物质文化的方法、措施和建议，开展非物质文化遗产的传承活动。理解、认同家乡传统文化，并乐于传承。
	8. 生活中的小窍门	通过资料收集、调查、实地考察等方式了解各种生活小窍门，通过动手实验加以验证，设计宣传方案。丰富生活经验，锻炼动手实践能力。
	9. 零食（或饮料）与健康	调查、交流同学们吃（喝）零食（饮料）的现状；通过查阅资料、访谈了解其对健康的影响，了解科学选择零食（饮料）的方法；动手制作1~2种健康零食（饮料），并召开班级展示分享会，增强健康的饮食意识。
	10. 我看家乡新变化	通过调查、访问、参观等多种方式，了解和感受家乡在经济、文化、建筑、交通、生活方式等方面的变化与发展，用摄影、绘画、手抄报、作文、故事等多种形式，展示家乡新变化。增进知家乡、爱家乡的情感，增进建设家乡和祖国的责任感、使命感。
	11. 我是校园小主人	通过观察、访问、实地考察等方式，了解和分析校园的自然环境、规划布局、设施设备、文化景观、文化活动以及安全保障等方面的状况，提出校园建设和发展建议，增进知学校、爱学校的责任感。

续表

学段	活动主题	简要说明
3—6 年级	12. 合理安排课余生活	通过调查和了解同学们在学校课间、家庭、假期等时间的生活安排情况（如学习培训、健身、业余爱好等）；分析合理安排课余生活的方法与要求，制订合理利用课余生活的计划，开展有意义的课余活动，体验并记录活动感受，养成健康生活习惯，增强自我管理意识。
	13. 家乡特产的调查与推介	通过资料收集、访问、实地考察等多种方式，了解和调查家乡的特产；设计与策划推介方案，增进热爱家乡、关心家乡、建设家乡的感情。
	14. 学校和社会中遵守规则情况调查	收集信息了解学校和社会中的各种规则，如校规校纪、交通规则、公共文明行为准则等，增强遵规守纪意识；观察同学和社会公民在遵守规则方面的实际表现；通过访谈或问卷调查了解人们遵守规则的情况；针对观察、调查中发现的实际问题，提出提高人们规则意识的建议。
	15. 带着问题去春游（秋游）	在春游（秋游）外出考察前，利用网络、书籍等多种途径，了解所去场所的基本情况、资源内容与特点，能够提出研究问题，设计考察方案；通过任务驱动的方式，有效地开展实践活动，获得研究结论。培养项目设计的意识和能力，积极参与校园生活，增强团队合作意识。
7—9 年级	1. 身边环境污染问题研究	通过调查了解身边水污染、空气污染、噪声污染、土壤污染、固体废弃物污染等任一环境污染的来源、现状及对身体健康的影响，提出合理的防治污染措施，减少环境污染，培养环境保护的意识。
	2. 秸秆和落叶的有效处理	调查当地秸秆和落叶处理过程中存在的问题，分析焚烧秸秆和落叶的危害；走访能够有效处理秸秆或落叶的机构，了解处理秸秆和落叶的常用方法；开展实验，探索更加有效地处理秸秆和落叶的方法或措施，提高科学探索能力和社会责任感。

续表

学段	活动主题	简要说明
7—9年级	3. 家乡生物资源调查及多样性保护	收集资料，了解家乡主要动植物资源，实地考察这些动植物资源的生长、开发与利用的情况；针对在考察中发现的问题，提出保护当地生物多样性、合理开发利用生物资源的建议，增强关注自然、保护自然的意识，增进知家乡、爱家乡的情感。
	4. 社区（村镇）	安全问题及防范实地考察社区（村镇）设施设备、人与车辆分流管理等方面的安全状况，寻找安全隐患；与管理部门沟通，提出防火、防盗等安全防范建议，并在社区中进行相关宣传，增强安全意识，提高社会责任感。
	5. 家乡的传统文化研究	收集家乡历史文化典故，考察著名历史建筑，制作传统美食；了解当地服装服饰文化和传统庆典节日文化等方面的传统文化。理解和尊重家乡的传统文化，积极参与探究学习，对传承传统文化具有历史责任感。
	6. 当地老年人生活状况调查	考察当地社会养老机构，如敬老院、老年公寓等；分别调查选择社会养老和居家养老的老年人生活状况，并对两类养老方式进行对比分析；主动为身边的老年人服务。弘扬尊老敬老的美德，加强关心老年人、积极为老年人服务的意识。
	7. 种植、养殖什么收益高	对当地自然、地理条件进行分析，了解适合的种植和养殖项目；从市场、技术、经济、工程等角度，对项目进行调查研究和分析比较，并对项目可能取得的经济效益及社会环境影响进行预测，为家庭选择合适的种植养殖项目提供参考，增强社会参与和责任意识，提高运用知识解决实际问题的能力。
	8. 中学生体质健康状况调查	收集有关视力、身体形态、身体机能、身体素质等方面的资料；统计分析体质健康状况及运动、生活习惯的数据；访问医务人员和体育教师等专业人员；提出改善体质健康的方案并长期坚持，检验效果。关注自身体质健康，养成健康合理的生活习惯。

学段	活动主题	简要说明
7—9年级	9. 中学生使用电子设备的现状调查	调查了解中学生使用手机、平板电脑、笔记本电脑等电子设备的主要目的；了解电子设备与数字生活的关系，知道过度使用电子设备对身心健康的影响；积极采取措施避免过度使用电子设备。培养较高的信息意识，提高数字化生存能力，主动适应"互联网+"等社会信息化趋势。
	10. 寻访家乡能人（名人）	收集相关材料，进行人物专访，了解家乡某个领域能人（名人）的经历与成功故事，分析其成功的原因及对家乡的影响，进行宣传。增强热爱家乡的情感，积极为家乡做贡献。
	11. 带着课题去旅行	围绕寻访红色足迹、中华文化寻根、自然生态考察等主题，收集研学旅行目的地的资料，寻找自己感兴趣的问题作为研究课题；带着课题参加研学旅行，通过实地考察和调查，完成课题研究和旅行活动。在活动中激发爱国热情，培育民族精神，增强保护自然的意识。
10—12年级	1. 清洁能源发展现状调查及推广	收集信息了解清洁能源的特点，考察当地风能、太阳能等清洁能源设施或生产企业；设计在学校或社区中使用清洁能源的方案；调查新能源汽车发展前景和推广使用中存在的问题，在社区中宣传推广清洁能源。关注清洁能源的发展，主动选择清洁能源和相关产品，减少环境污染。
	2. 家乡生态环境考察及生态旅游设计	设计实地考察家乡的湿地、森林、草原等自然生态环境方案；对当地生物多样性及保护情况进行研究，采访当地居民了解自然生态环境变化，提出保护建议；结合当地独特的自然生态条件，设计开展生态旅游的方案，在一些景点进行生态旅游的导览和讲解服务，增强热爱家乡、保护家乡自然生态环境的意识。
	3. 食品安全状况调查	收集有关食品安全的信息，分析典型食品安全事故；考察当地食品制造企业或走访食品监督部门，调查当地食品安全状况和人们的食品安全意识；提出确保食品安全的方案，尝试用简单的实验方法对常见食品进行检测，编制食品安全手册，在社区中做食品安全科普宣传。增强食品安全意识，学会选购健康、安全的食品。

续表

学段	活动主题	简要说明
10—12年级	4. 家乡交通问题研究	收集资料，走访当地交通管理部门，了解交通拥堵的原因和减少拥堵的措施；到本地区比较拥堵的路口进行实地考察，记录不同时段交通拥堵的状况，对改善本地区交通拥堵问题提出建议；在学校周边做交通疏导，维护交通秩序。关注家乡交通问题，为缓解家乡交通拥堵做出自己的贡献，提高社会责任感。
	5. 关注知识产权保护	访问当地知识产权部门，了解知识产权的相关知识；对身边公众的知识产权意识和行为进行调查，提出增强公众知识产权意识的建议；在参与各种创新活动中，尊重他人知识产权，并维护自身知识产权，增强尊重知识产权的意识，提高依法维权的能力。
	6. 农业机械的发展变化与改进	收集资料，实地考察，了解从传统农具到现代化农业机械设备的发展变化过程；分析比较各种农业机械的使用效果及成本，对农业机械的合理、充分使用提出改进建议。感受科学技术对农业发展的重大影响，激发创新意识。
	7. 家乡土地污染状况及防治	收集资料、调查、实地考察、实验、走访相关部门，了解家乡土地污染状况及主要危害；分析造成土地污染的主要原因；提出防治家乡土地污染的合理措施及建议，为家乡环境保护做出自己的贡献，增强环境保护意识及社会责任意识。
	8. 高中生考试焦虑问题研究	收集与考试焦虑相关的信息资料；通过问卷调查了解高中生考试焦虑状况；与心理医生或心理教师面谈，进行考试焦虑心理测试；采取措施，减轻自身考试焦虑，策划实施团队心理减压活动。学会调控考试带来的心理压力，促进身心健康发展。
	9. 社区管理问题调查及改进	考察当前社区，分析社区在停车、清洁、安全、养宠物等方面存在的管理问题；调查居民对社区管理的看法，考察周边管理比较好的社区；走访小区管理处，提出改进意见，主动参与社区管理，维护社区环境，增强社会责任意识和积极为他人服务的意识。

学段	活动主题	简要说明
10—12年级	10. 中学生网络交友的利与弊	通过资料收集、案例分析、访谈、调查等多种途径，了解中学生网络交友的相关信息；对网络交友的利与弊进行全面分析或展开辩论。提高信息安全意识，主动适应社会信息化趋势。
	11. 研学旅行方案设计与实施	收集研学旅行目的地信息，设计研学旅行路线及行程，设计研学旅行参观考察内容，确定自己的研究课题；设计研学旅行成果的展现形式，在研学旅行活动后对设计方案进行反思和评估，提高规划、设计与实施的能力。
	12. 考察当地公共设施	选择身边文化娱乐设施、无障碍设施、公共交通设施等进行考察；调查了解公共设施的状况及公众的满意程度，与管理人员沟通，提出改进建议；利用节假日引导公众更好地使用公共设施等活动，增强公共安全意识和社会责任意识。

三、主题设计类型

研学课程主题设计的类型，《意见》里也已经有了明确的规定，包括自然类、地理类、科技类、历史类、人文类、体验类、艺术类、职业探索类等。这些设计的类型，需要进行爱国主义教育、人文主义教育、理想信念教育、科技信息教育、国情教育等。

1. 单一主题设计

研学旅行中以某个明确的主题作为学习的核心目标或内容展开活动，该主题称之为单一主题。单一主题的特点是主题突出，内容明确，目的性强，研究性学习的实践操作性强。由于研学内容或考察探究方式比较明确，学生在研学过程中研究问题的确定和调整也相对缺乏自主选择性。单一主题的研学旅行比较适合短期的科学探究类和自然考察类研学。

2. 综合主题设计

综合主题，顾名思义，是多个单一主题的融合。一般情况下，会依托地域特色设置研学综合主题，如江苏研学。江苏省南北跨越长江淮河两个流域，兼具北方和南方两种气候特点，以及两种居民风俗习惯。江苏省河网密布，湖泊众多，著名的河流有长江、淮河、沂河、沭河、秦淮河等，著名的湖泊有太湖、洪泽湖、高邮湖、瘦西湖、玄武湖等。江苏海岸线绵长，连云港也是我国比较重要的海港。江苏没有高山，低山丘陵分布于江苏省的南北两端，连云港的云台山玉女峰为江苏最高峰，海拔 625 米。虽然没有高山，但不乏名山，如紫金山、钟山、灵山、狼山、花果山等。这些可以作为自然地理类的探究学习。

京杭大运河纵贯江苏省南北，长江水道横贯东西，交通便利，也孕育了很多历史文化名城；省会南京市作为六朝古都，有丰富的历史人文考察资源。这种没有明确区分主次的，多角度、多方式、多内容的主题设计研学就是综合主题的研学旅行。综合主题的研学旅行内容是并列的、独立的，不存在逻辑和顺序先后的关系，可根据开展活动的时间长短进行内容上的添加和删减，并不会影响整体研学旅行活动的开展。

一般情况下，主题是按照层次设计的，主题的层次越高，包括的范围越大，内容就越丰富。有时主题在前期并没有明显的层次划分，但在大主题被确定后，需要引导学生不断地将主题范围缩小，逐步确定学生真正具体学习和研究的内容。可以说，研学旅行课程是通过体验性活动，让学生在主题下，不断地缩小关注点，最终确立自己的研究小课题，获得知识、提升能力、增强体验。

3. 分类主题设计

分类主题设在综合主题之下，是针对不同类别，侧重某方面内容的一种综合主题设计。从大的方向来看，可以分为历史文化类、科技创新类、自然教育类、艺术审美类、体育健康类、职业体验类和可持续发展类。不同类别的研学旅行主题需要运用的学科知识和能力不同。例如，历史文化类主题的红色文化研学旅行，需要学生亲临爱国主义教育基地，了解红色文化，体会革命先烈在战争年代经历的艰难困苦和峥嵘岁月，提升民族自信和爱国热情。

在这样的主题中，主要涉及学生的历史知识、地理知识、文学知识等，通过参观展览、实地观察、交流心得等学习形式完成活动。

第三节　研学旅行课程分类设计

研学旅行课程分类没有权威的和固定的标准，一般来说，遵循一定的逻辑分类即可。主题设计通常与课程内容密切相关。符合教育目的、以课程内容或课程领域作为主题来分类，表述简洁易于理解。

一、历史文化类课程设计

历史文化类研学旅行课程包括以重要历史事件发生地和著名文化遗产地作为研学目的地而构建的课程类型，主要目的是丰富学生的历史知识和文化素养，建立现代社会生活与历史事件、传统文化的勾连，培养学生的人文底蕴和文化理解能力。

1. 文化遗产类

党的十九大报告指出，要加强文物保护利用和文化遗产保护传承。文化遗产涵盖物质文化遗产和非物质文化遗产两大类。此类研学旅行课程设计应兼收并蓄，立足教育性、突出融合性、兼顾趣味性，结合研学目的地的文化特色，深度挖掘其独特的文化价值与传统特色。

文化遗产类研学课程的目的地通常是一些著名的古都或历史文化名城，如北京、南京、西安、开封、洛阳、曲阜、安阳等。在每一座古都或历史文化名城中，都会有一个或两个以上的主要"看点"是独一无二的，也是其他地方无法替代的。

文化遗产类研学课程设计的原则是主题突出文化体验、欣赏与传承，学习内容基于历史、语文、道德与法治等学科知识。

文化遗产类研学课程一般适合于中学生。因为初中阶段才会系统学习历史学科。以历史、地理为基础，有利于理解相关的文化知识，因此，这类课程实施对象应以初高中学生为主。如果组织小学生参加此类研学课程学习，可以多安排体验性的、动手操作性的学习内容，学习定位以感受氛围、形成印象为主，避免全部安排参观建筑、考察博物馆等难度相对较大的活动。如果进行非物质文化遗产体验，应当尽量选择易学、易动手的工艺，如编织、剪纸、风筝制作、陶泥彩绘等。

2. 红色教育类

红色教育一直是学校爱国主义教育中的一项重要内容。将爱国主义教育和革命传统教育转化为学生感兴趣的研学主题，让学生通过亲历感悟、实践体验、行动反思等方式，在红色教育基地缅怀历史、致敬先烈、坚定信仰，是德育教育的一种有效途径。让青少年通过了解老一辈革命者的英雄事迹，树立正确的人生观和价值观。国家教委、民政部、文化部、国家文物局、共青团中央、解放军总政治部向全国中小学生推荐百个爱国主义教育基地。截至 2019 年 9 月，全国爱国主义教育示范基地总数达到 473 个，基本覆盖了从中国共产党成立到解放战争胜利各个历史时期的重大历史。如天安门广场、中国人民抗日战争纪念馆、中国人民革命军事博物馆、侵华日军南京大屠杀遇难同胞纪念馆、中国共产党第一次全国代表大会会址等，基本覆盖了从中国共产党成立到解放战争胜利各个历史时期的重大历史事件、重要人物和重要革命纪念地，是发扬红色传统、传承红色基因，培育和践行社会主义核心价值观的生动课堂。

3. 历史考察类

历史考察类的研学重在通过对历史古遗、博物馆、展览馆的参观考察，重温历史、梳理历史、感悟历史、发现历史。学生可以结合历史课上的知识和课外知识，在研学地点针对感兴趣的文物和历史事件的起源等，从时间、地点、背景、过程、结果、影响等方面进行分析。也可以对历史文化遗迹背后的故事进行挖掘，或者图解一些重大的历史事件等。这类研学旅行无疑是对校内历史教育的有效补充。

二、科技创新类课程设计

在中国学生发展核心素养框架中，培养学生的科学精神和实践创新素养被作为重要的文化基础和社会参与方面的支撑。科学精神要求具有理性思维、批判质疑和勇于探究的精神；实践创新素养要求学生具有解决问题和技术应用能力。科技创新类研学课程整体指向科学精神和实践创新能力的培养，对发展学生的探索精神、热爱科学的情感、严谨认真的态度都具有积极的促进作用。科技创新类研学实践课程按照内容，可以大致划分为航天科技、海洋科技、生物科技、地学科技、天文科技等类别。在研学过程中，尤其是旅行前课程的学习中，应该安排一定的创新思维与方法训练、科技知识讲解或讲座、科技类课题选题、科技企业或场馆参观考察等，并且研学返校后，对科技创新类小课题研究的指导也要持续跟进。

1. 航天科技类

中国航天事业的发展距今已有 60 余载，随着"神舟"系列载人飞船的发射、北斗卫星导航系统的运行、"嫦娥工程"的顺利开展，中国的航天科技事业发展迅猛。

航天领域有许多高新技术，但无论从动力学角度还是从材料能源的角度都可以与中学物理、化学等学科产生联系，作为课堂知识的补充。如果条件允许，可以带领学生进入实验室参观，甚至可以让学生动手体验。对于每一位航天人来说，"航天精神"是社会主义核心价值观在航天领域的实践成果和生动体现，是我国航天事业实现跨越式发展的动力源泉。爱国奋斗是航天精神的核心和精髓，祖国的需要高于一切，祖国的荣誉高于一切，是航天人心中高扬的旗帜，因此，了解中国航天的发展史，听航天员讲一段故事，可以让学生感受到一代代航天人对航天精神的传承和践行。

2. 海洋科技类

海洋科技类研学旅行是中学生非常喜爱的主题，与我们每天脚踏的土地不同，海洋并不是每一个人天天都触手可及的，即使对于生活在海边的人来说，对海洋的未知也很多，这些都深深地吸引着人类去探索海洋的秘密，此外，对于学生来说，不少海洋生物的形态是亲和友好、憨厚有趣的，这也是海洋的魅力之一，海洋科技类的研学旅行设计一般关注于观察海洋生物，了解海洋探测技术以及开展一些科考工作，感受海洋文化，感受扑面而来的海风。

3. 生物科学类

生物科学类的研学旅行主要关注动物和植物的种类、形状、生活和生长习性。了解生物圈，了解大自然是一次真正的回归大自然之旅。

4. 地球科学类

地球科学类研学也可以简称地学，主要关注与地理课堂教学内容的结合，在大自然中运用所学的地理知识，例如，对地图信息的读取，在户外对方向的识别，对地形地貌简单的分析，对一些自然现象简单的解释判断等。这类课题的探究，要体现出与现阶段课堂学习内容的结合，要有学生可以拓展的知识空间和可以实地探究的内容。

5. 天文科技类

天文科技类研学一般比较高端，在现有的国家课程中很难找到与之相对应的课程，天文设备多精密昂贵，学校鲜有购买的。但是人类对浩瀚宇宙的探索却一直在继续，神秘的星空下到底隐藏着怎样的秘密，一直是学生的好奇心所在。天文类的研学多是观星，也有参观一些天文高科技新设备的。在科学技术飞速发展的时代，为学生提供一些高端的科技类研学活动是十分必要的。

三、自然教育类课程设计

中国幅员辽阔，南北气候特征差异明显，地形地貌丰富，自然植被和野生动物种类繁多，适合学生进行考察和探究活动，自然教育类的研学课程主要是让学生了解所处的户外环境，了解一般性的户外地质考察的方法。此类研学课程使学生在真实环境中考察的情况与课堂所学的内容相互联系、相互验证，有助于加深学生的理解和认识，促进学生的思考。通过研究性学习，探究有意义的自然地理类小课题，有助于学生深入思考问题、研究问题。这些小课题可能是环保类的，可能是自然灾害类的，甚至可能仅仅是对一块岩石形成的好奇。每一个小课题包含着对家、国、世界和大自然的热爱和责任。

四、艺术审美类课程设计

艺术类课程作为学生全面发展的基础课程，此类课程的设计注重体验，注重身体的协调和鉴赏能力的提升。艺术类的研学多关注自然风光的描绘、人物与景物的拍摄、建筑结构和风景园林的赏析等。体育类的研学可以在登山、野营、攀岩等户外运动和户外技能方面进行课程设计。

艺术研学课程可以是戏剧欣赏或体验活动，可以是美术工艺制作类实践活动，还可以组织学生在户外写生、摄影、制片，用画笔或镜头记录美好的生活，也可以带领学生开展行为艺术活动等，内容十分丰富。

五、体育健康类课程设计

体育健康类课程与国防教育、心理教育密切相关，常见于青少年营地课程，既可以侧重于体能训练和拓展，也可以侧重于团队合作和心理游戏。体能拓展类课程，如野外生存训练、营地军事训练以及学校入学教育的军训等，都可以很好地弥补城市学生生活空间的不足，让孩子们暂时放飞身心，在广阔的大自然中和集体活动中陶冶情操、锻炼意志。这类课程通常与其他课程整合设计，可以在一次持续数日的营地研学实战中，加入体育健康类活动内容，实现营地课程的综合教育目的。

六、职业体验类课程设计

随着课程改革的深化、2017年版普通高中课程方案和课程标准的出台，素质教育的脚步日益加快，进程日渐深入。以江苏省为例，2021年新高考统考科目语数外之外"六选三"，也就是"3+1+2"的新高考模式。无疑将学生自主选择未来人生的时间大大提前。与之匹配的职业生涯规划教育也正在逐步走进各个学校，大多数中学已经配有专职或兼职的学习指导和生涯规划导师。当前的中高考科目，考生有了更多的选择性，而做选择的依据是学生自己的体验，因此学生需要更多的职业体验类的课程。研学旅行兼具研究性、体验性和实践性，恰恰是一个非常好的载体：让学生体验不同的职业，思考自己的职业兴趣和未来发展的方向。

第四节　研学旅行课程设计与实施策略

研学旅行课程设计与实施是从主题出发，确定目标内容，选择适当的教与学的方式完成活动过程，并对学习效果施以恰当评价的过程，研学旅行课程设计与实施是密不可分的，课程设计与实施具有高度的校本化特点。

一、研学旅行课程设计策略

（一）研学旅行目标设计

研学旅行目标设计受制于主题，要紧紧围绕主题，突出内容重点，不能与主题疏离。主题与资源密切相关，应选择特点鲜明、价值突出的研学目的地，根据研学主题确定研学总目标；再根据具体的研学地点资源条件，确定每日研学的目标。当然，研学旅行的总目标的实现，有一部分还要延续到行后阶段，通过回校后对研学成果的交流分享，在总结活动中才能最终实现。

1. 课程总目标设计

研学旅行作为综合实践活动的一部分，它的课程目标的设计离不开综合实践活动的课程总目标，即学生能从个体生活、社会生活及与大自然的接触中获得丰富的实践经验，形成并逐步提升对自然、社会和自我的内在联系的整体认识，具有价值体认、责任担当、问题解决、创意物化等方面的意识和能力。就研学旅行课程而言，它应将目标设计主要用于学生能够通过在大自然、社会、团体进行的，参观游览在探究中，让学生了解祖国各地的风土人情、文化历史，领略祖国的大好河山，增强对家乡、对祖国的认同感，提升爱国爱党的热情，感受集体学习生活，在学习生活中，与不同的人进行交流，在集体中发挥自己的所长，培养学生的独立生活能力和团队合作意识，增强语言表达能力，观察自然现象和社会现象，能够提出问题并进行探究考察，培养学生的信息收集能力和解决问题的能力，提高对自然科学的热爱，提升社会责任感，形成积极正确的价值观念。

2. 目的地课程目标设计

研学旅行课程不同于传统意义上的学术类课程，它是在课外学习的课程、行走中的课程。因此，其课程目标的设计不是以学科学理来构建的，而是以地点和资源样态来构建的。研学目的地可以是自然风景区，可以是文化遗产地，也可以是工矿企业、科研院所，还可以是青少年户外拓展营地。因此，各校研学旅行课程目标要根据研学旅行目的地的不同，结合目的地的自然风光、人文特色、科技力量，有针对性地设置目的地的课程目标。

设计好目的地课程目标，是实现研学旅行总目标的一个重要途径和落脚点。其一，目的地课程目标的设计要了解清楚目的地的特色，这就需要学校的老师进行前期的踩点和一些相关资料的收集。其二，对收集的资料进行归类和分析，明确该目的地可以进行哪些主题的研学，有一个大致的框架。其三，结合本校学生的特点设计每个主题的研学目标，确定每个主题的研学任务，让学生进行选择。其四，根据学生的选择情况，对研学目标进行微调，这就是研学旅行课程目标设计的基本步骤，由此可以形成一个循环模式，并不断完善。

3. 研学目标设计

第一，知识性目标，研学旅行中学生获得的知识，跟学校系统的学科课程相比是有区别的。学校的学科课程主要是教师的系统讲授，而研学旅行的学科课程来源于学生的实践和体验的过程。

第二，能力性目标，在研学旅行课程中的这种能力目标，应该不是单一维度的，而是多维度的综合能力。这里既有认知与思维能力，也有发现问题与解决问题能力、社会参与合作能力等维度。

第三，情感、态度、价值观领域的目标，在研学旅行的意见中我们看到有大量的文字涉及了情感、态度、价值观领域，情感领域目标是学生在研学旅行活动课程的体验过程中的重要目标维度。

第四，核心素养目标，我们国家现在制定的核心素养的框架由文化基础、自主发展、社会参与三个方面构成，体现了马克思主义关于人的自主性、社会性、文化性等本质属性的观点，整合了学生个人、社会和国家三个层面对学生发展的要求。

(二) 研学旅行学习内容设计

1. 寻找学科关联性知识

研学旅行的学科边界非常模糊，因为是在真实的环境下。在自然社会中进行游学考察，所以课程的综合性非常突出，因此，研学旅行课程中学科关联性知识的学习内容涉及非常重要。一般来说，学校在设计研学旅行课程时，通常由各学科老师一起参与，将学生要完成的学习任务进行整合，各学科教师在一起设计课程时，应该充分考虑目的地的资源与国家课程的结合，特别是语文、历史、地理、生物、化学、物理、美术等学科会有许多相关的资源，便于学生将课堂中学到的知识加以应用、学生也会有许多机会发现和探寻新的问题。

2. 注重思维方法的学习和指导

从研学旅行的环境真实量来，对于复杂的问题，我们在处理的过程中通常会分析其形象化、简单化、核心化。这种处理复杂问题的能力是在设计研学课程的时候需要考虑的。具体地说，对复杂的问题进行分解，突出重点，使问题细化，以便学生掌握学习方法，提高思维能力。

3. 专题研究要有针对性

对于主题明确的研学旅行，应该设计系统的、全面的专题知识的学习，既可以有对前期学校课堂知识的回顾，也可以有对研学旅行中即将遇到的知识的概述，以及在做小课题过程中可能会遇到的知识的提示。研学旅行通常安排三到五天的时间。研学课程设计有针对性，学生学习知识的积极性和切身的研究体验才会更强烈。

4. 野外生活技能学习

研学旅行的学习内容设计不仅应该包含知识的学习，还应该根据研学的主题和形式，设置一些专业技能的学习。在自然科考类的研学旅行中，应该设置些常见的药用植物的辨认方法，学习一些简单的急救措施，了解植物标本的采集等。如果是野外露营的话，还需要设计野营地点的选择、野营帐篷的搭建、防虫措施、野营食物的制作等生活技能。这些技能都需要通过亲身实践甚至反复操练才能掌握，仅凭听讲座和阅读课本是无法完成的。

（三）研学旅行学习方式设计

1. 自主学习与合作学习

研学旅行是在旅行中学习和探究，强调自我发现和自我探索。自主学习是研学旅行的主要学习方式。学生在专家老师的带领下，带着预定课题去观察、去体验、去提问、去访谈、去思考，得出一定的结论，表达一定的观点。自主学习贯穿在整个研学旅行的过程当中，老师主要是组织者和引导者。作为集中食宿的教育活动，研学旅行过程中的合作学习是必不可少的。因为大多数时间学生都会和自己的同学在一起，共同欣赏风光、聆听讲座、体验生活、开展课题研究活动，相互交流，相互帮助。除此之外，与专家的学习和讨论，和老师的分享与交流也是合作学习的重要内容。

2. 体验学习与探究学习

研学旅行综合了学校的春游、秋游、社会实践活动和研究性学习，强调学生的体验学习和探究学习。体验学习在研学旅行中主要表现为认知体验式学习、情感体验式学习和行动体验式学习。认知体验式学习是伴随着一定情境下的探究性学习活动。它的设计多在于通过直接感知世界获得新知识。比如，在研学旅行中设计让学生观察身边土壤的颜色、干湿程度，观察植物的形状，了解植物的名称和生长习性，观察动物的生活习性，欣赏建筑的结构特点和艺术特色并记录。在研学旅行中为了让学生完成小课题或探究性学习任务，认知体验性学习是必须经历的过程。情感体验式学习，如学生间的分组活动、探讨研究，主要是激发学生之间的团队精神，增进学生之间的合作意识。当然，体验式学习的最终目的是改变思维，落实行动。在研学旅行中通过行动体验式学习，让学生有一些过程性的亲身经历，如做一些小手工，体验一次茶艺课等，让新获得的知识能够更加具象化。最后，再通过思考提炼抽象，内化为自己的收获。

3. 理论与实践相结合

研学旅行就是在游中学，在学中思。研学一直在路上，在行走中。将理论知识从课本中剥离出来带入真实的环境中，通过倾听专家和老师的讲解，获得对新事物的认知，通过进一步的讨论丰富自己的认知，形成一个螺旋上升的过程，加深对事物的理解。

4. 创意设计与动手制作

由于研学旅行有着丰富的体验学习和探究学习的内容，因此创意设计和动手制作也是研学旅行重要的学习方式。动手制作主要是设计完成一件作品，创意设计会更加注重创新点的表达。考虑到创意设计的即时性强，所以这里的创新点不一定是独创的，只要是能够体现学生深思熟虑的、合理的，学生能够通过设计表达出自己的想法就可行。

二、研学旅行课程实施策略

研学旅行课程的活动实施按照综合实践活动课程标准中提出的：在实施中强调"整合"，注重"实践"，突出"开放"，关注"过程"，提倡"自主"。要关注学生的经历体验，促进学生综合实践活动核心能力的发展；要落实活动过程，促进研学旅行课程的常态化实施；要不断优化教师指导，努力提高研学旅行课程实施的有效性。

（一）研学课程活动实施的一般过程

一般来说，研学旅行课程实施过程可分为活动准备、活动实施、活动总结、交流与评价三个阶段，每个阶段具有不同的基本任务。

1. 活动准备

活动准备阶段，学生要在教师的指导下提出问题，明确研学旅行课程学习活动主题、项目或课题，组建活动小组，制订活动方案，准备必要的活动条件等。

准备阶段要注重培养学生的问题意识，训练学生发现问题、提出问题的能力；在引导学生组建活动小组的过程中，提高学生认识自我的能力，注重发展学生的合作意识与合作精神；在制订研学旅行课程活动方案的过程中，培养学生的规划意识和能力；针对活动主题的需要，引导学生学会搜集与处理信息，为活动的实施奠定必要的认知基础并提供充分的准备。

2. 活动实施

活动实施的过程是执行并完善活动方案的过程，是研学旅行课程活动过程的中心环节。它要求学生运用已有的知识技能和经验，尝试运用一定的问题解决方法，在特定实践情境中开展实践活动，获得实际的活动体验。

在活动实施阶段，要有计划地培养学生搜集与处理信息的能力，培养学生的合理运用方法的意识和能力，跟踪指导学生开展活动的全过程，引导每个学生积极参与活动的全过程，深度参与实践活动。

3. 活动总结、交流与评价

活动总结、交流、评价是研学旅行课程活动的价值升华过程，基本任务是引导学生对活动的过程、结果、方法、经验、体会等方面进行全面的总结、交流与反思，形成对问题的基本看法，提炼问题解决的基本经验。

在总结与交流的过程中，活动结果的表达方式应多样化；要引导学生通过活动总结与交流，获取知识，深化体验，提高自己的沟通表达能力、概括提炼的思维能力、自我反思能力，发展实践创新能力及形成良好的情感、态度和价值观。

活动准备、活动实施和活动总结、交流与评价三个阶段的划分不是绝对的，可根据活动过程的实际需要，灵活地安排活动过程，实现研学旅行课程活动的生成性。

（二）研学旅行活动的组织形式

学生研学旅行课程活动实施的组织形式可以是多种多样的，但必须保证研学旅行活动安全、有效地开展。一般可采取三种组织形式：小组活动、个人活动和全班活动。以小组合作为主，各种组织形式应根据实际情况灵活运用、相互配合。要引导学生根据能力、特长、活动的需要具体分工，做到人尽其责，合理高效。既要让学生有独立思考的时间和空间，又能充分发挥合作学习的优势，重视培养学生的独立精神与团队意识。

（三）研学旅行课程实施的基本要求

1. 保证活动时间

要统筹规划研学旅行课程活动的时间，在保证基本课时总数的前提下给予中小学生弹性的时空环境，允许不同的学习小组或个体有不同的学习进度，保证活动的连续性、长期性。研学旅行课程活动的课时可与地方课程、学校课程时间相结合，或集中使用，或分散安排，同时要适当利用课外时间，保证研学旅行课程活动的充分开展。

2. 充分经历活动过程

鼓励学生在各项活动中亲力亲为，经历完整的研究过程，获得切身体验，形成积极的生活态度。结合综合实践活动课程内容，要确保每个学生每学期至少完整地经历 2~3 个活动主题的全部过程；不能把实施综合实践活动课程变成纯粹的课外学习活动。研究活动要有比较详细的活动过程记录、活动报告等总结性文本。

3. 着眼学生兴趣的培养和能力发展

在研学活动中开展研究性学习，知识的获得并不是最重要的，关键是要培养学生热爱学习、探究的兴趣，积极生活的态度，形成正确的价值观念和强烈的社会责任感，培养学生发现与提出问题、团队合作、组织规划、信息搜集与处理、动手操作、沟通表达、观察、反思与自我管理能力的发展。

（四）教师指导建议

教师要牢固确立主体意识，发挥学生的主体性。尊重学生的生活经验和发展需要、兴趣与爱好，作为活动的组织者、指导者、参与者，与学生一起在活动中发展。特别需要强调的一点，就是探索研学旅行的活动课程，教师的专业发展需求是一个非常重要的方面。也就是说，这个教师不仅仅是学校内的教师，当然也包括学校外的这种指导教师，例如，聘请非遗传承人作为校外指导老师，用更专业的知识讲解学生研学中的现象。所以需要校内校外教师联合起来，从认识理解课程的构建原则、实施框架、组织方式、评价方法等方面进行沟通、协调。

1. 明确活动指导的主要任务

在活动的准备阶段，教师的指导重点应当放在引导学生关注生活，形成善于观察和思考的习惯，学会发现和提出问题，确立研究的课题。要指导学生形成研究小组，明确活动中的分工与职责，培养学生掌握一些基本的合作技能。帮助学生了解研学旅行活动方案设计的基本内容和要求，指导学生制订并完善活动方案，培养学生养成做事有规划的习惯。

在活动展开阶段，教师要指导学生做好活动记录，保存第一手资料；及时发现和解决活动中的问题，防止活动"流产"；指导学生合理运用方法，深度展开研究与实践，丰富实践体验，防止"浅尝辄止"；指导学生交流与合作，有效利用工具和资源。

在总结交流和评价阶段，教师要指导学生整理过程资料，反思感受和体验；指导学生形成实践成果，并尽量在更大范围内展示成果；指导学生产生新的研究问题；认真组织对个体和集体的评价活动，指导学生学会合理评价。

2. 了解活动指导的基本要求

在综合实践活动实施过程中，教师要加强对学生活动进程的观察，及时了解学生活动的实际状况，有针对性地进行指导、点拨与督促。对有特殊困难的学生或小组要进行重点辅导，帮助创设必要的活动条件；校外活动前要特别做好安全防范教育，使学生既能大胆进行探究和人际交往活动，又能很好地自我保护；要注意争取家长和社会有关方面的关心、理解和参与，开发有价值的校内外课程资源，为学生实践活动的顺利开展提供有效的支持。

3. 把握恰当的指导时机

学生的实践活动需要教师的长期关注，因此，教师应主动融入学生活动过程，参与学生的具体活动，要把握活动指导的关键期，在活动中通过提建议、作示范、组织讨论、提供范例等方式，及时指导和帮助学生展开实践。同时，应抓住各活动阶段的关键节点，利用课堂时空对学生进行集中教学，上好选题指导、活动策划、计划制订、阶段交流、方法指导、信息整理、成果展示、总结评价等活动指导课，确保学生实践活动扎实、有效。

4. 重视活动方法的指导

要从课程内容的建构方式和学生相应的实践活动方式出发，系统梳理各类活动方法，形成较为合理的活动方法指导系列；要从宏观上把握方法指导的阶段特点和主要任务，体现阶梯性。

方法指导活动要与学生的具体实践活动相结合，要采用探索、尝试、讨论、交流等有利于学生参与的方式。要重视学生对方法学习的自主建构，避免机械灌输；要着眼实践，让学生在具体应用中学习并掌握方法。

要确立方法指导的"全程"意识：在"活动设计"时认真分析活动主题的性质和内容特点，多角度分析学生活动展开的方向，对学生的活动方法作充分的预设；在"计划制订"活动中，要指导学生兼顾活动内容和活动方法，在对活动过程的规划时学会将内容与方法结合起来；在"过程反馈"活动中，要组织学生交流研究方法的运用情况；在"成果展示"活动中，要提醒和帮助学生呈现研究过程中方法运用的情况，进一步感受方法在顺利完成实践活动中的作用，明确方法运用的过程与要求；在"评价反思"活动中，要组织学生细细回顾运用方法开展活动的过程，评价自己以及同伴在方法运用上的表现，分享在运用方法解决问题过程中的经验与感受。

（五）课程实施的必要途径

1. 调整研学旅行课程的目标定位

在研学旅行的活动课程目标中融入学生发展核心素养。结合旅行中的闲适情境，选择中国学生发展核心素养总体框架中应重点关注的内容并落实到课程目标中。比如科学类的活动，你要重点培养他的什么能力，这是需要你调整课程目标的定位。

2. 加强研学旅行课程整合

对于我国学生实践能力、解决问题能力比较弱的实际情况，将研学旅行纳入中小学的教育教学计划。但走出校园的围墙，你就要跳出目前学校内普遍存在的以学科为中心的界限，不是把一门课在路上去重新复制一下，而是开展基于项目的情境教学。

研学旅行的意义就在于开发学校里学不到的这些经验和知识、素养，一方面，走出校园，就需要为学生创设这种真实的情境，引导学生在这种真实的情境里观察、体验、思考，在动手、动口、动脑的过程中解决问题、提升能力、锻炼品格；另一方面，围绕这种跨学科的内容和项目开展跨学科的教学，确实可以培养学生的综合实践能力。

3. 健全研学旅行课程体系

现在关于研学旅行的质量标准我们还没有，这个地区的研学旅行是好还是坏，现在没有评价标准，我们慢慢要制定关于研学旅行的质量标准，明确课程目标、主题和评价方式。

从微观层面来讲，全面健康、稳妥地推进研学旅行的实施，要关注学校内学科之间的互动。研学旅行将构筑起中国学校教育与校外教育之间的桥梁，成为校内外教育衔接、合作、协同创新的一种新的形式。所以，既要克服学校学科本位的这种局限，同时也要跟学校密切的配合，注重学校这种跨学科团队的建设，同时关注校外资源的专业化引导，注意在理论与实践层面的协调，真正使顶层设计的上位概念落实到我们的教育活动之中。

研学旅行的课程开发，是一套经过系统设计的育人目标框架，它的落实需要从整体上去推动各个方面、各个环节的对接与融合，不光是学校、基地和校外机构，还包括各个单位、各个机构的对接融合，最终形成以学生发展为核心的综合课程体系。

第四章

传统文化研学旅行课程资源

研学旅行是衔接学校教育与校外教育的创新形式，是培养学生核心素养不可缺少的重要方式与途径。《关于推进中小学生研学旅行的意见》指出：各地区要因地制宜，加强研学旅行基地建设。那么，基地开展什么样的研学旅行课程内容才是适合孩子、才能真正让孩子受益的呢？连云港素质教育基地根据研学旅行育人目标，结合域情、校情、生情，依托当地自然和文化遗产资源、红色教育资源、综合实践基地、工矿企业等开发了围绕连云港传统文化内容进行研学旅行的行之有效的研学旅行课程。

连云港市制定了一系列的法规，坚持以"保护为主、抢救第一、合理利用、传承发展"为方针，积极弘扬优秀传统文化，建设"山海文化生态保护实验区"，构建四级保护体系。2019年上半年，全市拥有市级以上非遗项目264项，其中国家级5项、省级34项、市级165项；代表性传承人214人，其中国家级2人、省级40人、市级193人；建成非遗资料中心、展示馆、展厅和传承基地113个，在省内率先打造"城区15分钟非遗传承展示圈"，非遗传承文化保护工作呈现良好态势。基地根据小学、初中、高中不同学段的研学旅行目标，结合连云港优秀的传统文化内容，从连云港民间文学、传统技艺、传统美术、民俗、传统舞蹈、传统音乐、传统戏剧、曲艺、传统体育、传统医药等方面选择一批具有代表性的传统文化开展分类研究，有针对性地开发自然类、历史类、地理类、科技类、人文类、体验类等多种类型的活动课程，打造出一批示范性的研学旅行精品线路，从而激发学生体验的内驱力，拓展学生体验的活动空间，促进学生素质能力的养成，培养学生解决问题的能力。

第一节　民间文学篇

1. 徐福传说（国三批扩展）

徐福传说在赣榆民间流传由来已久，影响最大的为《徐福东渡的传说》。据民间讲述：秦始皇统一中国后，梦想得到长生不老之术，并抓来许多方士，因他们无法保证从三神山得到仙药，结果一个个都被杀了。徐福听说后，便主动上书要求出海寻找仙药。秦始皇非常高兴，便命徐福入海。不久，徐福回来说，他见到了神仙，神仙嫌礼太轻，需要漂亮的童男童女和各种工具与粮食种子作为献礼，才能得到仙药。秦始皇遂派 500 童男童女随徐福再次出海。第二年，秦始皇二次东巡，没能找到徐福；他第三次东巡时，已是 10 年之后，终于见到了徐福，徐福说本来就要拿到仙药了，但是海上有大鱼护卫仙山。于是，秦始皇亲自率领弓箭手到海上与大鱼搏斗，杀了一条大鱼，就回去了。徐福带着求仙船队漂洋过海，从此，再未回到中原。早在汉代赣榆县金山镇就建有徐福庙，庙边还有徐福村，一些关于徐福的系列传说如《徐福河的传说》《留福村的由来》《秦始皇与绣针女》等就在这儿世代相传。

相传徐福船队在日本岛登陆后，向当地传播了农耕知识和捕鱼、锻冶、制盐等技术，促进了社会发展，深受历代日本人民敬重。日本尊徐福为"司农耕神"和"医药神"，每年都要举行声势浩大的祭祀活动。韩国至今也举办纪念徐福的活动，徐福东渡已被认定为中、日、韩友好交往的开端，徐福也成为三国人民友好的化身。1984 年，赣榆徐福研究会成立，后改为连云港徐福研究会，已经连续举办了九届"中国·赣榆徐福节"，徐福文化已成为赣榆与国际文化交流的重要载体。

2. 东海孝妇传说（国四批）

东海孝妇传说讲的是汉代东海孝妇窦娥的故事，在连云港地区以口头方式世代相传。汉代连云港市称东海郡，孝妇故事最早见于文字记载的为《汉书·于定国传》："东海有孝妇，少寡，亡子……太守竟论杀孝妇，郡中枯旱三年。"晋代干宝《搜神记》中有东海孝妇临刑场景的详细记载："青将死，车载十丈竹竿，以悬五幡，立誓于众曰：'青若有罪，愿杀，血当顺下；青若枉死，血当逆流。'"让东海孝妇感动苍生、震撼九州的是元代大戏剧家关汉卿根据民间传说为素材而创作的不朽名剧《感天动地窦娥冤》，使这位原本默默无闻的乡间少妇，成为一位惊天地、泣鬼神的艺术典型。不仅国内有近百个剧种移植演出，还被编入中学语文课本，剧本被国外 16 种文字翻译，使窦娥的故事走向全国、走向世界，成为全人类的文化精神财富。

东海孝妇传说所彰显的孝文化，蕴含着中华民族崇尚慈孝思想的传统道德，反映了在封建社会压抑下的民意的诉求。东海孝妇的故事在历代传述中，窦娥也逐渐成为人们崇拜和祭祀的一位神灵。北宋年间当地就建有"汉东海孝妇祠"，人称"娘娘庙"，每年农历三月初三都要举行隆重的祭典活动，此俗沿袭至今。

窦娥孝敬婆母，成为两千年来孝妇的代表人物。近年连云港市成立"孝文化研究会"，让《东海孝妇传说》在构建和谐社会的进程中，体现其现代的价值。

3. 花果山传说（省二批）

花果山传说是流传于江苏省连云港市云台山（今统称花果山）及周边地区的诸多民间传说，其中石猴出世的传说、猴嘴石的传说、石猴锁龙传说、金箍狼牙石传说、猪头石的传说、十八盘传说、三元传说、水帘洞传说、七十二洞传说、石猴乌龙潭捉妖传说、拐杖柏传说、南天门传说等在民间以口头形式代代相传，既富于生活气息，又离奇动人。

三千年前《尚书·禹贡》的相关载述，是花果山传说孕育、产生的原始

依照。《山海经》《水经注》及唐诗宋词及其他史料，说明花果山传说一直在延续。随着时间的推移，花果山传说日渐丰富，又经过当地百姓和墨客骚人一代代的完善和传承，形成了现在广为流传的花果山系列传说。

花果山传说与连云港地区的风土人情相结合，凸显强烈的地域特色。传说中的石猴具备了人和神的特征，反映了古代花果山人对自然的认识和征服自然的愿望。花果山传说用了大量连云港民间说唱的方言口语的精华，有利于人们深刻理解乡土文化，突出了较强的文学价值和民俗价值。

4. 姐儿溜（歌谣）（省二批）

《姐儿溜》是流传于东海县马陵山区的一种民间小曲，近200首。这些小曲的歌词读起来押韵整齐、朗朗上口；唱起来婉转动听，情真意切。受南吴北鲁两种古文化的影响，东海县流传的《姐儿溜》兼具南北刚柔并济的风格。如《绣花灯》《卖水饺》等曲牌具有北方粗犷、刚烈、爽直的特点；《姐儿南园扣花针》《姐儿南园去踏青》等曲牌具有南方细腻、柔和、圆润的风格。千行长歌《房四姐》是最为代表的一曲，它兼顾两种风格，既委婉细腻，又爽朗泼辣。

长歌《房四姐》，共 1008 行，252 节，分 16 章。《房四姐》主要演唱的曲牌为《姐儿溜》，唱述聪慧能干的村姑房四姐被贪爱彩礼的父母嫁给于家，为此遭到婆家忌恨泄愤虐待迫害而自尽。长诗所塑造的人物形象性格鲜活，爱憎分明，它表明人类对追求人性解放的渴望，对妇女翻身自由的希望。这部来自民间的古老千行长歌的发现，打破苏北无长歌的历史。如今在东海县李埝乡有万人传唱《姐儿溜》，对保存历史文化遗产和健康的民风民俗、传播先进文化起到了积极的推动和促进作用。

5. 海州智慧人物传说（省三批）

海州智慧人物传说是指常年流传在古海州（今连云港市地区）以卫哲治、苗坦之、吉呆三人为代表的民间智慧人物的系列传说。这些传说流传在连云港市东海县、海州区、新浦区、赣榆县、灌云县、灌南县以及淮安市、盐城市的部分县区，自清代乾隆以来一直在民间盛传不衰。

这三位传奇人物历史上真有其人，只是把他们的故事加以夸张虚拟。如卫哲治，清代乾隆初任海州知州，关于他为官廉政、智斗豪强的传说有 26 篇。苗坦之是海州西乡一位穷秀才，关于他帮助穷人、智斗豪门的传说有 55 篇。吉呆诙谐幽默，正义感强，是海州地区有口皆碑的一位东方朔式的传奇人物，他的传说有 75 篇。20 世纪这些传说有许多被收录在《民间文学》和《中国民间文学集成·江苏卷》，不少传说被改编为戏曲、电视剧、曲艺作品演播，所有传说已由连云港市民间文艺家协会结集出版。

海州智慧人物传说有着鲜明的人民性、地方性和传奇性，所述故事无不反映人民群众的喜怒哀乐、追求愿景。语言通俗化，人物平民化，反映了人民大众的心声。海州智慧人物传说自清代起一直以口头方言代代群体相传，连云港一带几乎家喻户晓，现仍为群众在社区文化及街头纳凉中的一项重要内容。

6. 二郎神传说（省三批）

《二郎神的传说》是《西游记》一书中的二郎神杨戬经民间说书艺人整理代代口传心授的灌南民间传说，流传于灌南县新安镇、张店镇、李集乡及五队等乡镇村落。其中《二郎劈山救母》《二圣斗变》《二郎担山赶太阳》等传说在灌南民间以口头形式代代相传，既富于生活气息，又离奇动人。

在元代杂剧《灌口二郎斩健蛟》《灌口二郎初显圣》的相关载述中，二郎神的故乡在灌河口。明代小说家吴承恩有诗赞二郎神：斧劈桃山曾救母，性傲归神住灌江。他凭借《二郎搜山图》塑造了灌河二郎神杨戬的艺术形象，《西游记》中很多章节、《五龙口的传说》《杨二郎传奇》等传说和灌南县张店镇境内盐河西岸的法宁寺及其他史料与实物佐证，又经过当地百姓和说书艺人一代代的完善和传承，形成了现在广为流传的二郎神系列传说。

一直以来，《二郎神的传说》以口头方式在灌南县老百姓中代代相传，当地不少文化人和说书艺人也对这一传说以讲故事的方式在群众尤其是孩子中进行宣讲，更以文字的方式展开搜集整理，如孟兴庄镇的潘志忠、五队乡的

孙前柱等。五龙口湿地的二郎神遗迹文化公园，是当地政府挖掘打造二郎神文化的一个重要载体与举措。

7. 镜花缘传说（省四批）

镜花缘传说是《镜花缘》成书前后在古海州地区民间流传的、与作者相关的地方民风民俗、风土人情、文人轶事的系列民间故事，主要流布在古海州及云台山周边区域，后随《镜花缘》小说影响不断扩大，流传至徐、淮、盐相邻地区，乃至全国及世界各地。

镜花缘传说形成于清嘉庆年间，距今已有 200 余年历史。镜花缘传说内容汲取了云台山以及周围自然生态、风土人情和淮盐文化精髓，以及作者在海州地区留下的轶事。主要有李汝珍生平传说，如随兄游海州、不负妻遗愿、刻书赴吴中、巧对结良缘、罢考等；与连云港民间传说关联的内容，如多九公传说、葛藤粉传说、胡滔天等；以及与书中有关的阴阳镜传说、海州板浦"二许"传说等。

镜花缘传说的传承保护工作从未间断过。民国期间，海属地区文人结合民俗学研究探讨《镜花缘》传说。中华人民共和国成立后，海州文学工作者撰写了《镜花缘作者疑案》《再辩〈镜花缘〉传说》等文章。20 世纪 80 年代以来，连云港市成立了镜花缘研究会，设立了李汝珍纪念馆，编辑出版《镜花缘研究》，地方研究者达百人。

8. 海州童谣

海州童谣，是连云港地区民间文学的重要组成部分，以儿童民间文学为主，是民间口头相传的一种艺术形式，大致可以分为游戏类、劳动类、仪式类和生活类等，也可细分为摇篮曲、数数歌、问答歌、游戏歌、连锁调、绕口令、颠倒歌、时序歌、喜话歌等。

数数歌：这类歌谣把枯燥、抽象的数字，与一定的情节和押韵的语句结合起来，吟唱顺口，易于熟记。如："一九二九不出手，三九四九冰上走。五九六九，河边插柳。七九冻河开，八九燕飞来。九九加一九，耕牛遍地走。"

绕口令：又叫"拗口令""急口令"。这也是具有游戏性质的一种儿歌。如："一条河上九个弯，九个弯里九棵树，九棵树上九个喜鹊窝，九个喜鹊窝里九个喜鹊蛋，九个喜鹊蛋上九个喜鹊斑。"

海州童谣里还包含了海州地区古往今来相当多的社会生活内容，具有一定的现实性，尤其用的都是海州土话，保存了大量的方言土语，是研究当地当时社会民情、市井风俗、语言演变的重要资料。如"小溪流，慢慢流。没有忧，没有愁。自己的影子，自己瞅。"这里的"瞅"海州当地就是"看"的意思。还有"月亮月亮跟我走，我家有只大花狗。月亮月亮跟我来，我家有块热烤牌。月亮月亮跟我走，我给你背巴斗。月亮月亮跟我来，我给你绣花鞋。"这里的"烤牌"就是海州当地的一种烧饼，而"巴斗"就是海州话中的藤制容器。

古城海州，其古老的文化渊源和特殊的地理区域位置，孕育了海州童谣这一独特、典型的文化。

9. 五柳河传说

五柳河传说是关于晋代诗人陶渊明与连云港相关联的系列民间故事，开始流传于连云港市后云台山的高公岛乡、宿城乡、云台街道等乡镇，历经1600多年传承，流传至今，具有广泛的群众性和民间传承性。连云港市连云区高公岛乡五柳河村境内还遗留陶渊明带兵修建的五柳河大堤等遗迹。

历史记载，公元399年朝廷派遣卫将军、镇北将军刘牢之讨伐叛军孙恩，陶渊明担任刘牢之的参军，部队驻扎在宿城山上。某年七月半，与宿城隔一条山岭的柳河沿海一带出现风雨大潮。巨浪汹涌，把柳河、田湾一带海边的良田全部冲毁，房屋也被冲倒。老百姓哭天抢地，痛不欲生。陶渊明问当地老百姓，如何才能防治这大潮呢？有位老人说，只有在海边筑一条捍海大堰，才能抵御大海潮上岸。

陶渊明当时就表示，这挖河筑堰的工程由他带兵完成。几天以后，陶渊明率大军 2000 人，在柳河近海的平地上挖了一条长约一里半，宽约一丈五尺的大沟，将挖出来的土堆在沟的东岸上，垒成长堤。不到 20 天，高两丈的拦河大堤和河沟都建成了，足以挡潮。人们又在大堤上遍植柳树，以护堤坝。这时，河里蓄的是山上流下来的淡水，可以灌溉农田；而大堤既可挡潮，又可阻止叛军侵袭。当地老百姓欣喜万分，便称这条河为"陶公河"，后来因陶渊明自号"五柳先生"，加之河堤上万柳丛生，因此，此河又名"五柳河"，时间长了，就叫作"柳河"了。柳河的大庵子，就是后人纪念陶渊明的庵堂。如今庵堂只剩下残垣断壁，墙内外长满了青竹。

10. 沙光鱼传说

沙光鱼是连云港市的特产，属虾虎鱼科，矛尾刺虾虎鱼种，为海水及咸淡水产大型虾虎鱼。沙光鱼嘴大贪食，小鱼、小虾、沙蚕之类，凡能吞下的东西都吃。因此，它长得特别快，每年清明时节产卵，孵化后生长迅速。待到霜降时，有的可长近一尺，重四两多。尽管沙光鱼长得很快，却只能一年一换代，只能尺把长。沙光鱼肉细微，味鲜美，既可红烧，又可做汤，已列入《中国名菜谱》。连云港有"十月沙光赛羊汤"的民谚，可见冬季是食沙光鱼的黄金季节。据《食物本草》载：沙光鱼"暖中益气，食之主壮阳道，健筋骨，利血脉……"，很有滋补营养价值。

连云港当地流传着一段民间谚语是："正月沙光熬鲜汤；二月沙光软溜当；三月沙光满墙撩；四月沙光干柴狼；五月脱胎又还阳；十月沙光赛羊汤。"可知沙光鱼为什么老是长不大？这里还有一段有趣的传说。

很久以前，沙光鱼个子大，一年能长一尺，它看到比自己小的鱼，总要显显威风，讥讽几句："看你这鬼样子，一丁点的实可怜，我尾尾摇一摇，就能把你大筋拉断了。"看到比自己大的鱼呢，它又不服气，还口出大言："看你们能跳几天？你们连头带尾不都在这摆着了！可知我一年长一尺，恐怕三年就要赶上老龙王。到时候，你们想巴结我，没门，睬都不睬你，哼！"水族弟兄们看它那副鬼样子，心里都很生气，根本不屑理睬它。

沙光鱼一看大鱼小鱼见它都服帖的样子，就更加得意了，成天东跑西颠，到处吹牛："我沙光一年一尺长，三年赶上老龙王！"不久，这话竟让老龙王听到了。老龙王直气得五神暴跳，胡子一翘二尺高。它立即命令虾兵蟹将抓来沙光鱼。龙王问："你可曾说过'三年赶上老龙王'？"沙光鱼知道自己冒犯了龙王，但又怕丢脸不肯低头认错，反而大声指责龙王不下雨，不管百姓死活，却来管他说的什么话。龙王大怒，把沙光鱼打进了大牢。过了些天，龙王宣布："沙光鱼逞强欺弱，傲慢无礼，特此处罚其'一年一脱胎，三年变为小乖乖'，不许长大胡作非为！"从那以后，沙光鱼就再也长不大了。

11. 温泉古镇传说

东海县温泉镇温泉广场的中央，高高矗立着"汤姑"的雕像；东海县温泉镇的主干道名为"汤姑路"，而汤姑西路的尽头泉厅廊柱上有联云"登塔听泉思汤姑润泽"。这汤姑何许人也？东海人民对她为什么这么有感情？她对东海人民又有着怎样的润泽？让我们一起来听听这段美好的传说吧。

汤者，热水也。所以东海温泉，原叫汤头。这是一条长十里、宽半里的温泉汤沟。

传说有一年的清明节，天上的九仙女闲来无事，俯视人间（紫烟按：以前都说七仙女，东海人又给加了俩），看到东海温泉热气蒸腾，心中不免动了来凡间洗澡、戏水的念头。她们飞下来了，她们洗得高兴，也玩得欢快。不料，东海龙王第九子小灰龙看到了这情形，他喜欢上了小九仙女，便如《牛郎织女》传说中的牛郎一般，将小九仙女的衣服藏了起来，但九仙女不是织女，她并不爱小灰龙。她回不了天庭，在汤沟里哭了起来。王母娘娘知道后，叫婢女送衣服给小九仙女，她才得以回到了天宫。小灰龙没达到目的，恼羞成怒，有一天醉酒狂吐，污酒变成恶雨，淋洒在百姓身上，百姓就生疮长疥，流脓淌血。大家痛苦不堪，有人甚至因此失去了生命。

王母慈悲，召集众仙女商议如何解救百姓病痛，小九仙女心想，这事因我而起，我应该再下凡间去解救百姓。她向王母借了天宫的万年灵芝，身背宝葫芦，化名"汤姑"，飘飘荡荡来到了羽山脚下。她将温泉水装进宝葫芦，再将灵芝浸泡在里面，然后翻山越岭，起早睡晚，为一家家一个个患病百姓精心医治。不过三天时间，东海百姓的疥疮就全都治愈了。

汤姑要回天宫了，她留恋她曾洗过澡的这块地方和医治好的黎民百姓，她边飞边想，我不如把这灵芝仙水都倒在汤沟里，以免除这个地方的疾病。主意已定，她将宝葫芦倒了过来，一股仙水飞流直下，落在了汤沟里，汤沟变长变宽了，水温也升高了。百姓感激，纷纷对半空中的汤姑拱手相谢。后来，百姓中患有皮肤病的，只要来洗上几次温泉澡，便能很快痊愈，体健身强。

为了纪念汤姑，明朝年间在温泉旁修过汤姑庙，给她塑了金身，常年香火不断。每年的清明前后，方圆数百里的人们，都会来温泉沐浴、烧香拜佛，以求健康长寿。

今天我们看到的温泉广场"汤姑"雕像、广场以北的"汤姑"路、泉厅里颂扬"汤姑"的对联，也全都是为了纪念汤姑的。

第二节　传统技艺篇

1. 晒盐技艺（连云港淮盐晒制技艺）（国四批）

江苏产盐区以淮河为界，淮河以南为淮南盐场，淮河以北为淮北盐场，所产海盐通称"淮盐"。淮盐素以粒大、色白、质干著称。

淮盐生产历史悠久。据《江苏盐业史》载，春秋时吴王阖闾时期，就在今海州（今连云港市）、扬州、苏州以东经营海盐。唐宋以降，盐税常占国家整个财政收入的三分之一到三分之二，而两淮又占全国之首，素有"两淮盐，天下咸"之说。中华人民共和国成立后，领导、管理全省沿海各盐场的淮北盐务管理局（现更名江苏金桥盐化集团公司）驻连云港市。

据《明史·食货志》记载，淮盐的生产在明代便改煮海制盐类为滩晒制盐（早期砖池，后泥池）。数百年来滩地形式不断发生变化，有怀中抱子式盐田、盘香转式盐田、珍珠卷帘式盐田、双电灯式盐田、八卦式盐田、沙帽翅式盐田、大浦新式盐田多种，但生产技艺主要集中在修滩、制卤、结晶、收盐四大工序。到 20 世纪 60 年代中期，塑苫结晶新工艺试验成功，淮盐生产进入稳产优质和高产的发展阶段，但生产技艺仍无大的变化。滩地上的技术领头人（俗称领滩手）的经验、悟性仍是稳产、高产的关键。特别是在制卤技艺中的走水、看卤花等中，全凭领滩手的经验，仍是现代科技无法替化的。

淮北滩晒制盐传统技艺是淮北盐工在长期生产实践中的智慧结晶，是一份极其珍贵的历史遗产，它具有很高的科学价值、工艺价值和经济价值。

2. 汤沟酒酿造技艺（省一批）

汤沟酒产于江苏省灌南县汤沟镇，"南国汤沟酒，开坛十里香"。这是我国清代著名戏剧家、诗人洪昇在 311 年前为汤沟酒写下的诗句。正是汤沟酒，使灌南这个名不见经传的苏北小城声名鹊起，蜚声中外。

汤沟酒起源于北宋年间，成名于明朝末年，是我国享有盛誉的历史名酒之一。几百年来，汤沟酒以其独特的风格而博得众多文人墨客的讴歌赞颂。宋代的石曼卿、明代的吴承恩、清代的乾隆皇帝，都对汤沟酒赞赏有加。

汤沟酒有着得天独厚的自然人文环境。汤沟酒产地原是一片沼泽，因黄河多次改道，带来的大量泥沙的淤积，使原湖沼上的黏土、淤泥、泥炭层之上，普遍加积了一层冲积粉砂质亚黏土或亚砂土层，不仅土质肥美，而且富含多种微量元素和酿酒不可或缺的微生物。汤沟酒酿造所用"香泉井"，含硅、锶等多种有益于人体的元素，属优质矿泉水。汤沟酒使用的百年老窖微生物生生不息，形成一个独特的微生物环境。汤沟酒薪火相传的人工酿造技艺，严格地代代相传，人人都练就看家本领。

3. 酿醋技艺（汪恕有滴醋酿制技艺）（省一批扩展）

汪恕有滴醋是江苏连云港市古镇板浦汪氏以手工技艺酿制的烹饪作料。其创始人汪一愉于清康熙十四年（1675 年）开始以制醋为业，取宋苏轼为汪氏宗谱所题"恕心能及物，有道自生财"一联的首字，挂牌"汪恕有醋坊"。汪氏酿醋时，采用大缸发酵，醋从缸壁的底部孔中滴出，且该醋味浓，酸度亦高。烹饪时，特别是伴凉菜时，只需数滴，便使菜肴酸中透出绵甜香郁，所以称为"滴醋"，在醋品中独树一帜。故清代学者袁枚在《随园食单》中盛赞"板浦醋为第一"。淮海地区民间在谈到做菜佐料时，"香滴醋"已成俗语。

汪恕有滴醋以优质高粱为主料，以麸皮、小麦、豌豆等为辅料，采用固态发酵方法，人工翻醅、淋醋。成醋装入陶罐露天存放半年以上方才出厂，醇香绵甜，酸中有香，愈陈愈香。每道工序的火候，存放时间都凭手试、眼观、鼻闻，其技艺全凭口传心授。自汪一愉首创以来，现已至第十一代传人，始终恪守"传男不传女，传嫡不传外，传媳不传婿"的祖训，祖传配方，秘不示人。现以第十一代传人汪宗遂为厂长的"汪恕有滴醋厂"，研制开发了调味、保健、风味三大系列共20多个品种，已被国家商务部命名为"中华老字号"。

4. 柳编技艺（省二批）

柳编是我国传统的一项手工艺产品。连云港地区有着种植杞柳的历史，柳编工艺源远流长。特别是民国初期，赣榆的草柳编工艺品已颇有名气。据《赣榆县志》记载：赣榆县的柳编制品曾在国内外工艺品赛事中获奖。

赣榆柳编制作工艺技术在几千年的传承中，保持了连云港传统文化的地方特色。连云港柳编工艺构思严谨、造型美观大方、纹理清晰、古朴典雅，以显工显艺为基本特征。柳编染色工艺、结合工艺、混编工艺、柳木结合家具、柳皮贴面家具等为艺术特色，以其独有的艺术魅力流传于世，还经上海、青岛等口岸销往世界各地。

改革开放以来，柳编工艺成为连云港市农村创业致富的支柱产业，传承人江苏省工艺美术大师许赞有著有《中国柳编工艺》一书，被教育部列为全国职中教材。第七代传人周振庭和九代传人张西月都是柳编传承的骨干力量。"家家有柳条，户户有编织"，正是在连云港市部分农村的真实写照。

5. 绿茶制作技艺（连云港云雾茶制作技艺）（省二批）

云雾茶的发源地在连云港市北云台山的宿城乡大竹园村，后为宿城乡各村及南云台山和中云台山等地引进栽培，现全市种植面积近万亩。

连云港市云雾茶最早可追溯到唐代，南宋咸淳年间被列为贡品。现龙洞庵内仍有一株健壮的老茶树，树龄已愈 800 年。据《云台山新志》记载，每年春天，悟正庵的山僧都要在谷雨前采摘老茶树上的茶，精心制作二三斤上贡帝王。现在大竹园村茶农石宝兴家中还收藏着祖先留下的一张清嘉庆七年（1802 年）茶田买卖的契约。

云雾茶的手工制作极其讲究，技艺精湛，祖传秘方全凭感悟，深藏着许多奥妙和难解之谜，现代工艺无法替代。尤其是三代传人石佃彩，年过七旬，每年摘茶炒茶，传徒授艺。其工艺制品独特的品质风格是：条索紧圆，形似眉状，峰苗挺秀，润绿多毫，香高持久，滋味鲜浓，汤色清明，叶底匀整。

近年来，连云港市宿城大竹园的云雾茶在广州农特产品交易会上，得到日本、新加坡和欧美一些国家客商的极高评价。

6. 制陶技艺（黑陶制作技艺）（省二批）

黑陶制作技艺是我国陶器制作中一种特殊的传统技艺，它流传于连云港市赣榆县、海州区等地。1959 年，在海州区锦屏镇二涧村遗址出土的"黄褐式夹砂陶器"，专家考证为我市发现最早的黑陶制品，距今约有 7000 年的历史。

黑陶制作有严密的技艺流程，它选土非常严格，要求海水把大海中的黏土席卷到岸边，被山涧巨石拦截下来，年深月久而形成在地层中的一种特殊黏土层。它的制坯、成胎、平雕、浮雕、压光、模光等项工艺流程全凭手工操作。它的烧窑工艺，不但要有"识火候"的熟练技术控制温度和熏闷，而连烧窑的木材都选用山南向阳的含盐性较高的松木，燃烧后经烟熏才能使黑陶制品达到黑如墨、亮如漆、硬如瓷的境地。

黑陶制品造型规整，形态别致，许多陶瓶、陶盆、器皿、笔筒等不仅具有观赏性，还具有实用性，受到大众的喜爱。2008 年北京奥运会期间，连云港市的"中国风""奥运吉祥娃"等五件作品经选拔走进奥林匹克公园"中国故事""祥云"小屋参展，展出后有两件作品被国家奥组委永久收藏。

7. 传统木船制作技艺（连云港木质渔船制作技艺）（省三批扩展）

赣榆县柘汪镇吴公村是一个普通的村庄，村里的居民相传为徐福制造楼船的"圬工"后裔，他们如今依然靠这种造船技术安身立命。

制作木质渔船首先要画图，一般都是由多年制作渔船经验的老船工亲自来画，然后再按照一定的比例来出大样、出样板。选好制作地址，将可以浮船的地方在每月的潮水的时候用泥土把四边围好，把材料运进去，用石块铺垫若干个硬墩，放上主龙骨。再用很薄的木条制成船的各个部位的肋骨模型若干个，然后按模型尺寸要求制作真正的肋骨和站柱。然后将浸泡了两至三天的红松木板用火烤成一定的弯曲度用螺丝固定成型。每一条船在整体组装结构完成后，捻工要把船上的每条缝、每一个钉眼包括内外都要捻上用桐油浸泡过的麻丝，然后再用桐油与石灰制成的油灰封牢。晾晒 5~6 天后再用桐油涂刷 2~3 次，最后在船面上竖起三棵桅杆（20 米长左右的船需三根桅杆）用白布涂上桐油做桅篷，这样一条船就全部制作完成了，待涨大潮时把泥墙挖开，船就可出海了。

木质渔船制作技艺操作器具有斧头、锯、手工钻、凿子。船用的材料很独特，主要是用当地产的槐木和东北产的红松木，浸有桐油的麻絮和以桐油与石灰和成的油腻子。

赣榆县柘汪镇境内及周边沿海地区仍然进行木质渔船的制作。

8. 樱桃酒酿造技艺（省四批）

樱桃酒酿造技艺历史悠久，考古工作中发现了多处中国新石器时代樱桃用于酿酒的证据，考古工作者曾在商代和战国时期的古墓中发掘出樱桃的种子。《礼记》中就有"仲夏之日以会桃先荐寝庙"的记载，这里的"会桃"

即樱桃，历史上樱桃曾被列为向朝廷进献的"贡果"。野樱桃在先秦时期的云台山较为常见，记载"泽如楔荆，实如楔荆"。樱桃酒是一种同时含有大米、蜂蜜和水果成分的养生酒。龙山文化时期果酒是稻米、蜂蜜、水果、添加树脂和香草的混合饮品，有充分的证据表明加入酿酒原料的水果是我国原生的樱桃。

1887 年，26 岁的邱如年艺成出师，开始酿造樱桃酒。经过邱正雨、邱德利、邱维成的传承，邱家樱桃酒酿造已经名气很大，到第五代传承人邱志强，成立江苏红香溢酒业有限公司，是一家集种植、生产、加工、研发、销售于一体的成长型民营企业。公司主要产品为系列樱桃酒，现有干型、半干型、半甜型、甜型等十几个产品，执行企业标准，注册商标为"红香溢"牌。凭着卓越的品质、先进的市场理念，便捷的交通物流，公司产品已销往华东六省一市。

9. 插酥小脆饼制作技艺（徐闳）

插酥小脆饼制作技艺是连云港市地方小吃制作技艺之一，流布在海州区境内的板浦镇、新坝镇、锦屏镇、宁海镇及周边城镇，距现在约有 240 年的历史。

清乾隆中叶（1770 年前后），为避白莲教侵扰，祖籍苏州阊门的陆安顺举家北上来到淮北盐都——板浦。他见这儿市井繁荣，便定居下来，租了间门面，靠着自己高超的面食手艺，以名为号，开张了"陆安顺"面食店，主要制作和销售插酥小脆饼、花桃、四季果等面点。这些外形小巧雅观的特色面点一上市便吸引了众多盐商和美食家。人们品尝后便赞不绝口，买者不断，名扬百里，尤其是插酥小脆饼更成了此地最佳的面食小吃。

陆家凭借面食手艺，秉承祖传技艺，不断发扬光大，在古镇板浦享有盛誉。现在传至陆氏第 11 代传人陆玉祥。插酥小脆饼在板浦众多"小饼"中，风味独特，别树一帜，所以一直供不应求。

制作陆安顺插酥小脆饼的程序比较讲究，经过和面、发酵、制皮、撒芝麻、烘焙等工序。首先将上等的面粉、优质猪油和面发酵。待面发酵后，案板上如包饼子一般切成一小块一小块，每块多大全靠做者手感。然后用一种特有的工具擀（俗称"轴锤"），将每小块面先擀成长 7~8 厘米、宽 5 厘米形状，横向叠为三层，再擀成长方形，再次横向三叠，用手整成长方形，反复叠压后烤出来的小脆饼更酥。等擀好四块，将四块半成品摆放成"田"字形，手上蘸清水在上面轻抚使得它们相连。此道工序后，在饼面上撒上芝麻，再用手拍紧。最后用铲子铲起来，底面朝上翻过来，放入烤炉，经过文火烘烤 1~2 小时，方可出炉。用这种方法制成的小脆饼黄而不焦，具有"松、酥、脆、香"等特色，干吃别有风味，泡吃汤水清爽，老少咸宜；同时，也便于携带、保存。

10. 桃林烧鸡制作技艺

相传 2000 多年前，著名军事家孙膑与庞涓决战于马陵古道，双方对峙间隙，军士饥肠辘辘，然而当地山村农家粮食稀少，只有满山的鸡群可供食用。于是孙膑动员随军的厨师，变着花样为军士们做烧鸡充饥，久而久之"桃林烧鸡"便名声大振。如今，"桃林烧鸡"品牌享誉全国，更是成为人们走亲访友的必备礼品，赋予更多的文化内涵。

而作为"古镇千载名吃，中华食品一绝"的"桃林烧鸡"，不仅是苏北地方饮食文化的精彩一笔，对中华饮食文化也是一个宝贵的贡献。每赶桃林集总能看到街上卖烧鸡的地方围拢着一大群人，等着买烧鸡，老远就能闻着一股鸡肉香。在那做烧鸡的旁边，常蹲了一些赶集的庄稼人，三两个一起，用荷叶包了一个烧鸡放在地上，用小黑碗从商店里买一些散酒，边吃边喝边唠。

桃林镇最早做烧鸡的人叫颜三，后来先后有陈夫章、胡华堂接手。但到了 80 年代末，桃林街上卖烧鸡的就多了起来，而且是别具一格，许记烧鸡以清真出名，蒋家烧鸡以味正而著称，马家烧鸡还入选连云港市十大名吃之一。如今，在镇上从事烧鸡加工的作坊就有近十家，加上在周边连云港、临沂、徐州等地开办烧鸡加工作坊的有百余家。

"桃林烧鸡"销量越来越大，名气越来越响，不光在本地热销，还被加工成成品销往全国各地和海外。

第三节　传统美术篇

传统美术是人民群众创作的，以美化环境、丰富民间风俗活动为目的，在日常生活中应用、流行的美术。表达了人们的心理、愿望、信仰和道德观念，世代相沿且又不断创新、发展，成为富于民族乡土特色的优美艺术形式。具有古朴、神秘、高贵、典雅艺术效果的东海水晶雕刻技艺，在铜板上雕刻出凹凸起伏的各种图案的连云港锻铜技艺，可贴可雕的连云港贝雕等传统美术项目，让港城非遗五彩斑斓。

1. 东海水晶雕刻

东海水晶雕刻技艺的原石是透明的，通过用俏显体、破料显俏、以形制形、破体显形、以色显俏、用体显俏六种方法选择合适的原料。画稿时根据表面的物质来设计，把一块原石的亮点表现出来，显示水晶的晶体和纯度，不管是人物还是杂件都要讲究对比例、强弱的比较。打坯成功的作品生动、逼真、传神，从长宽到厚薄都必须具备与实物相适当的比例，确保雕品的各个部件能符合严格的比例要求，然后再动刀雕刻出生动传神的作品。精雕分浮雕、圆雕、链雕、镂空雕四种工艺。在水晶作品的抛光过程中，要细磨让作品整体均匀，从粗到细研磨多遍，直到砂眼磨平为止。用油石（砂条）手工慢慢地蘸水搓，让表面光滑细腻，用毛刷对水晶雕刻作品进行抛光，把牛皮纸切小圆片粘在竹筷做的棒头上，处理两个物体中间的面，提高小面的亮度。

东海水晶雕刻工艺品品种齐全，有人物、器皿、花卉、雀鸟、动物等多种类型。东海水晶工艺品突出了古朴、神秘、高贵、典雅的艺术效果，使其成为宝石收藏、厅堂摆放、旅游纪念、馈赠国内外友人的艺术珍品。2011 年 6 月，东海水晶雕刻入选第三批江苏省非物质文化遗产名录。

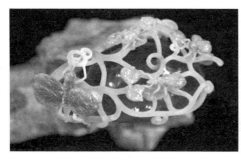

2. 连云港锻铜技艺

锻铜技艺利用铜伸缩性好、软硬度适中等特点，用浅浮雕、高浮雕和圆雕等造型技法，加上特殊配方对作品表层进行工艺处理，以其金属材料特有的质地感、浓郁的手工美、质朴的艺术风格加上色彩上的出新与变化赢得了人们的喜爱，其作品流传到世界各地。

锻铜工艺分布于连云港市及下辖赣榆、东海、灌云三县。据考古佐证，1960 年在新浦区花果山乡大村出土的铜鼎，是迄今为止江苏境内所发现的最大铜鼎（现存南京博物馆），将连云港锻铜工艺追溯到 2800 年以前。

锻铜工艺以紫铜板材和黄铜板材为原材料，使用各种金属锐器，按设计方案，在铜板上雕刻出凹凸起伏的各种图案，或将铜皮加温使之变软，用铁锤、木锤或胶皮锤为工具，经锻打或錾击工艺，做成各种制品。连云港锻铜工艺作品内容涉及广泛，有人物、景物、器具、兵器、书法等，不仅形体生动、凹凸有致还具有北雄南秀的特点。

连云港地区的锻铜工艺有较高的艺术价值，其工艺品古朴典雅、造型细腻，其代表作《清明上河图》《安息吧——战靴》等在国内及港澳地区都有一定的影响。2011年6月，连云港锻铜技艺入选第三批江苏省非物质文化遗产名录。

3. 连云港贝雕

贝雕是我国传统工艺美术中的重要种类。连云港有200多千米的海岸线，盛产70多种贝类，连云港曾是我国四大贝雕画生产基地之一，流布区域集中在市内的赣榆区、连云区和东海县等地，后随产品流布至全国。

连云港贝雕品种多样，可细分为贝贴画、贝雕画和螺钿画等。其生产工艺因产品不同而各有不同。如贝雕工艺流程，主要程序是设计图纸—选料—贴图—砂轮分割—打磨粗坯—雕刻—抛光—组装—上色—上漆等。又如螺钿丝嵌工艺，主要包括设计图纸—泥塑形体—大漆与布粘贴—打磨—镶螺钿—嵌丝—刮漆—打磨—上亮漆—抛光等。连云港贝雕讲究因材施用，每道流程都是手工操作，核心技艺全凭口传心授。2005年，贝雕成功入选连云港市非遗保护名录，吴汉枝、纪效芳、张西月为市级代表性传承人，张西月工作室被评为连云港市贝雕传承保护基地。张西月还成立了螺钿丝嵌艺术品工作室，入驻青口文化创意产业园，恢复了螺钿丝嵌艺术品。2015年1月，连云港贝雕应邀参加新加坡第二十二届"春城洋溢华夏情"文化艺术旅游展，备受国际友人的关注和热捧。2015年10月，连云港贝雕入选第四批江苏省非物质文化遗产名录。

4. 老虎鞋制作技艺

在连云港至今还保留着给小孩穿老虎鞋的习俗。老虎鞋迎合了人们崇尚和传承中华民族虎文化的心理需要。

目前，老虎鞋在缝制方法上，不但使用传统手工技艺，同时又不断创新，使老虎鞋既显得古朴典雅，又具有时代气息。在制作上不刻意追求形似，但求神似，达到形神兼备之功效。婴幼儿虎鞋，虎头富有生机，显得矫健雄壮、威风锐猛、小巧玲珑、十分精美。在色彩上，采取渲染和抽象的手法，色调浓烈，迎合人们企求喜庆、祥和的愿望；在老虎鞋布料搭配上既形成对比，又和谐自然；在老虎的胡须和眼睛制作上，既夸张又写实，具有农民画的风味；鞋底全部手工钉纳，鞋帮上还绣有龙身凤尾，或八卦、太极等图案，运用了象征性的表现符号完美地构建一个意象的抒情境界，在物象表现上简约而不单薄，超逸而不轻浮，厚重而不呆板，充分显示了现代老虎鞋绣制艺术独特的表现语汇和审美情趣，浪漫再现人们憧憬美好未来的生机和美妙。整个老虎鞋既色彩斑斓，又和谐统一，花而不艳，形象生动，充满生命张力，充溢着浓烈生命气息的艺术之美，令人爱不释手。

在全省乃至全国，老虎鞋都有着深厚的民间民俗基础。穿虎鞋的人遍布四面八方，有工人、农民，也有教授、企业家、军官、干部等。虎鞋除流传到北京、上海、中国香港、中国台湾外，还被带到美国、日本、菲律宾、新加坡等国。

5. 葫芦压花技艺

葫芦压花技艺，又名葫芦画，顾名思义就是在葫芦上刻画和装饰的民间手工技艺，是中国传统美术的艺术形式之一，主要流布于连云港市区的新浦区、海州区、连云区，后期辐射到东海县。

目前连云港地区的葫芦画从工艺上看，主要分为"意""绘"两大类。

绘是通过刀、笔、针、玛瑙、烙铁等工具直接在葫芦上绘画创意。意是天然地通过人为的手段改变葫芦的外形追求"意"境的效果。

葫芦画的工艺流程主要有选材、画稿、绘画、后处理等。从制作的工具来看，可以分为砑花技艺和烙花技艺两类。所用的工具依据不同的绘画手法而定，采用砑花技艺，主要有玛瑙刀，配以铅笔、橡皮；采用烙花技艺，主要工具是各类大小的烙铁，以及铅笔、刻刀等，辅助材料是防腐蚀的桐油。

葫芦画的内容涉及各类题材。有民间传说和神话故事，如牛郎织女、老翁遇仙记等；有古典文学，如《红楼梦》《水浒传》《西游记》的人物和场景等；有去灾纳吉的故事和传说，如五福呈祥、钟馗打鬼等，有山水花卉、书法书刻等，内容表达了民众心中向往喜庆、吉祥，力求家庭和睦美满、避祸辟邪的美好意愿。

连云港的葫芦压花技艺非常普及，既有群体传承，也有师传、家传。目前全市擅长葫芦压花技艺的艺人大约有 30 人，代表人物纪光辉在 2010 年入选连云港市第二批非物质文化遗产保护名录。

6. 剪纸

剪纸是一种古老的民间工艺美术技艺，连云港剪纸分布较为均匀，市区的新浦、海州、连云三区和灌云、灌南、赣榆、东海四县都有剪纸艺人。

连云港的剪纸起源于民间，历史上，连云港民间就流传婚嫁喜庆，以剪贴纸、布作为装饰这一习俗。至明末清初，形成了独具风格、较为完备的剪纸艺术。中华人民共和国成立后，民间艺人和学校加强了对剪纸艺术的研究，逐渐形成了有特色的剪纸艺术。但"文革"期间，受"破四旧"的影响，一度停滞，并逐渐失传。21 世纪以来，连云港的剪纸艺术再次兴起。连云港市的新海实验小学、大庆路小学、赣榆县罗阳中心小学、墩尚小学、九里小学和灌南县实验中学等学校都相继开设剪纸艺术课，聘请许多民间剪纸艺人和专职教师指导学生学习剪纸艺术，使古老的剪纸艺术重新焕发出光辉。

剪纸的主要制作用具有剪刀、色纸等。剪纸的表现形式分为单色剪纸、点色剪纸、分色剪纸、衬色剪纸、绘色剪纸五大类。连云港剪纸的刻法有阳刻、阴刻和阴阳刻三种类型。

剪纸的过程是起稿、描图、剪制、揭离、粘贴、成品修改、复制、熏样、晒样、装裱等十几道工序。

剪纸分为南方派、北方派、江浙派等风格流派。连云港的剪纸既具有江浙派的细腻明晰，也不乏北方派的粗犷豪放，兼容了多方剪纸流派的特点。

剪纸过程中技法还比较讲究。主要需要把握好圆、尖、方、缺、线等五要素，而且还必须遵循"先繁后易、先主后次、先里后外"的基本原则。

连云港市剪纸有着自身的特点，它在制作方式上以线线相连或线线相断为主，配以圆形、月牙形、锯齿形镂空，表现手法上以阳刻、阴刻或阴阳交替穿插为主，既有江南剪纸的秀美、灵气，也不乏北方派的粗犷豪放，如柳月华的剪纸、张天明白描刻纸及彩色刻纸、刘罡港口系列彩色刻纸、孙红香《西厢记》系列刻纸以及管艳的剪纸等。

剪纸具有简洁、明快、朴素、精美等特点，夸张地显示出艺术效果，更包容了剪纸制作者朴素的世界观和审美情趣，具有很深的文化内涵和较强的欣赏性，是难得的民间艺术收藏品，是艺术欣赏、馈赠亲朋好友、商务联络、礼仪社交、旅游纪念的最佳礼品。

第四节　民俗篇

1. 海州湾渔俗

连云港市位于中国沿海脐部、江苏省东北部，依山傍海，有中国著名的八大渔场之一的海州湾渔场。这里的渔民世世代代以出海捕鱼为生，在长期的生产实践中，形成了一系列的、具有鲜明地域特色的渔民风俗。

海州湾北起连云港市赣榆区柘汪乡绣针河口，南到灌河口的沿海一带，在全长170多千米海岸线上，自古形成了无时不有、无事不在、较为稳定的系列传统习俗。海州湾渔民风俗大致可分为生产习俗、社会习俗、生活习俗和信仰习俗等。这些风俗顺从性强，实用性强，避区忌讳多，吉利彩话多，信仰崇拜多。渔民认为不吉祥的话和事，绝对不说不做。开口讲究"彩字"，如取鱼叫"取彩"，馈赠叫"彩头"，船上作业都唱号子，新年出海要祭拜龙王、娘娘等。

上古至今，独特的海州湾渔民风俗随着江苏海岸线的东移而东迁，代代传承，传留至今。随着城市化的发展、生活方式的变化，以及生产方式的改进，原有海州湾渔俗中部分依然在民间广泛流布，传承保留下来；也

有部分习俗呈弱化趋势。2007 年，海州湾渔俗入选连云港市非物质文化遗产保护名录，2009 年又入选江苏省非遗名录。

2. 元宵节（新安灯会）

元宵节又称"上元节"，是中国的传统节日，早在 2000 多年前的西汉就有了。汉文帝时，将正月十五定为元宵节。按民间传统，在元宵这天明月高悬的夜晚，人们要点起彩灯万盏，以示庆贺，出门赏月，燃放焰火，喜猜谜语，共吃元宵。

新安镇元宵灯会已有 400 多年历史。据灌南县地方史料记载，安徽商人程鹏于明万历年间建新安镇，有五庄八排、九庵十八庙，道路宽敞，交通便利，规模之大，周边少有。建镇后，逐渐商贾云集，经济繁荣，百姓安居乐业。某一年庆祝建镇，适逢元宵节，于是家家扎灯，挂于门前，引四面八方的百姓来镇上观看花灯，以示欢腾。这一习俗 400 多年来被一直传承下来，逐渐演变成如今的新安镇元宵灯会。

据当地老人回忆，每当新安镇元宵灯会时，八佛庵三声炮响过后，全镇

八牌灯火便依次游龙般环城而行，走在前面的是锣鼓篷、旋花伞，接着是亭阁灯、花挑，在一串灯辉映下，花鸟鱼虫、人物、五谷应有尽有，让人目不暇接，非常热闹。

新安镇元宵灯会属于民众自娱自乐的民俗活动，自然由大家一起来捧场。一般由镇上有头面的人物出面，筹集资金，每家每户都要出钱，所以有"新安镇灯会牌牌贴钱"的说法。灯会按照街道、牌坊划分，家家户户都要扎花灯，群众性特别强。灯的花样也是千奇百怪，绚丽多彩，各有特色，并伴有美食、戏剧、书场、锣鼓、龙狮表演等。

新安镇元宵灯会有验灯、试灯、玩灯三个环节，即第一晚验灯，第二晚试灯，第三晚玩灯，连续三晚，从验灯和试灯中找出不足，不断改进，完善后在第三晚上玩灯。

时至今日，每逢元宵佳节，新安镇万人空巷，热闹非凡。灯区人山人海，以数十万计。灯会规模遍布全城，东西10里，南北5里，伴有焰火和孔明灯，整个城区灯火通明，映着圆月，难辨人间天上，吸引了众多周边市县群众前来观赏。《新华日报》、光明网等众多主流媒体都曾关注报道。

3. 淮北盐民风俗

淮北盐场是我国四大海盐场之一，地跨连云港市和盐城市下辖的赣榆、连云、灌云、响水、滨海、射阳六县区，延绵数百千米，滩涂面积约400万亩，生活着数十万盐民，形成了独特的民间风俗习惯。

淮北盐民习俗主要有生产风俗、社会风俗、生活风俗和信仰风俗。盐民的生产方式由古代的煮海为盐到明代以后的日光晒盐，掌握了独特的生产工艺，形成了"八卦滩""结晶池"及早观风向、午观晴雨，一年捆两季、六月晒龙盐等生产习俗。盐工被称为"灶民"，吃的是"灶粮"；大盐商被称之为"垣商"；生产基地称"圩子"；管理者称"帮瘝"，有着自己一套完整的社会习俗。盐民生活缺少淡水，形成了夏"接天水"、冬"储爽冻"等诸多生活习俗。盐民有祭龙王、拜盐婆婆及三月三祭娘娘庙等信仰习俗。

淮北盐民习俗亦有自己的特点。如盐民喜欢久旱不雨的"长晴天"；渔民不喜刮大风，盐民喜风，可以提高海水蒸发量；盐政官吏和盐商尊管仲为祖师；而盐民只敬龙王、盐婆婆和于公。

淮盐生产影响深远，多年以来，淮北盐民习俗基本保持完整。但随着城镇化进程不断加快，盐业用地不断萎缩，盐工群体人数减少，习俗不断逸出，地方特色淡化，传承后继乏人，传承保护工作迫在眉睫。

第五节 传统舞蹈篇

传统舞蹈产生于广大田间地头、基层土壤的生活方式，实际上涉及社群、部族乃至村庄独特的信仰，其核心内涵旨在文化，包含哲学、宗教观念，乃至人和人之间的关系。比如，演绎了宋代杨门女将抗击外族入侵故事的南辰跑马灯舞，模仿船民、渔民水上行船的灌云花船，留住了他们对港城传统舞蹈的记忆。连云港市在相关政策的支持下，各类型的传统舞蹈传习所孕育而生，并在培养传承人等方面发挥了重要作用。

1. 南辰跑马灯舞

跑马灯是江苏省常见的一种民间舞蹈形式，但连云港市东海县"南辰跑马灯"有着不同的艺术特色：一是它演绎了宋代杨门女将抗击外族入侵的故事；二是表演中保留了古朴的祭祀风俗；三是它体现了一种综合性的艺术。它的"大场"用跑马来显示激烈的战斗场景，而"小场"则用多种富于地方特色的舞蹈形式，犹如百戏杂陈，各唱各调，来营造欢庆胜利的热烈氛围。2009 年 6 月，南辰跑马灯舞入选第一批江苏省非物质文化遗产名录扩展项目。

2. 灌云花船

花船又称跑旱船，是连云港地区历代传承的民间舞蹈。它以舞蹈为主，综合了音乐、说唱、表演等多种民间艺术。其舞蹈是模仿船民、渔民水上行船的各种动作，并加以夸张、美化的。花船以旦角顶船、丑角撑船，相互配合表演行船、推船、系缆、解缆、上船、下船、耍跷及与风浪搏斗的各种动作，加上相互对答、唱曲和丑角的插科打诨、滑稽表演，有极强的娱乐性。连云港的花船不仅舞蹈性强，还有说唱表演。花船表演可在舞台上，但多在广场演出，四面台口，演员可据情即兴表演，还能与观众互动。表演诙谐逗人，深受人民群众喜爱。《中国民间舞蹈集成·江苏卷》中就收录了连云港的花船。2009 年 6 月，灌云花船入选第二批江苏省非物质文化遗产名录。

第六节　传统音乐篇

1. 海州五大宫调（国一批）

海州五大宫调是历史悠久的汉族民乐，是江苏省明清俗曲重要的一脉，是古老的"诸宫调"宝贵的遗存，对中国汉族民间音乐乃至民间曲艺的研究具有难得的实证价值。

明代嘉隆年间，海州五大宫调已逐步形成。明清时期，随着两淮盐业兴旺，大运河盐运南来北往，一方面地域沟通，艺术交融，海州五大宫调广泛吸收江淮民间小曲而渐趋成熟；另一方面当地的盐商富贾和文人墨客对海州五大宫调给予极大关注，从而将其提升到一个新的高度，其特色和个性逐步形成。

海州五大宫调按其传统曲牌来区分，可分为大调和小调两类。大调多为单支，主要曲调有【软平】、【叠落】、【鹂调】、【南调】、【波扬】以及【马头调】、【满江红】等。大调委婉细腻，节奏舒缓，演唱时字少腔多，有一唱三叹之感。小调近一百首，多为明清小曲，如【叠断桥】、【凤阳歌】、【闹五更】、【杨柳青】、【打牙牌】、【急口令】、【京垛子】、【补缸调】、【刮地风】、【剪靛花】、【打枣竿】等。小调节奏明快，字多腔少，长于叙事。小调和大调一样，既可单独演唱，也可和大调连缀，组成套曲演唱。无论大调或小调，单独演唱的，均为单支。

2. 海州鼓吹乐（省二批）

鼓吹乐（以唢呐或管子主奏）是我国北方比较流行的一种民间乐种形式，连云港地区的鼓吹乐有着自己独到的特色。一是流行历史悠久，且十分普及，明代隆庆年间成编的《海州志·卷之二》中已有民间丧事中"鼓吹"的记载，清代康熙末年东海县安峰镇的许家班就已名噪一时，迄今该镇有16个鼓吹乐班，其中有9个是许家的后代或传人。二是曲牌丰富，全市流行的古老曲牌【山坡羊】、【寄生草】等有200多首。灌云县下车乡为吹奏唢呐的"特色文化乡"，该乡艺人杨家岭还珍藏了一本祖辈传下来的手抄工尺谱。三是技术精湛，艺人不仅善于吹奏中、小唢呐，乐班中的大型唢呐（俗称"大号"）也十分流行，艺人还能用嘴巴或鼻孔同时吹奏两支唢呐，称之为"和合唢呐"。赣榆县赣马镇的吴少云是该镇鼓吹乐班的四代传人，他演奏的"大号"和"和合唢呐"技巧娴熟，气满音润，堪称一绝。连云港地区民间鼓吹乐深入到群众生活的各个方面，无论是婚庆丧葬，还是老人过寿或儿童过生日，都要请鼓吹乐班来吹奏。民间鼓吹乐还用于庙会等祭祀仪式和民间的节庆活动，十分受群众欢迎。

第七节　传统戏剧篇

1. 淮海戏（国二批）

淮海戏是江苏省主要地方戏曲剧种之一，流行于连云港市、淮安市、宿迁市及徐州市、盐城市部分县区。淮海戏的形成，已有两百多年的历史。相传清代乾隆年间，海州（今连云港市）一带流行由秧歌号子发展而来的【太平歌】和猎户所唱的【猎户腔】，有邱、葛、杨（一说张）三人将其加工润色为【怡心调】和【拉魂腔】，并以此来演唱农村生活和民间故事。后邱去淮北，葛去山东，杨留在海州，他们各自吸收了当地民歌和语言的特色，遂形成泗州戏、柳琴戏和淮海戏。

淮海戏音乐唱腔丰富多彩，深受广大群众的欢迎。女腔以【好风光】为基本腔，以【二泛子】等为辅助唱腔；男腔以【东方调】为基本腔，以【金风调】等为辅助唱腔。唱腔的特点是乐句的尾突然翻高八度且耍腔，具有摄人魂魄的艺术魅力。淮海戏的传统剧目有"三十二大本，六十四单出"之说，其中《皮秀英四告》《三拜堂》《催租》等久演不衰，在苏北地区几乎家喻户晓。淮海戏的一些表演身段明显脱胎于苏北农村生活，具有浓郁的乡土气息。

2. 童子戏

童子戏属傩的一支，它起源甚早，和古代的巫觋活动有着密切的渊源关系。海州自古巫风盛行，考古学家在连云港市锦屏山将军崖遗存的原始社会岩画中，就发现许多巫的形象和"皇舞祭天""执干戚舞"的傩舞场面，海州童子戏艺人至今仍自称为"乡人傩"，而乡人傩正是古代每年乡间举行的驱鬼除疫的重要仪式。明代以后的海州地方志中，均有傩戏的零星记载，约清乾隆年间，童子戏的演出已由"娱神"向"娱人"方向发展，渐渐衍变为具有戏曲形态的海州童子戏。

海州童子戏的演出，至今仍保留了充满神秘色彩的傩祭仪式。如"烧猪""牛栏会"等，都有一系列的"设坛""请亡""踩门八字""安坐""过桥""升文""送圣"等关目。童子戏的传统剧目有近百个，一类源于道教故事和民间传说；另一类多从徽剧、京剧中移植衍变而来。它的演出形式别具一格，每到演出场地，都将许多牛车轮子竖起，排列成方形，上面盖土垫平，观众三面看戏，艺人称之为"车台"。海州童子戏的演出，还保留了"含铲""砍刀""咬鸡""口吐白丈"等特技。中华人民共和国成立后，海州童子戏日渐消亡，目前全市只有一个能演童子戏的民间职业剧团。

3. 吕剧

吕剧是江苏省连云港市地方戏曲剧种之一，东海县吕剧团是江苏省唯一的一个吕剧演出团体。

吕剧是生根于齐鲁大地上的一朵奇葩。因东海西北部与山东接壤，且1952年12月以前尚属中共山东临沂地委，故齐鲁文脉之源，日久年深地浇灌着东海吕剧之花。茶棚牛屋，田间垄上，均能听到侉味十足、朴实平易的吕剧调。早在革命战争年代，老区李埝、南辰、白塔人就组建吕剧戏班，唱着吕剧调，打着涟湘，跳着马灯舞，激励人民送子上前线，抗日守家园。1960年，创作和排演了传统及现代剧目《姊妹易嫁》《墙头记》《李二嫂改嫁》《红丝带》《春打六九头》等近200台。

东海吕剧由早年的肩挑驴驮发展到今天的大流动舞台车，唱遍大江南北，足迹苏鲁豫皖，先后滋润培养了四代观众，获得过省市"五个一工程"奖；中国电视剧金鹰奖进取奖；中国戏剧文学奖；两台戏被搬上央视和省视屏幕，对连云港市和东海的经济文化事业发展做出了突出的贡献，赢得了"江苏吕剧一枝花"的美誉。

第八节　曲艺篇

1. 工鼓锣

工鼓锣又名淮海锣鼓，是流行于苏北大地的一种曲艺形式。据考证，它的原始形态和大禹治水（史载禹的父亲鲧因治水失败，被处死东海县羽山）有关，大约在清代中叶，工鼓锣形成了完整的说唱形式。工鼓锣属吟诵类曲艺，其声腔是在海州（今连云港市）一带方言的基础上转化而来，带有似唱非唱、说唱相间的特点。唱腔淳厚质朴，说表丰富多彩，活跃在街前屋后，农家场院，极受苏北地区人民群众喜爱。据统计，1985 年连云港市灌云县以此谋生的职业艺人就有 200 多人。工鼓锣的书目有 150 多部，其中现代题材的书目约占三成。清同光年间，在苏北地区极为盛行，不仅声名显著的艺人辈出，而且形成了不同的艺术流派，争奇斗艳。抗日战争时期，工鼓锣艺人组织起来，成立各种"艺人救国会""艺人集训队"等进步组织，学习党的方针政策，编唱了《打倒小东洋》《伪军十叹》《反扫荡》等新书目，起到了团结人民、教育人民、打击敌人、消灭敌人的有力作用。20 世纪 90 年代后，工鼓锣艺人在城乡锐减。

2. 苏北大鼓

苏北大鼓是苏北地区主要的一种曲艺形式，它是由一名艺人击鼓、打镰同时又演唱。苏北大鼓历史悠久，属南宋邱祖所创龙门派，宗谱已排30个辈分。如从南宋算起，迄今已有800多年历史。苏北大鼓用的是赣榆和东海北部方言。独自一人登场，有说、有唱、说唱相间，唱得多，说得少；坐得多，站得少。演唱者身前支一面鼓，右手持棒或称鼓条，左手握简板或云板，也有的持两块月牙形的钢板（俗称钢镰），敲击简单节奏借以酝酿情绪，烘托气氛。它有"似说非说，似唱非唱"的艺术风格，拥有众多的传统书目和现代书目，深受苏北地区广大群众的喜爱。中华人民共和国成立后，苏北大鼓艺人在党和人民政府的关怀下，涌现出一批影响较大的大鼓艺人，如许家昌、孙书芳、许冰清、宋永胜等，他们不仅演唱一些具有拿手绝活的传统书目，而且还创作演唱了一批反映现代生活的新书目。特别是许家昌、孙书芳夫妇，多次在中央媒体演唱书目和接受采访，被各大报刊相继报道。

3. 肘股子

肘股子是一种古老的曲艺演唱形式，

因演员在演唱时用肘部击打太平鼓而得名。肘股子流传于连云港市赣榆区，据《赣榆曲志简志》记载，明代崇祯年间境内出现艺人演唱肘股子，因一周姓尼姑演唱最佳，故又称"周姑子"。肘股子是一种以唱为主、唱念相间的民间曲艺，唱念全用赣榆地方方言。主要唱腔为"大花腔""小花腔""四平调""阴阳腔"等，其中"大花腔"旋律较快，热情奔放，多用于表达人物欢快的心情。"小花腔"轻松舒畅，多用于叙事。"四平调"又称"老头腔"，多用于男性，中速而稳重。"阴阳腔"速度较慢，用于抒情咏叹，又称"哀怜腔"。板式有慢板、散板、垛子板、流水板等。演唱时一韵到底，若须转韵，中间必垫道白。女腔演唱时可用假声，曲终时带哼声截腔，戛然而止。伴奏多用柳叶琴或板三弦，演唱者持太平鼓击打节奏。赣榆肘股子保留着原始的演唱形态，它唱腔粗犷豪放，富有乡土气息。肘股子的演唱班组多以家庭班为主，历史上以赣榆区门河镇纪瓦沟的"封锅班"和大岭乡的"帮友社"、马站乡的"仲家班"等都曾名噪一时。

第九节　传统体育篇

1. 刘氏自然拳（省四批）

刘氏自然拳无固定拳套，不讲着，不着相，以气为归，以不失自然为本旨。所谓"自然"，是通过循规蹈矩的苦练求得。

刘氏自然拳入门之初，以舒筋法练习腰腿柔韧、关节灵活；以内圈手练习手眼身法步，要求"身似弯弓手似箭，眼似流星腿似磨"，此后则习推手（即鬼推手），然后再加入踢法练习。

刘氏自然拳功夫包括：以"子母球"练抓、斩、切、刺、抛、刷、点、拿等劲；以"沙包"练抓扣劲；以"捏纠木棒"练虎口劲；以"三角桩"练蹬踢法等。

刘氏自然拳打法分十九字，有歌云："生、擒、捉、拿、闪、躲、圆、滑、吞、吐、浮、沉，绵、软、巧、脆，化、妙、神字至上陈。"自然门技法要诀为："吞身如鹤缩，吐手如蛇奔，活泼似猿猴，两足如磨心，若问真消息，气穴寻原因。"

自然门习武与修身并重，要求打法自然，处事自然，归根自然。

2. 形意拳（省四批）

形意拳是中国三大内家拳（形意、太极、八卦）之一，位列中国四大名拳。为南宋抗金名将岳飞所创，完善于元明，流行于河北、河南、山西等地。20 世纪初，灌云大伊山人马继福在河北拜师李存义为师学习形意拳，并将其带回灌云，至今有 100 多年，已有了第五代传人。

形意拳拳法以劈、崩、钻、炮、横五拳为主，以浑元桩、三体桩为基础桩法，单练套路有：五行连环、杂式捶、四把拳、十二洪捶、出入洞、五行相生等，对练套路有：绞山捶、五行相克、安身炮等，器械练习以刀、枪、剑、棍为主，多以"三合""六合""连环"命名。形意拳外形模拟龙、虎、猴、马、鸡、鹞、燕、蛇、鼍、骀、鹰、熊等 12 种飞禽走兽的动作形象。要求"起如风、落如箭",快速、稳健、严密、紧凑,刚柔相济,近身快攻,一发即至,一寸为先。气沉丹田,刚而不僵,柔而不弱,实战搏击性强。

近年来,灌云民间习武之风恢复较快,马继福之孙马士峰、马士超、马强响应政府全民健身的号召,开始收徒授艺,逐渐形成了初具规模的习练形意拳群体。

第十节　传统医药篇

传统医药把"中医生命与疾病认知方法"作为重要内容,扩大并深化了非遗的内涵,最能够体现非遗的精神和灵魂,主要有生命与疾病认知的内涵及其表现形式和表现空间,代表性的养生理念和养生方法,代表性的诊法和疗法(或合称诊疗法)。生产治疗皮肤病的特效药的五妙水仙膏制作技艺,消肿止痛、活血化瘀、接骨续筋的曹氏中药热敷接骨疗法,诊治疑难杂症和常见皮肤疾患疗效独特的戴晓觉膏药制作技艺，善治胃病的万寿堂胃炎疗法包含了传统配方和手工制剂技艺和成药制作技艺。

1. 五妙水仙膏制作技艺

五妙水仙膏是江苏省灌南县中医院著名医师周达春祖父周赵勤最初创制，由周达春不断完善的治疗皮肤病的特效药。该药于 1980 年 10 月通过省级鉴定，正式命名为五妙水仙膏，2001 年获国家专利。五妙水仙膏由五种中药配制，主治血管瘤、毛囊炎等五种皮肤顽症，具有消炎止痛、去腐生肌、收敛杀菌、消除组织增生以及调整局部神经的功能。1996 年，周达春赴美国参加了世界第一次传统医学大会。从 1998 年起，日本、俄罗斯、美国、加拿大、比利时、韩国相继邀请他去讲学。在第 37 届"尤里卡"世界发明博览会上周达春获得了金奖，"五妙水仙膏"获得了这届博览会唯一的药物奖。2001 年 5 月在北京召开的 21 世纪自然医学大会上周达春又获国际自然医学大奖，由联合国和平基金会主席刚坚活佛为他加冕。2009 年 6 月，五妙水仙膏制作技艺入选第二批江苏省非物质文化遗产名录。

 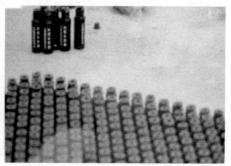

2. 曹氏中药热敷接骨疗法

曹氏中药热敷接骨，是利用中医手法将错位的骨折及时、稳妥、准确、轻巧的复位，整复后用小夹板外固定，以数味秘传中草药碾碎成粉后拌入细沙装入布袋，然后放入钢锅内加热蒸馏，放置于伤员患处，医治跌打损伤骨折、骨质增生、关节炎有奇效。曹氏中药沙袋原料的炮制要经过纯净处理，即通过挑、拣、簸、筛等方法，去掉灰屑、杂质和非药用部分，使药物清洁纯净。还要经过碾、压等方法进行粉碎处理，将草药粉碎成粉状，搅拌均匀后拌入细沙装入布袋用缝纫机封口，放入钢锅内加热蒸馏，放置于伤员患处，通过中药沙袋的温热治疗作用于机体，引起皮肤毛细血管扩张，增加血液循环和新陈代谢，改善组织营养，增加局部细胞的通透性促进骨细胞生成。另外温热能降低神经和肌肉的张力，促进水肿和炎性产物的吸收，从而有利于消肿、消炎和减轻疼痛的作用，达到消肿止痛、活血化瘀、接骨续筋的目的。曹氏中药沙袋制作简单，用途广泛，价格低廉，不开刀无痛苦，安全有效，无毒副作用。2011 年 6 月，曹氏中药热敷接骨疗法入选第三批江苏省非物质文化遗产名录。

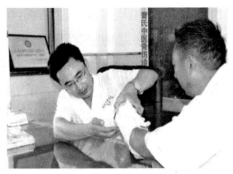 

3. 戴晓觉膏药制作技艺

戴晓觉膏药在连云港市及周边城市影响广泛，享有盛名。据《海州乡土文化》记载：民间著名中医丁儒奎老先生，独创黑膏药制作技艺，治疗皮肤病类疾患疗效显著，后收海州医师戴士柱为徒，传授膏药技艺。又据《连云港市卫生志》记载：明末清初，戴士柱在海州经营药店，拜丁奎儒为师后，学得黑膏药制作技艺及诊治秘方，凭借自己平时自学中医的理论基础和多年搜集的各类民间偏方，潜心钻研膏药制作技艺，创立了戴氏膏药制作技艺。戴晓觉膏药对诊治疑难杂症和常见皮肤疾患疗效较好。因为戴晓觉膏药治疗"大鼓腮"、疔、疖、痈、丹毒、老鼠疮、对口疮、搭背疮、无名肿毒等皮肤类疾患时，具有简便、经济、见效快、无副作用等优点，既不影响人们劳作，也省去了炮制汤药等环节，所以得到当地人们的口口相传。民国初，戴士柱在海州当地开办"戴晓觉膏药店"，百年来戴晓觉膏药不断改进、不断创新，凝聚了戴家四代人的心血，治疗了无数的疑难杂症。遵行父辈"待人接物德为先，要想行医先做人"的医训，积德行善，对贫苦人关怀备至。2011年6月，戴晓觉膏药制作技艺入选第三批江苏省非物质文化遗产名录。

4. 万寿堂胃炎疗法

土话有十人九胃病之说，早在战国时期，黄帝内经《灵枢·邪气脏腑病形》篇指出："胃病者，腹胀，胃脘当心而痛"，一语道破了"胃病"的症状表现与病名。苗家，曾祖父苗怀方，灌南县大圈乡人，20岁拜师学医，24岁行中医（清光绪十年），精中医内科，善治胃病；祖父苗崑基，25岁行中医，在灌南大圈乡开设万寿堂药店，精中医内科，尤善治疗胃病；父亲苗继伯（1918—2001年），7岁读医书，18岁行中医，经营万寿堂药店，中华人民共和国成立后，一直工作在新集乡卫生院、大圈乡卫生院、灌南县中医院，精中医内科，善治胃病，行医60余载，先后带徒十几名，都从事临床；苗少伯，1979年高中毕业，随父亲苗继伯（市地方各老中医）学习中医四年，专中医内科，将家传万寿堂胃病疗法反复验证于临床，不断改进提高，以纯中草药为原料，研制成万寿堂胃病汤，用于治疗萎缩性胃炎，弥补现有药物之不足。2015年10月，万寿堂胃炎疗法入选第四批江苏省非物质文化遗产名录。

第五章

连云港传统文化研学旅行课程案例

连云港传统文化研学旅行

研学旅行基地是载体，内容是根本。《研学旅行服务规范》提出，研学旅行产品按照资源类型分为知识科普型、自然观赏型、体验考察型、励志拓展型、文化康乐型五大类。对各组织机构来说，要开发更多具有针对性的、强调体验的产品，丰富研学课程内容，避免"只旅不学"或"只学不旅"，避免"课程内容同质化"，注重内容的自主性、实践性、开放性、整合性、连续性，同时强调系统性、知识性、科学性和趣味性。

以下结合连云港素质教育基地实情设计课程方案，选取连云港本地区几条精品线路，以教育部等 11 部门印发的《关于推进中小学生研学旅行的意见》为指导，基于《研学旅行服务规范》的具体要求，依据"乡情、县情、市情、省情、国情教育"，以提高中小学生核心素养为目标，设计了以知识科普型、自然观赏型、体验考察型、励志拓展型、文化康乐型五大模块课程，启发多视角、多侧面、多维度思考，把个人爱好、社会热点、地域特色等结合起来，多角度获取信息，并可自由搭配。

第一节　连云港传统文化研学旅行课程方案设计

完善教育体系，就要构建以学生综合素质培养为目标、以活动体验为取向的课程体系，注重课程与社会生活的联系，克服追求某一或某几方面的片面教育现象。

一、整合地方人文资源，开发精品研学课程

在课程体系的构建过程中，连云港中小学生素质教育基地始终遵循教育规律，秉承"延伸学校教育，衔接社会教育、实践素质教育"的办学理念，充分依托"山、海、港、军、盐、核"等得天独厚的自然资源和社会教育资

源，建立了地域特色、国防教育、素质拓展、生存生活、科学探究、劳动体验、研学旅行 7 大领域 52 个活动项目课程体系，融知识性、教育性、科学性、趣味性为一体，针对不同年龄段的学生设置不同的实践活动课程菜单，让学生在丰富多彩的活动中体验、磨砺和成长。连云港基地现有 3 门省级优秀课程，15 门市级优秀课程。

研读研学旅行文件，保障基地建设理念化。再次认真学习贯彻教育部等 11 部门颁布的《关于推进中小学生研学旅行的意见》，以"整合连云港地方人文资源，研发精品研学课程"为指导，组织教职工认真研读文件，组织区域内专家帮助开发整合课程资源，升级现有的课程体系。2018 年连云港基地被授予"全国中小学生研学实践教育基地"。

围绕积极落实国家、省、市教育改革与发展规划纲要的精神，坚持以学生的全面发展为目标，以改变基地教师的精神状态为突破口，以贴近课程建设的教学科研为支撑，以高效率的教学管理为手段，主动积极地学习优质基地的做法与经验，开展研学实践基地建设。按照"边做边学、积极推进"的建设思路，深化教育教学改革，提升教育基地的办学水平。

泰勒认为课程内容即学习经验，而学习经验是指学生与外部环境的相互作用。我们积极建设研学实践教育基地，希冀基地的建设过程，就是教师课程观念不断明晰的过程，教师的学科素养不断提升的过程，逐步实现"一个好教师就是一门好课程"的理想。

基地研学项目的活动开展，以本地区传统文化项目为引领、载体建设为抓手，搭建丰富多元的平台，改变教师教、学生学的方式，深化教育教学变革，最终实现"成就教师、成就学生、成就基地"的三大愿景。

二、优化物型课程，形成育人场馆主题化

连云港中小学生素质教育基地位于山清水秀、素有世外桃源美誉的宿城风景区，与连云港港口、田湾核电毗邻。占地 107 亩，建筑面积 50000 多平方米，原为四星级龙湾大酒店改造而成，硬件条件较好，设施齐全、功能完善，可同时接纳 800 名营员食宿和实践活动。

近几年来，基地充分利用社会资源，先后建成了"国家级防震减灾科普馆""淮盐文化馆""核电科普馆""青春期健康教育馆""民防教育馆""自救自护教育馆""茶道茶艺文化馆""交通安全馆"等20多个主题教育馆。

基地立足连云港市，以承担市区未成年人社会实践活动为主体，兼顾机关企事业单位员工拓展训练，辐射陇海沿线省市。自2000年创办以来，基地共接待市、区及省内外中小学生750余期近40万人次，2009年更名为"江苏省连云港未成年人社会实践基地"后，办学规模进一步扩大，年接待量75000人次/天，受到了社会各界的一致好评，取得了良好的社会效益。先后被评为"国家防震减灾科普教育基地""江苏省中小学生素质教育示范基地""江苏省青少年校外活动示范基地""江苏省青少年自护教育基地""江苏省科普教育基地""连云港市红领巾体验教育实践基地""连云港市创建教育现代化先进单位""连云港市优秀教育基地"等称号。

三、研发传统文化课程，推动研学基地内涵化

2018年，连云港中小学生素质教育基地被授予"全国中小学生研学实践教育基地"。基地的工作重点开始倾向于研学旅行的课程建设，在国家政策和省级相关的研学旅行和综合实践政策的指导下，重点进行基地运营管理和研学课程的开发。目前已经开发了两条精品研学路线，一条是以自然景观为主的"山海连云 西游圣境"为主题，另一条是红色为主的"追寻红色记忆 传承中国梦想"为主题。在这两条线路之中，我们又开发了四门课程，分别是："云台山百草""连云港地质地貌""桃花源里的红色印记""鸟类百科"，每一门课程又以小学高年级段和初中学生段分别设置。线路与课程的研发得到了市、区两级教育部门领导的大力支持，从全市范围内调集专家团队，为基地课程研发提供指导。

1. 结合民间传统文化教学，开发主题阅读研学课程

研学课程开发基于解决学生学习问题的需要。比如，基地设计的《西游记》研学主题活动就是把读书与游历有机整合，强调学生在活动中的主动性，是一种探究性的校本课程。

《西游记》是经典文学著作，但是中小学生最怕读，课程就在这个矛盾里形成：第一步：开设一个短期班——由专业老师通过文本、图片、视频等多种手段，让孩子大致了解《西游记》。第二步：组织一次小游读——专车带上《西游记》去花果山，让孩子坐在花果山上读；专业老师陪伴着孩子，随时为孩子介绍书里相关的风土人情、历史掌故，为孩子助读。第三步：召集一场交流会——游读归来，召集孩子一起交流阅读和游玩的心得体会，小组记录发言内容，为孩子深入思考留下线索。第四步：编印一个小册子——孩子根据整个活动经过整理自己的心得，编写成图文并茂的小册子，基地负责编辑、印刷，给孩子留作纪念，也可以和亲友分享。

2. 利用当地传统技艺资源，开发茶文化研学课程

《茶与茶文化》的开设就是从学生的生活经验和已有的知识背景出发，增加茶文化在实践中的自身体验和内化素质，提高学生的社会实践能力。

依据项目课程的特点来看，首先茶与茶文化课程具有项目课程的某些特点，如学生在学习"闻香识茶"时，教师在教学设计中有明确的任务，有确定的成果，同时留给学生自我组织安排学习的时间与空间，又起到温故而知新的作用，在完成学习任务后还有教师与学生的评价，其课程教学形式基本符合了项目教学的要求。再如，学生在表演行茶法时，要用到茶叶、茶具、与茶叶相关的传说、操作的动作要求与礼仪要求等知识，基本上将所学的知识综合化、系统化，同时还要对行茶法的操作进行全过程参与，而教师从中进行指点，让学生亲自参与品茶与评茶，这与项目教学课程的要求相符合。其次，茶与茶文化涉及了历史、旅游、手工制作、礼貌礼仪，甚至是市场营销等显性课程的部分教学内容，同时由于学生要参与评价，进行汇报总结，因而还包括了语文知识、逻辑知识、自我评价和评价他人的意识。最后，在学习茶艺基本知识的过程中通常是小组化进行的，这样既锻炼了学生的责任心，也培养了学生的协作能力、组织决策能力，因此这是一个典型的研学项目教学过程。

设计思路：从"专题实践"分析出发，设定教学目标；变书本知识的传

授为动手能力的培养，打破传统的知识传授方式；以"专题"为主线，创设工作情景，将茶艺表演、等级考核、人文实践等相关内容融入课程教学中，培养学生的动手实践能力。

课程内容和要求：专题一是闻香识茶。认识茶叶品种，通过闻香、观形、看汤色辨别各茶叶品种，并认识中国十大名茶；探究茶叶命名的奥秘，能判断茶叶的命名方式，新茶与陈茶、真茶与假茶比较两种茶在色泽、气味、滋味方面有什么不同；找出鉴别新茶和陈茶的方法；能通过测定茶多酚的方法，鉴别真茶与假茶。活动拓展：走访茶区、茶场，与茶农共同生活；参观宿城茶协会、知名茶企，实地考察。体验交流：课堂上茶叶的冲泡手法和技艺的学习。作品展示：茶艺表演、心得体会的分享以及某种茶的品鉴。专题二是了解中华茶文化专题。专题三是茶与礼仪。专题四是茶与交往。专题五是茶人茶故事。

3. 探寻地方红色印记，开发革命传统教育研学课程

《桃花源里的红色印记》就是红色教育主题研学活动，使同学们走进基地，初步了解家乡的革命历史；能够走出基地，积极探寻红色故事的发生地。在实地探寻考察的研学过程中，传承我们中国共产党的红色基因。

活动目标：通过制作《"红色印记"目标活动卡》的过程，初步了解宿城地区红色教育资源的分布、故事和意义，为后期实地探寻研学做好路线规划、活动策划、人员分工等充分准备。

活动内容：网络搜索有关抗日石刻、万毅将军、连云港保卫战等相关知识的资料；通过对资料的研读，制作不同主题的资料剪贴报；填写《"红色印记"目标活动卡》确定后期研学活动的主要内容与目标。

活动过程：一是确定研究主题，制作资料剪贴报。让学员自然形成几个小组（4~6人一个小组），请大家确定一个研究主题，上来领取有关资料，共同分工制作一张主题剪贴报。主题一：连云港保卫战（解密"连云港保卫战"；一场硬仗——连云港保卫战）；主题二：万寿山抗日石刻（万寿山抗日石刻上的故事；忠勇抵抗 誓保山河）；主题三："将军泉"（万毅将军其人；

"将军泉"边忆将军）。二是进行成果展示。

附：《"红色印记"目标活动卡》

宿城教育基地红色主题教育"红色印记"目标活动卡

姓　　名		班　　级	
活动记录时间		活动目的地	
活动内容	当我到了这个红色教育基地，我想做这些事：		
活动感想			

眼到，脚到，口到，手到，心自然也就到了，文章、文采、文化都会在孩子心里播下种子，一旦学习、生活中遇见，种子就会发芽、开花、结果。

研学课程的开发应用是研学旅行科学化的先决条件，也是基础教育课程与教学改革进一步深化的结果。中小学研学旅行关涉自然、社会与自我等教育内容。

自然景观研学旅行让学生们陶冶心情，热爱自然、关爱自然；历史古迹研学旅行，让学生了解深厚的历史文化知识，了解国家和民族历史，热爱国家和民族；科技基地研学旅行，让学生了解科学技术，热爱科学等；红色线路研学旅行，让学生了解抗日战争历史，培养爱国情怀，撒播和平种子。

如果研学旅行没有科学的规划以及课程的开发应用，整个研学活动可能会变得杂乱无章、毫无意义。因此，我们对研学旅行的线路、课程进行总体设计开发，丰厚内涵建设，以推进中小学生研学旅行走向科学化，实现其设置的目的。

四、拓宽共建范围，保障研学旅行常态化

根据中小学研学旅行的特点，需要建立稳定的长期的合作研学基地。这一年中省市区主管局领导多次深入基地调研，指导研学活动的开展，并积极帮助基地与合作单位联系，建立共建关系；基地也积极邀请全市范围内的同行专家来指导工作，不断丰富研学旅行范围，拓展研学旅行形式。区委区政府也为基地的研学工作提供了大力支持，本区范围内所有景区对基地研学学生免费开放，只收取交通费用。另外，基地还和周边的康缘药业、田湾核电站、市博物馆、花果山景区、海州古城等建立了长期的共建关系。为了保障研学旅行课程化、常态化，我们基地准备在 2020 年形成研学活动网络化管理，开辟中小学研学旅行网络化协助渠道，逐步完善受训师生研学旅行网络化服务。同时也是为了进一步优化研学旅行活动，保证研学旅行常态化开展。

五、完善评价机制，促进研学旅行规范化

加强过程监控是研学旅行课程建设其中的重要环节。为了保证研学旅行有效开展，必须建立完善的评价体系，制订合理的考核方案。

例如，对待每一期的活动，我们都会发调查问卷、布置研学任务等，进行有计划的量化评价，对研学旅行常规、效果、态度、任务完成等方面进行评价和考核。评价一般采用学生自评与互评，结合导师的点评，从价值取向、目标、内容、途径、手段等多方面对每一位参加研学旅行活动同学的情况进行综合分析。在评价的过程中，坚持过程性评价和发展性评价相结合，关注学生在研学旅行过程中的体验与感悟，对研学旅行摘记、研学旅行心得进行价值判定，让学生选出最好的研学旅行成果，进行展览，以"展"代评，为其他同学提供研学旅行示范；对学生研学旅行计划、方案、过程等文本进行展示，为其他同学提供研学旅行范本。同时，对研学旅行结果进行检测，了解其对学生发展核心素养的影响，进一步优化研学旅行活动，以促进研学旅行有效开展。从而对研学旅行课程进行及时的改进与调整，进而制定更为科学合理的研学旅行课程体系，为基地研学工作提供良性可持续发展的原动力。

第二节　连云港传统文化研学旅行课程案例

课程一　"云台山云雾茶制作技艺"研学旅行规划

（以连云港市宿城小学五年级学生为例）

课程设计：张进

研学主体：小学四至六年级学生

一、研学背景

（一）研学旅行目的地简介

绿茶制作技艺（连云港云雾茶制作技艺）（江苏省第二批非遗项目）

云雾茶的发源地在连云港市北云台山的宿城乡大竹园村，后为宿城乡各村及南云台山和中云台山等地引进栽培，现全市种植面积近万亩。

连云港市云雾茶最早可追溯到唐代，南宋咸淳年间列为贡品。现龙洞庵内仍有一株健壮的老茶树，树龄已愈 800 年。据《云台山新志》记载，每年春天，悟正庵的山僧都要在谷雨前采摘老茶树上的茶，精心制作二三斤上贡帝王。现在大竹园村茶农石宝兴家中还收藏着祖先留下的一张清嘉庆七年（1802 年）茶田买卖的契约。

云雾茶的手工制作极其讲究，技艺精湛，祖传秘方全凭感悟，深藏着许多奥妙和难解之谜，现代工艺无法替代。尤其是三代传人石佃彩，年过七旬，每年摘茶炒茶，传徒授艺。其工艺制品独特的品质风格是：条索紧圆，形似眉状，峰苗挺秀，润绿多毫，香高持久，滋味鲜浓，汤色清明，叶底匀整。

近年来，连云港市宿城大竹园的云雾茶在广州农特产品交易会上，得到日本、新加坡和欧美一些国家客商的极高评价。

(二) 研学旅行性质与说明

1. 课程性质

劳动实践，历史文化。

2. 课程说明

江苏省连云港市连云区宿城街道大竹园村，位于北云台山南麓，海拔550米，是江苏省海拔最高的行政村，是云雾茶的发源地，山场面积5000亩，有生态有机茶园1000亩，大竹园翠竹碧茶满山，常年云雾缭绕，是山水原生态、处处茶飘香的新农村。

"山高云雾出好茶"，了解云雾茶的传统制作工艺流程，首先是采青，带领学生走进茶园，按照茶农传授的采茶技法，采摘茶叶，再有就是分选，把大的叶片分选出去，接着放在热的锅中杀青，杀青后揉捻，一般手工揉捻要半小时，揉捻结束后理条，理条一般在20分钟左右，理条结束后是提香出锅，云雾茶就制作完成了，最后就可以包装销售了。

中国传统茶文化以儒家文化和哲理为核心，是中国传统文化的精髓，我们要加以保护和传承，并充分发扬中国传统茶文化的"茶廉"思想，从知行合一的方面入手，传承中国传统的茶道思想。

此次走进大竹园茶园实地采茶，感受制作绿茶流程，学习泡茶技艺，品尝劳动成果，锻炼学生的劳动技能，培养学生保护环境的意识，增强学生热爱家乡的感情，体验劳动创造价值的过程。

(三) 学生分析

连云港市宿城小学五年级的小学生是本次研学旅行活动的主体。他们生活在后云台山的脚下，体能上有了一定的保障，对本地的云雾茶有了切身的了解，这个阶段的孩子动手操作技能有了一定的基础。同时，学校开展了相应的社团活动，对泡茶技能与品茶礼仪有了相应的训练。因此，学生们对研学导师所讲述的内容具有一定的理解能力，适宜开展本次研学之旅。

（四）研学过程中可能遇到的问题及对策

问题1：对云雾茶的认识停留在茶叶的成品上，对实地考察所见到的内容认识不对等。

对策：带领学生走进茶园，自己动手劳作，感受云雾茶成品的一系列流程，尽可能多地安排茶农导师进行指导。

问题2：时间紧，劳动范围大，实践操作环节多，研学内容不易完成。

对策：划分区域，合作劳作，同时合理安排实践路线。

二、研学设计

（一）内容

1. 了解云台山云雾茶的历史。

2. 认识到"高山云雾出好茶"的生长环境。

3. 走进茶园实地劳作，体验劳动教育。

4. 走进茶叶制作车间，认识茶叶制作流程。

5. 学习云雾绿茶泡制技法，品尝劳动成果。

6. 训练茶道礼仪，以提升审美情趣和表现美的能力。

7. 促进对家乡茶文化的认知，增强热爱家乡的感情。

（二）方式及手段

1. 讲授

（1）运用多媒体课件和视频，认识到云台山的地理位置，适宜茶叶生长的优越环境。

（2）收集云台山茶叶的历史发展进程，感受云台山茶叶的文化底蕴。

2. 探究

（1）带领学生走进茶园，按照茶农传授的技法采摘茶叶，领会优质茶叶的要求，学生通过观察、比较、分析、讨论的方法，了解自己动手采摘的方法，明白劳动能创造价值的道理。

（2）走进制茶车间，在茶农的指导下，参与部分制作工序，探究杀青锅温180℃左右，杀青后揉捻，一般手工揉捻要半小时，这些数据对好茶制作的重要性。

3. 体验

（1）采摘茶叶需要用力顿下来，不能用指甲切，也不能把茶叶扯碎了，保证一芽一叶或者一芽两叶。

（2）引导学生在泡茶技法的训练中，探讨泡制好茶的流程需要规范操作的重要性，通过看、闻、尝等品尝劳动成果，体验一分汗水一分收获的道理。

（三）准备

1. 研学前知识储备

（1）课程导入，学生收集关于云台山云雾茶的历史与地理环境的各类资料。

（2）学生交流各类资料内容，老师讲授云台山大竹园的发展历程，走进茶园采茶，走进车间的注意事项。

2. 技术准备

（1）PPT 演示文稿。

（2）收集家乡茶叶的图片和视频资料，做好交流探讨。

3. 器具准备

茶服、小背篓、摊晾器具、制茶机器、随手泡、玻璃杯、茶荷、茶匙、云雾茶。

三、研学目标

（一）研学目标

1. 价值体认：让学生亲历茶园采茶、制茶、泡茶等实践体验活动，发展学生对家乡名优绿茶云雾茶的历史文化兴趣，形成积极的参与意识、劳动观念、态度。增强动手实践意识，促进对家乡茶文化的认知，能主动分享体验和感受。

2. 责任担当：通过参观、讨论、分析、演示、亲手制作等方法让学生尝试参与采茶、制茶、泡茶，并且通过亲身体验，体会劳动者的艰辛，以及传承家乡茶文化的社会责任感。

3. 问题解决：参与采茶、制茶、泡茶等劳动技能的训练，培养学生的合作探究能力和动手实践能力。

4. 创意物化：通过制茶、赏茶、泡茶等劳动训练，以提升审美情趣和表现美的能力。

（二）研学重难点

研学重点：

1. 采茶的手法（捏、提、顿）。

2. 学习制茶的工艺流程：萎凋—杀青—揉捻—理条—提香—包装。

3. 练习泡茶技艺：温杯洁具—赏茶—投茶—醒茶—冲泡—品茗。

研学难点：

1. 茶园采茶注意安全，不损坏茶树及茶园环境。

2. 制茶过程中注意机器操作的安全，小心机器的滚动、高温时，不能伸手入内。

3. 泡茶时，注意茶具要轻拿轻放，冲泡时小心热水别被烫伤。

（三）问题框架

1. 你知道云台山云雾茶的有历史记载交易的茶园吗？

设计意图：激发学生的好奇心，当学生走进茶园时，与其他茶园进行比较，感知不同茶叶生长的环境，了解大竹园茶地的历史底蕴。

2. 在茶园采摘茶叶的规范技法对茶叶品质有什么样的影响？

设计意图：学会规范的采茶技法，增强自己的劳动能力，提高采茶的质量。

3. 你知道手工制茶与机器助力制茶的差别吗？

设计意图：走进制茶车间，感受现代化设备只带的效率，比较手工制茶的区别。

4. 品茶过程如何很好地体现茶道文化？

设计意图：传授泡茶技法，训练泡茶、品茶礼仪，感受中华传统茶道文化的博大精深。

四、研学旅行过程

（一）一天日程安排

上午：

1. 乘汽车沿盘山公路至大竹园村

2. 参观大竹园茶艺馆，请大竹园工作人员讲解

江苏省连云港市连云区宿城街道大竹园村，位于北云台山南麓，海拔 550 米，是江苏省海拔最高的行政村，云雾茶的发源地，大竹园村下辖大竹园、上洞、张楼、黄毛顶四个村民小组，山场面积 5000 亩，有生态有机茶园 1000 亩，森林覆盖率 87% 以上，青山绿水古村落、白云生处有人家，大竹园翠竹碧茶满山，常年云雾缭绕，是山水原生态、处处茶飘香的社会主义新农村。

这片展区是介绍云雾茶的传统制作工艺流程，首先是采青，也就是采摘，再就是分选，把大的叶片分选出去，这个是杀青，杀青锅温 180℃ 左右，投鲜叶 1.5 斤左右，杀青后揉捻，一般手工揉捻要半小时，揉捻结束后理条，理条一般在 20 分钟左右，理条结束后是提香出锅，云雾茶就制作完成了，最后就可以包装销售了。

这片展区是讲述云雾茶的发展历史，从明代的《云台山志》就有记载宿城的云雾茶，到 1772 年的大竹园茶民石宝兴家的茶园买卖地契，再到现在全市发展的几万亩茶园。

这片展区是我们村的非物质文化遗产传承人和我们村的制茶能手。

这边是非物质文化遗产优秀传承人石佃彩和张毓富所获得的荣誉。

人生当如茶、清廉胜浮华，中国传统茶文化以儒家文化和哲理为核心，是中国传统文化的精髓，我们要加以保护和传承，并充分发扬中国传统茶文化的"茶廉"思想，加深对人们社会主义核心价值观教育，从知行合一的方面入手，是中国传统的茶道思想，"茶廉"文化内化为人们的精神追求，外化为积极的爱国主义行为。

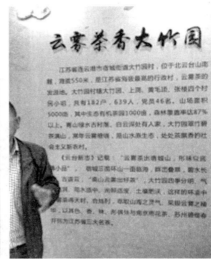

茶艺馆外景　　　　　　　　　　　茶艺馆展牌

学生关注点：认识茶艺馆中陈列的各种手工的制茶设备，知道它们的功能。

3. 了解茶园，邀请非物质文化遗产第四代传承人孙巧梅阿姨讲解

宿城种植云雾茶已有千年历史，明代顾乾《云台山志》记载：悟道庵在宿城山顶，庵有茶树，风味不减武彝小品，名曰"云雾茶"。宿城三面环山，一面临海，群峦叠翠、碧水长流。古语云："高山云雾出好茶"，大竹园四季分明，气候温润。雨水适中，光照适度，土壤肥沃，一年四季常有云雾环绕，这样的环境中，云雾茶得天时、合地利，以其色、香、味、形俱佳与南京雨花茶、苏州碧螺春并列江苏三大名茶。

云雾茶种植茶田交易有明确记载的，是同学们刚才在村茶史馆看到的大竹园村茶农石宝兴家中至今还珍藏祖先留下的一张清朝嘉庆七年，也就是1802年茶田买卖的契约，距今已有200多年的历史，我们现在眼前看到的就是当年的茶田，这片茶园的名字叫茶叶山。

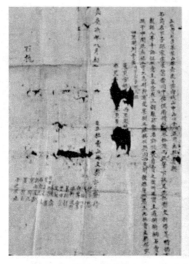 

清朝嘉庆七年茶园买卖契约　　　　　　　契约中的茶园

学生关注点："高山云雾出好茶"的地理环境，了解本茶园是清代茶园买卖风水宝地。

4. 分工合作　茶园采茶

各位同学们肯定有疑问，几百年的茶园为什么没有大茶树呢？这是因为茶园管理要考虑到茶叶的产量问题，茶叶生长的年代多了，一般地上部分要更新，也就是把地上部分全部剪掉，一般是每8～10年就要更新一次。茶园的管理包括定期除草、施肥、灌溉。我们大竹园茶叶采摘一般是在清明节前后，怎样采摘茶叶呢？一般采茶遵循一芽两叶的原则，这样既能保证茶叶的品质，也能有效保护茶叶的自然生长，采摘茶叶的手法不是用指甲切下茶叶，而是快速用力扯下，不要伤害茶树，尽量保证所采茶叶的完整，避免出现茶叶破损，采摘后的茶叶要自然放入小背篓中。下面各小组分为四个区域进行采摘。

课后活动：交流探讨小组合作采茶的体会，如何采摘到高品质的茶叶，如何提高采茶过程中小组成员的团结、协作的团队意识。

5. 学习制茶工艺

请各小组把采摘的茶叶收集到一处，随着孙巧梅阿姨到制茶车间，亲眼见证茶叶制作的过程。

欢迎同学们来到制茶车间，这里都是运用了现代的制茶设备，既能保证产品的制作质量，更能提高制茶的效率。请同学们将所采茶叶汇集到一起，挑去杂物，准备摊晾萎凋进入制茶环节。

（孙阿姨按照制作的程序，把学生带到不同的制茶设备前指导，提出制作要领，关注制茶的优劣原因。）

第一道工序：萎凋，小茶人将所采茶叶拣去杂物后，摊晾在干净的器具里，让其散失水汽，叶质变软、发出清香。

第二道工序：杀青，小茶人将萎凋好的茶叶，学着张爷爷的示范，送入杀青机器，进行高温杀青，散发叶内水分。

第三道工序：揉捻，杀青之后，学习张爷爷将茶叶像揉面一样揉捻，使茶汁黏附于叶面，为炒干成形打好基础。

第四道工序：理条，学习张爷爷理条的手法，小茶人试着抓条、甩条。

第五道工序：提香，小茶人学习张爷爷分次干燥，固定外形、色泽，发展香气和滋味。

第六道工序：包装，小茶人将茶叶称好装袋再装入包装盒。

同学们带好自己小组制作好的茶叶，将进行现场泡茶。

学生关注点：了解制茶的工序，知道制茶过程中影响茶叶质量的原因。

下午:

1. 学习泡茶技艺

请大竹园茶农示范并讲解泡茶流程。

提问:泡好一杯茶和哪些因素有关呢?

总结:泡好一杯茶,与投茶量的多少,水温的高低,注水量的多少,浸泡的时间长短都有很大关系。

茶水比 1：50。水温:80~85 度。冲泡时间:2~3 分钟。注水量:玻璃杯 2/3 处。

友情提醒:冲泡绿茶要用留根泡,即每一泡出汤后底部要留一点茶汤,使下一泡滋味更好。

(1)温杯洁具:开水注入玻璃杯 1/3 处,旋转玻璃杯使玻璃杯杯壁尽量接触到水,起到清洗、温热玻璃杯的作用。

(2)观赏干茶:端起茶荷,观赏茶叶的色泽、形状、匀整度、嗅闻气味。

(3)投茶入杯:用茶匙将茶荷里的茶叶拨入玻璃杯。

(4)水润醒茶:向玻璃杯注入 1/3 热水,轻微转动玻璃杯,使茶叶与热水充分接触湿润,起到醒茶的作用。

(5)悬壶高冲:提高水壶,向玻璃杯注水至 2/3 处,激发茶水的香气,让茶叶在玻璃杯中上下翻飞,高低起伏,旋转飘舞。

(6)展示茶汤:双手捧茶举至胸前向来宾展示冲泡好的茶汤。

2. 学生分组练习泡茶技能

有了茶农的演示指导，学生分组训练作为铺垫，训练学生在各自小组中进行泡茶技能的形成。

3. 品啜云雾香茗

（1）自我泡茶

学生自我品啜云雾茶滋味，播放古典音乐，一种浓浓的品茶意境展现在学生们眼前，让学生们渐入佳境地品啜自己冲泡好的茶汤，感受自己劳动成果的喜悦。

（2）敬奉香茗

学生将自己冲泡好的云雾茶与同桌互相敬奉品尝。学生用茶的礼仪向同学敬茶，品尝成果勿忘为成果付出了辛勤汗水的人，中华传统的茶文化在举手投足间得到了体现，感受传统茶文化的魅力。

（3）现场采访，请喝茶的同学或茶农评价

敬茶的学生转换角色，以劳动者的身份采访享受喝茶乐趣的同学或者知道泡茶技能的茶农，从侧面真实了解自己的劳动成果，了解不足，逐步改进。

4. 集体乘车返回，进行活动总结

研学活动结束后，每名学生撰写一篇关于大竹园采茶、制茶、泡茶与品茶之行的活动体会，并提出活动改进意见和建议，通过微信等网络平台进行交流与分享。

茶道礼仪　　　　　　　　　　　　文化熏陶

（二）学时保障

1. 云台山云雾茶资料收集与交流（1 课时）。

2. 观看宿城云雾茶的历史发展视频资料（1 课时）。

（三）研学过程评价

1. 评价标准

（1）是否听从研学导师的管理，有强烈的集体意识。

（2）是否积极主动参与各项活动，表现出合作探究的意识。

（3）在体能劳动与技能劳动过程中，是否形成了自己的各项能力。

2. 评价方式

（1）同学互评。

（2）教师点评。

（3）茶农考核。

（四）研学整体评价

评价内容	★★★	★★	★
采摘茶叶手法正确，采摘数量			
熟悉制茶工序，了解影响茶叶质量因素			
掌握泡茶技法，熟悉泡茶流程			
品茶中渗透传统文化礼仪			

五、有关保障

（一）教学活动保障

1. 行前准备

为了更好地达成此次研学旅行的目标，应针对参与研学旅行的所有学生和带队工作人员进行提前培训，让大家预先了解此次旅行的目的和意义，特别是要对课程的内容进行提前沟通。

2. 周密计划

一方面，带队教师要针对活动当天的教学进程和要点，认真做好课程设计和教学方案，并形成文本提前印发到每个学生手中；另一方面，组织者要在前期和当地旅游部门做好联络和对接的工作，综合运用多方教育资源，确保实现教学目标。

（二）安全保障

一是要在行前制定安全工作预案，各位工作人员定时定岗，明确安全责任与措施。二是要开展全面的学生安全教育，增强师生安全意识。三是要组织研学师生购买意外伤害险，校方要投保安全责任险，与家长签订安全责任书。

课程二　"花果山传说"研学旅行规划

（以连云港市东港中学七年级学生为例）

课程设计：孙杨

研学主体：中学七、八年级学生

一、研学背景

（一）研学旅行目的地简介

花果山传说（江苏省第二批非遗项目）

花果山传说是流传于江苏省连云港市云台山（今统称花果山）及周边地区的诸多民间传说，其中石猴出世的传说、猴嘴石的传说、石猴锁龙传说、金箍狼牙石传说、猪头石的传说、十八盘传说、三元传说、水帘洞传说、七十二洞传说、石猴乌龙潭捉妖传说、拐杖柏传说、南天门传说等在民间以口头形式代代相传，既富于生活气息，又离奇动人。

三千年前《尚书·禹贡》的相关载述，是花果山传说孕育、产生的原始依照。《山海经》《水经注》及唐诗宋词及其他史料，说明花果山传说一直在延续。随着时间的推移，花果山传说日渐丰富，又经过当地百姓和墨客骚人一代代的完善和传承，形成了现在广为流传的花果山系列传说。

花果山传说与连云港地区的风土人情相结合，凸显强烈的地域特色。传说中的石猴具备了人和神的特征，反映了古代花果山人对自然的认识和征服自然的愿望。花果山传说用了大量连云港民间说唱的方言口语的精华，有利于人们深刻理解乡土文化，突出了较强的文学价值和民俗价值。

(二) 研学旅行性质与说明

1. 课程性质

实践考察，历史文化。

2. 课程说明

花果山风景区所在的连云港市位于我国万里海疆的中部，江苏省的东北部，东临黄海，西接中原，北扼齐鲁，南达江淮，与日本及朝鲜半岛隔海相望。景区面积 84.3 平方千米，层峦叠嶂 136 峰，其中花果山玉女峰是江苏省最高峰，海拔 624.4 米，峭壁悬崖，巍峨壮观。

花果山以古典名著《西游记》所描述的"孙大圣老家"而著称于世，因美猴王的神话故事而家喻户晓，名闻海内外。与《西游记》故事相关联的孙悟空降生地的娲遗石，栖身之水帘洞，以及七十二洞、唐僧崖、猪八戒石、沙僧石等等，神形惟妙惟肖、栩栩如生。

花果山景观特色鲜明，它具有迷离神奇的色彩。《西游记》里描述的花果山美猴王水帘洞以及神话中女娲补天遗留下来的娲遗石等种种神话和民间传说，把自然景观与人文景观融为一体，相得益彰，形成了独特的景观风貌，具有很强的感染力，让人遐想。

浓郁的自然风光与灿烂的历史文化，奇异的山水特色与多彩的神话传说，加上古典名著《西游记》的精彩描绘，使花果山充满了神奇的魅力。

此次走进花果山风景区参观考察，感受花果山美丽的自然风光，寻找花果山的神奇传说，了解花果山乡土文化，培养学生保护环境的意识，增强学生热爱家乡的感情，体会传说的文学价值和民俗价值。

（三）学生分析

连云港市东港中学七年级的学生是本次研学旅行活动的主体。他们生活在云台山的脚下，都去过花果山景区，对《西游记》的故事非常感兴趣，或多或少曾经听家里人讲述过花果山的传说故事，因此对本次研学主题有强烈的好奇心和探究欲望，适宜开展本次研学之旅。

二、研学设计

（一）内容

1. 了解花果山和《西游记》的关系。

2. 在研学过程中搜集、倾听、探寻并讲述关于花果山的传说，在行走中接受民俗文化的熏陶。

3. 走进水帘洞，讲一讲和水帘洞相关的故事。

4. 走进玉女峰，听导游讲玉女峰的传说，画一画传说中的人物和故事。

5. 近距离接触花果山传说的非遗传承人，对他们进行访问，听他们讲述花果山鲜为人知的传说故事。

6. 采访实践，提升沟通交流和信息搜集处理的能力。

7. 促进对家乡自然景观、文化传说的认知，增强热爱家乡的感情。

（二）方式及手段

1. 参观

游览欣赏花果山美丽的自然风光，听导游专业讲解，在行走中接受民俗文化的熏陶，及时拍下与传说相关景点的照片。

2. 探究

探究在九龙桥、三元宫、水帘洞、玉女峰著名景点背后包含的传说和故事，感受传说的文化魅力。

3. 访问

（1）采访花果山大村花果山传说非遗传承人，听他们讲述传说故事。

（2）引导学生在采访和倾听过程中做好记录，搜集相关资料。

4. 讲述

根据自己对《西游记》的了解，以及查找到的相关资料，讲述自己所知道的关于花果山的传说故事。

三、研学准备

1. 研学安全守则

（一）交通安全守则

1. 排队有序上车，系好安全带，不随便将头和手伸出窗外。

2. 行驶中请尽量保持安静，不随意调换座位，不嬉戏打闹。

3. 保持车内卫生，将垃圾及时放进已准备好的垃圾袋里。

4. 在车上认真听从研学导师的安排，听清要求，有疑问请举手示意。

5. 步行时，紧跟队伍，不掉队，排列整齐，歌声及呼号响亮。

（二）活动安全守则

1. 自觉排队进入景点，不拥挤打闹。

2. 保持安静，不大声喧哗。

3. 认真倾听讲解员的讲解，如有疑问，请礼貌提问，并感谢解答。

4. 请自觉遵守参观场所的相关要求。

5. 爱护场馆内的公共设施，不随意刻画、毁坏。

6. 听从研学导师的要求，尊重他人。

7. 统一穿校服，记住研学导师电话号码，用卡片记住应急电话，随时带在身边。

8. 每小组按照组长在前、安全员在后行动，随时清点人数，学员不单独行动。

9. 因时间较短，不带零食，不带遮阳伞。

10. 不购买任何纪念品。

2. 组织准备

团队建设：选出研学班长、安全员、讲解员、宣传员、旗手；人员分六组，选出组长；两组承担一个研学主题组织召开游前会议，明确组内分工，人员职责。

3. 知识准备

1. 查找关于花果山景区有名景点的资料；

2. 熟读《西游记》前七回叙述孙悟空出世、大闹天宫等故事。

3. 搜集互联网上有关花果山传说的资料；

4. 旅游及交通常识。

四、研学目标

（一）研学目标

1. 价值体认：让学生亲历考察、探究、访问等实践体验活动，发展学生对家乡花果山传说的文化兴趣，激发好奇心和求知欲，形成积极的参与意识、探究态度。促进对花果山传说的文化认知、民俗认知，能主动分享体验和感受。

2. 责任担当：通过参观、探究、分析、访问、讲述等方法让学生了解家乡人文景观，走近传说，感受家乡浓浓的神话意味与美好意愿，激发学生建设家乡的热情，传承家乡民俗文化的社会责任感。

3. 问题解决：通过实践活动，培养学生的沟通交流能力、合作探究能力和信息搜集分析能力。

（二）研学重难点

研学重点：

发展学生对家乡花果山传说的文化兴趣，走近传说，感受家乡浓浓的神话意味与美好意愿，促进对花果山传说的文化认知、民俗认知，能主动分享体验和感受。

研学难点：

通过实践活动，培养学生的沟通交流、合作探究能力和信息搜集分析能力。

（三）问题框架

1. 你知道连云港的花果山和四大名著之一《西游记》的关系吗？

设计意图：激发学生的好奇心，当学生参观花果山景区时，能用心观察、寻找花果山和神话故事《西游记》相关的元素。

2. 你知道哪些关于花果山的传说呢？（可以讲自己查到的传说故事，也可以讲《西游记》相关故事）

设计意图：通过研学前查找资料，对资料进行加工，激发学生讲述分享的欲望。

3. 能根据导游讲述的关于玉女峰的传说，小组合作画一画传说故事吗？

设计意图：认真倾听导游讲述的传说，并且通过画笔把传说物化。

4. 你知道怎样和花果山传说非遗传承人进行沟通交流，了解更多和花果山有关的传说吗？

设计意图：通过采访，提高与人沟通交流的能力，并学习采访小技巧和注意事项。

五、研学旅行过程

（一）一天日程安排

上午：

1. 乘汽车至花果山停车场。

（1）上车后研学导师提问：你知道连云港的花果山和四大名著之一《西游记》的关系吗？

学生自由发言。

导师小结：连云港云台山下有条烧香河，直通《西游记》作者吴承恩的老家——与连云港毗邻的淮安。当年，吴承恩曾乘船沿烧香河，数次登上云台，足迹遍布花果山，他饱览了云台山的山山水水，听到了许许多多脍炙人口的传说，结合《大唐三藏取经诗话》等史料，发挥惊人的想象力，创作出了《西游记》这部经典之作。从《西游记》一书中，可以发现许多淮海地区的方言和传说。云台山当地流传着一些关于吴承恩与花果山的故事。1982年10月，来自全国各地的127名专家学者，在连云港举行全国首届《西游记》学术研讨会。通过对连云港云台山的考察和大量文物资料的辩证，一致确认，连云港云台山上的花果山就是《西游记》里花果山的原型，是真正的孙悟空老家。

关于花果山的认证，还有一段历史趣闻。1958年春天，当时任团中央书记的胡耀邦同志到徐州、新海连市（当时的连云港市）考察。临行前，毛泽东说，新海连市的云台山是孙猴子的老家，你可以去看看。胡耀邦带着主席的叮嘱，在考察工作之余亲自登上了花果山，回去后也将登花果山的事向毛主席做了汇报。连云港市为了纪念此事，在花果山上的一块巨石上镌刻了毛泽东的手书："孙猴子的老家在新海连市云台山中"，已成为花果山一景。

（2）行车途中，在研学导师的带领下开展《西游记》相关知识小问答。

2. 停车场步行至山门，有序拍集体照。

认真观察山门的景观，听导游讲解：

花果山以古典名著《西游记》所描述的"孙大圣老家"而著称于世，名闻海内外。花果山位于连云港市南云台山中麓。唐宋时称苍梧山，亦称青峰顶，为云台山脉的主峰，是江苏省诸山的最高峰。李白："明日不归沉碧海，白云愁色满苍梧。"与苏轼的"郁郁苍梧海上山，蓬莱方丈有无间"，写的都是云台山。被誉为："海内四大名灵"之一。

花果山山门由四只石雕雄狮把守，充分体现了花果山的特点"山中无老虎，猴子称大王"的特点。正门上首为孙悟空的头像，《西游记》中他被如来封为"斗战胜佛"。北门上首为唐僧师徒四人西方取经的浮雕，他们明知妖魔当道，千难万险，却一往无前，毫无畏惧。广场四周的石猴，是花果山的迎宾猴，原数108只，暗寓36天罡、72地煞之数。谁知完工一数，却多出了一只。传闻有一只备用的石猴放在库房里，孤独难熬，夜里偷偷溜进了猴群，所以现在这里共有 109 只。

3. 坐游览车至九龙桥

九龙桥，位于群山环抱的幽谷之中，横跨于九条大涧的汇聚之地，是花果山的主景之一。九龙桥建于明代，为体量较大的砖构拱桥，桥旁的大银杏已近千年，是宋代的遗物；桥南有九龙将军庙；北面高处是茶庵，现辟为吴承恩纪念馆。

4. 九龙桥步行至玉女峰，途经三元官、水帘洞

（1）边游览边拍照片。

（2）找出期间经过的所有景点中的《西游记》元素，包括地名、文创作品、指示牌等。

（3）听导游讲关于水帘洞的传说。

相传古代皇帝怕江山不稳，派许多阴阳先生到各地去查访和破坏龙脉，这天有一位阴阳先生来到云台山，发现了鲤鱼石，又见这条岭上有个第一天门。他知道鲤鱼只要跳过天门便成了龙，托生在山主家，长大就会抢夺皇帝

的江山。阴阳先生找到了山主，把情况如实地告诉了他。山主很高兴，便问怎样才能使鲤鱼跳过天门。阴阳先生对他说，只要在鲤鱼石旁修个十八盘，就能顺势飞上天门。于是山主雇人昼夜施工建起了十八盘，阴阳先生也就放心地走了。原来鲤鱼跳过天门才能成龙，若是落在十八个盘子里，那只能是人间的一道菜，风水也就这样被破了。

（4）水帘洞内故事分享会，评出"最佳小导游"。

可以讲自己查到的传说故事，也可以讲和花果山相关的《西游记》中的故事，请导游给讲述的同学投票并评价。

5. 到达玉女峰

（1）休息，吃自带午餐，注意整洁卫生。

（2）游览玉女峰，欣赏玉女峰美景，拍照留念。

听导游讲述玉女峰传说：

一天玉皇大帝化作一位翩翩公子来到人间，在东海边遇到一个渔家姑娘，那姑娘貌美如花，谈吐大方，正在编织渔网。几经交谈，那玉皇大帝喜欢上了那位渔家姑娘，一来二往渔家姑娘也喜欢上了那位翩翩公子，二人竟发生了私情。姑娘怀胎十月，产下一个女婴，起名叫"如意"，寓意二人如意随了心愿。二人都喜欢珍爱"如意"。

玉皇大帝三天两头向凡间跑，引起了王母娘娘的怀疑。世上没有不透风的墙，王母娘娘最终知道了玉皇大帝与渔家姑娘私通的事，醋意大发，竟背着玉皇大帝处死了渔家姑娘。

如意到底是玉皇大帝的亲骨肉，活了下来。玉皇大帝要把"如意"接到天宫，但王母娘娘是个不听劝的主，死活没谈拢。如意姑娘，期盼父亲把她接上天宫，但一直没有等到那一天。如意在等待中变成一座青山。那就是花果山的玉女峰。

（3）画一画玉女峰的传说。

下午：

1. 乘游览车下山。

2. 从停车场乘坐大巴车，至花果山街道大村村委会，以小组为单位采访花果山传说非遗传承人，听他们讲述花果山传说故事。

猴嘴石的传说：

花果山西北角有个猴嘴镇，猴嘴镇附近有座猴嘴山，猴嘴山的山头上有裂开的大石头，石头模样活像一只坐着的猴子。这石猴张着嘴巴，有头有身，就是没有手。他的手哪里去了呢？

很久以前，猴嘴山下有座石花县城，城里住着不少财主，他们都是些刻薄的人。

有一天，城里来了个锻磨的人，被一家姓张的财主喊进屋去。财主指着磨坊里的一盘大石磨说："你能在三天以内锻好它，我照算工钱，要是过了天数，那我就分文不付，怎样？"锻磨人讲："行。"

锻磨人坐在磨盘上，一手掌錾，一手挥锤，一刻也不停，叮叮当当敲了起来。一天，两天——脸上滴下的汗珠比錾花还多，等到第二天傍晚，财主从门缝里一看，磨倒锻好了。他眼珠一转又生了坏主意，进门冲着锻磨人大声喝道："混账，你怎么坐在我的大磨上？我家干干净净的磨被你坐脏了，磨出的面有屁臭味，你说怎么办！"

锻磨见财主要赖账，便把手里的锤錾往他面前一扔，说："东家，这么大的磨盘，不坐在上面錾，那请你站着錾给我看看。"

财主围着磨转了一圈，又找碴说："原先这盘磨齿很浅，驴推起来像唱小调一样好听。现今你把磨齿錾深了，再转起来'嗡隆嗡隆'像打雷一样难听。不行，你得赔我的磨！"

锻磨人二话没说，把褡裢往肩上一甩，"呸！"朝当门地上吐口唾沫，拔腿就走。财主一把拽住他的大褂，非要锻磨人赔钱。锻磨人气得直跺脚，把做盘缠的一点都甩给他了，财主还不满足，连拉带拽，又将锻磨人的大褂扒了下来。

锻磨人出了张财主家，越想越来气，他低头耷脑没在意，一下撞着一个白发苍苍的老头。锻磨人忙扶住老人连声道歉，那老人见锻磨人气得这样糊涂就问怎么回事。锻磨人把前前后后讲了一遍。老头听了，扬起手里的藤树拐杖，指着猴嘴山头的石猴说，它是个神物，"石猴噘嘴青口洼，手捧石花县，只需用錾子剔一剔石猴的手指盖缝，石花县的富人马上就会变穷。"

锻磨人明白老头的意思，正要表示感谢，转脸一看，老头不见了。

锻磨人照着白胡子老头的指点，爬上猴嘴山头，用錾子朝着石猴子的手指盖缝叮当狠敲。凿石声响遍了石花城。刚收工回家的种田人都觉得蹊跷，纷纷跑上山来看热闹。财主们一点也没察觉，正忙着大吃大喝呢。锻磨人想到在那张财主家受的窝囊气，不由得手下越敲越重，一不留心，把石猴的手臂錾掉了。转眼间，只见猴嘴山下雾气腾腾，整个石花县城沉下去了。

在山上看热闹的庄户人，见满城财主全完了蛋，都觉得很畅快。大伙互相帮忙，盖房子，安新家，渐渐地这儿又出现一个不大不小的新集镇。

前几年，还在猴嘴山下挖出不少块城砖。离猴嘴不远的盐场黄头圩，工人在七锹深的地下，还挖出插旗杆的石臼。据传说，这些都是当年石花县城沉落的遗迹。

沙僧石的传说：

连云港市花果山北坡，从猴嘴镇向东不远，有一地方叫沙河口，它对面山坡上有一天然巨石，远看如和尚打坐，近看似僧人上山，人们都叫它"沙僧石"。

传说这里就是沙和尚上山出家的地方，民间流传着这样一支歌谣：

天上天河九道弯，地上沙河九里宽。九道弯里住神仙，九里沙河锁鱼官。天河沙河源相连，鱼官也能做神仙。那还是很久很久以前，东海龙宫有一位沙将军，他力过千钧，武艺超群，为龙王屡建奇功，被封为龙宫护驾将军。他与小龙女自幼一起长大，常在金涛银波中嬉戏，多在珊瑚树间幽会。小龙女爱沙将军诚实勇敢，沙将军爱小龙女温良多情。他们山盟海誓，私订终身。时间如流云，不觉小龙女已身怀六甲。谁知事情被快嘴虾婆知道了，便传到老龙王的耳朵里。龙王气得五脏生火，七窍冒烟，立即把沙将军传至内宫拷问。沙将军知道瞒不下去了，便一五一十地招认自己对小龙女的一片真情。这既乱了宫规，又不配门第，龙王盛怒之下，将他推出宫问斩。龙宫内外如房断中梁，似大海决堤，虾兵蟹将慌作一团，只有鼋总兵平时与沙将军交往甚厚，又念其功无数，便冒死向老龙王求情，才使沙将军免去死罪，被贬出宫，锁在花果山下的沙河里。

一晃数月，小龙女已到十月临盆的时候，龙后乘老龙王去南海聚会之机，偷偷地把小龙女送到沙河边。小龙女连忙分开波涛，只见沙将军甲破鳞残被锁河底，心中一阵绞痛，便哭昏在沙将军面前。随着哭声，沙将军看到小龙女面黄肌瘦，肚大腰圆，急得心中像火燎油煎一般，慌得抱起小龙女，千呼百唤。小龙女慢慢睁开泪眼，看到沙将军，如梦初醒，那满腹的辛酸化作两股泪水涌出眼帘。他们哭诉着各自别离的情爱。

哭声惊动了花果山上的孙大圣，他来到河边问明白了情况，深为不平。沙将军跪在大圣面前哭求着："老龙王心狠手毒。如果小龙女在此，必然前来追杀，求大圣千万相救。"大圣拍拍胸脯说："二位放心，有俺老孙在此，谅那老儿不敢无礼，你们放心回河中去吧，老孙为你们站岗。"小龙女和沙将军千恩万谢，回到河中。不一会儿，龙女竟一胎产下无数的小沙光鱼。说也奇，这些小东西外貌和沙将军一样威严，而性情却和龙女那样温良。

他们围在父母身边快乐地游来游去，煞是可爱。只喜得大圣连蹦带跳，抓耳挠腮。

大家正高兴时，老龙王从南海归来，一见此情此景，立即张牙舞爪，吼声震天，恨不得一下把他们全打死。那龙王爪推乌云，口喷烈焰，只听半空中一声炸雷，把龙女打昏在地，沙将军和那些小沙光鱼全被打落河底。孙大圣看在眼里，怒在心中，掣出金箍棒便向龙王打去。龙王架住兵器忙说："大圣，老夫在此管教不孝之女，与你何干？竟与我动起干戈？"大圣喊道："老儿，你拆散这恩爱夫妻，要伤害亲生骨肉，还说什么管教，让老孙也管教管教你！"说罢，把金箍棒舞得如风车般只管向龙王打去，龙王只得全力应战。小龙女从昏迷中醒来，只觉得筋酸骨麻，疼痛难忍。再看看沙将军和产下的幼子都沉入河底，想想父王这样绝情，一时悲痛欲绝，万念俱灰，决心从此遁入空门。于是她忍痛离开沙河，逃往孔望山避难，后来便在龙洞庵出家。

再说大圣与龙王拼杀半日，那龙王渐渐支持不住，便一头扎进大海，逃回龙宫。大圣也不追赶，回到沙河边，见龙女不在，便到河里救出沙将军说："那老儿已回龙宫，你快去找媳妇吧。今后如有难处，只管来花果山找我。"沙将军拜别了大圣，去查访龙女的下落。后来，他得知龙女已出家，自己又无处存身，便来到花果山，经大圣引渡，跟唐僧当了和尚。

几易沧桑，昔日茫茫的大沙河淤积成陆，如今在花果山下只剩下条蜿蜒小溪流向大海。沙河口成了公共汽车停靠站，那对面山坡上的"沙僧石"，至今却仍正襟危坐，阵阵松涛声好像传来了沙和尚虔诚的诵经声。孔望山上的龙洞庵，虽屡换庵主，但那龙女避难的"龙洞"依然存在。只有那些河沟海汊中的沙光鱼，每遇惊雷，总要钻入沙底，对外公的恐惧心理，一代一代留了下来。

3. 集体乘车返回，进行活动总结

研学活动结束后，学生以小组为单位，对研学过程中采风所得的照片、资料等进行整合、分工，在家长和老师的帮助下编写自己感兴趣的花果山传说并配图，形成《花果山传说集》，提供给连云港市旅游局和文化局。

（二）学时保障

1. 花果山传说资料收集与交流（1课时）。

2. 采访方法指导（1课时）。

（三）研学过程评价

1. 评价标准

（1）是否听从研学导师的管理，有强烈的集体意识。

（2）是否积极主动参与各项活动，表现出合作探究的意识。

（3）在考察探究过程中，是否形成了自己的各项能力。

2. 评价方式

（1）同学互评。

（2）教师点评。

（3）导游评价。

（四）研学整体评价

评价内容	★★★	★★	★
游览过程中守纪、专心、认真倾听			
大声洪亮讲述自己知道的花果山传说			
用图画形式表现导游讲解的玉女峰传说			
掌握小组采访的技巧			
加工所搜集资料并提取有用信息			

六、有关保障

（一）教学活动保障

1. 行前准备

为了更好地达成此次研学旅行的目标，应针对参与研学旅行的所有学生和带队工作人员进行提前培训，让大家预先了解此次旅行的目的和意义，特别是要对课程的内容进行提前沟通。

2. 周密计划

一方面，带队教师要针对活动当天的教学进程和要点，认真做好课程设计和教学方案，并形成文本提前印发到每个学生手中；另一方面，组织者要在前期和当地旅游部门做好联络和对接的工作，综合运用多方教育资源，确保实现教学目标。

（二）安全保障

一是要在行前制定安全工作预案，各位工作人员定时定岗，明确安全责任与措施。二是要开展全面的学生安全教育，增强师生安全意识。三是要组织研学师生购买意外伤害险，校方要投保安全责任险，与家长签订安全责任书。

课程三　"海州古城双龙井非遗园"研学旅行规划

（以连云港市院前小学五年级学生为例）

课程设计：陈梓涵

研学主体：四—六年级学生

一、研学背景

（一）研学旅行目的地简介

海州古城双龙井非遗园（市级文物保护单位）

海州古城素有"淮口巨镇""东海名郡"等美称，被游人称誉为"苏北的夫子庙"。双龙井，就坐落在那片古色古香的怀抱里。

双龙井始建于明景泰年间（1450—1456年），又名品泉。因井内东西两壁有两个石雕龙头，水从龙嘴流出，故名双龙井。井西有光绪三年碑刻一通，文为"双龙井"三字。1993年公布为连云港市第二批文物保护单位。

双龙井非遗园在海州文化发展中具有重要的历史意义，是一处以"茶园、游园、戏园"为一体的综合性文化景观园，院内有海州文史馆、程贵华陶艺馆、景泰书局等。开展了品茶、听曲、游园、赏陶、诉古等系列主题文化活动。在这里还可以听到历史悠久的海州五大宫调。2006 年 5 月 20 日，五大宫调被国务院批准列入第一批国家非物质文化遗产名录。

（二）研学旅行性质与说明

1. 课程性质

实践考察，历史文化，传承非遗。

2. 课程说明

此次走进双龙井非遗园参观考察，感受该井明清时对海州古城区的市政设施情况和风俗民情的价值，探寻双龙井的神奇传说，了解古城海州的历史文化，欣赏并感知海州五大宫调，争做非遗文化传承人。

（三）学生分析

连云港市院前小学五年级的小学生是本次研学旅行活动的主体，他们大部分从小生活在连云港，对古城海州并不陌生，对其历史文化多多少少有些了解，但对双龙井，孩子们可能并不太熟悉，园内有多种文化主题活动，这些都可以大大吸引孩子们的兴趣。尤其是 2006 年列入国家第一批非物质文化遗产的海州五大宫调。孩子们几乎是没有听过、也没接触过，可以大大激发学生对本次研学主题有强烈的好奇心和探究欲望，这些都有利于开展本次研学之旅。

二、研学设计

（一）内容

1. 参观海州文史馆，简单了解历史悠久的古城海州。

2. 在研学过程中搜集、倾听、探寻并讲述关于双龙井的传说，在行走中接受民俗文化的熏陶。

3. 游览参观双龙井非遗园，感受它的自然风光美。

4. 走进双龙井非遗园双龙古井，听一听它的传说。

5. 欣赏海州五大宫调的表演，了解相关知识，并初步尝试学习。

6. 近距离接触五大宫调的非遗传承人，对他们进行访问，听他们讲一讲这背后的故事。

7. 采访实践，提升沟通交流和信息搜集处理的能力。

8. 促进对家乡自然景观、文化传说、非遗传承的认知，增强热爱家乡的感情和争做非遗小传承人的积极性。

（二）方式及手段

1. 参观

参观海州文史馆，简单了解历史悠久的古城海州。听讲解员分别从源远流长、石刻精髓、城市之光和人文荟萃四部分为学员们讲解海州悠久的历史文化。

2. 游览

游览参观双龙井非遗园，感受它的自然风光美。改造后的双龙井集双龙古井、望龙亭、溢香水榭、寻龙径、水映栈道、冲宵石、双龙聚涎、甘露坊八景于一体，被定位为海州文化展示地、形象代表地及文化交流地。

3. 探究

（1）走进双龙井非遗园双龙古井，听一听它的传说，感受传说的文化魅力。

（2）学习五大宫调的基本知识，初步尝试学唱五大宫调。

（3）在行走中接受双龙井非遗园文化的熏陶，及时拍下和记录。

4. 访问

（1）采访五大宫调的非遗传承人，听他们讲述其背后的故事，争做五大宫调传承人。

（2）引导学生在采访和倾听过程中做好记录，搜集相关资料。

5. 讲述

根据研学活动中对古城海州、双龙井和五大宫调的了解，结合之前查找到的相关资料，讲述自己的所知、所学和所感。

（三）准备

第二部分：研学准备

1. 研学安全守则

（一）交通安全守则

1. 排队有序上车，系好安全带，不随便将头和手伸出窗外。

2. 行驶中请尽量保持安静，不随意调换座位，不嬉戏打闹。

3. 保持车内卫生，将垃圾及时放进已准备好的垃圾袋里。

4. 在车上认真听从研学导师的安排，听清要求，有疑问请举手示意。

5. 步行时，紧跟队伍，不掉队，排列整齐，歌声及呼号响亮。

（二）活动安全守则

1. 自觉排队进入景点，不拥挤打闹。

2. 保持安静，不大声喧哗。

3. 认真倾听讲解员的讲解，如有疑问，请礼貌提问，并感谢解答。

4. 请自觉遵守参观场所的相关要求。

5. 爱护场馆内的公共设施，不随意刻画、毁坏。

6. 听从研学导师的要求，尊重他人。

7. 统一穿校服，记住研学导师电话号码，用卡片记住应急电话，随时带在身边。

8. 每小组按照组长在前、安全员在后行动，随时清点人数，学员不单独行动。

9. 因时间较短，不带零食，不带遮阳伞。

2. 组织准备

团队建设：选出研学班长、安全员、讲解员、宣传员、旗手；人员分六组，选出组长；两组承担一个研学主题组织召开游前会议，明确组内分工，人员职责。

3. 知识准备

1. 查找关于古城海州的资料。

2. 各种途径搜集不同版本的双龙井的传说。

3. 查找五大宫调的相关知识。

4. 旅游及交通常识。

三、研学目标

(一) 研学目标

1. 价值体认：让学生亲历考察、探究、访问等实践体验活动，发展学生对古城海州的了解，对双龙井非遗文化的兴趣以及初探五大宫调的热情，激发好奇心和求知欲，形成积极的参与意识、探究态度。促进对双龙井非遗园文化的认知、民俗的认知，能主动分享体验和感受，并积极争做小小非遗传承人。

2. 责任担当：通过参观、游览、探究、分析、访问、讲述等方法让学生了解家乡人文景观，走近传说，感知非遗，感受家乡浓浓的文化底蕴与美好意愿，激发学生了解家乡文化、热爱家乡的热情，传承家乡民俗文化的社会责任感。

3. 问题解决：通过实践活动，培养学生的沟通交流能力、合作探究能力和信息搜集分析能力。

(二) 研学重难点

研学重点：

激发学生对双龙井非遗园中呈现的民俗文化的兴趣，了解传说，感受家乡浓浓的历史文化底蕴与美好意愿，促进对双龙井非遗园的文化认知、民俗认知与非遗传承认知。

研学难点：

通过实践活动，培养学生的沟通交流能力、合作探究能力和信息搜集分析能力。

(三) 问题框架

1. 你知道古代连云港的城镇中心在哪里吗？那里以前是什么样的？

2. 在古韵海州的发展中，有一口井也起到了很重要的作用，想去了解吗？

设计意图：激发学生的好奇心，当学生参观海州文史馆时，能用心学习感受老海州的兴衰历史，也激起对双龙井的兴趣，便于开展双龙井非遗园的活动。

3. 你知道哪些关于双龙井的传说或故事呢？

设计意图：通过研学前查找资料，对资料进行加工，激发学生讲述分享的欲望。

3. 能根据专业人员讲述的双龙井的发展历史以及相关知识，小组合作制作"双龙井"生命轴？

设计意图：认真倾听讲述并记录，梳理记录重点时间节点，绘制时间轴。锻炼学生的信息搜集、筛选与应用能力，同时促进小组合作。

4. 你知道怎样和五大宫调非遗传承人进行沟通交流，了解哪些五大宫调的知识呢？

设计意图：通过采访，提高学生沟通交流的能力，并学习采访小技巧和注意事项。

四、研学旅行过程

（一）一天日程安排

上午：

1. 乘汽车至停车场

上车后研学导师提问：你知道我们今天要去哪儿吗？古代连云港的城镇

中心是什么样的呢?

学生自由发言。

导师小结:海州是连云港的源头、发端与起点。海州古城位于连云港市海州区,北临秀丽玉带河,南依巍巍锦屏山。古城有 2000 多年的历史,自秦汉以来,一直是海、赣、沭、灌地区的政治、经济、文化中心,素有"淮口巨镇""东海名郡""淮海东来第一城"的美称。但近代以来,古海州城历经1668 年郯城地震、1939 年日军轰炸,最终于"大跃进"时期毁城炼钢与"文革"破四旧中消失殆尽。1991 年,连云港市海州区对方圆 2 平方千米的海州古城实施了改造,建成、恢复古街巷 8 条,恢复了朐阳门,修复了钟鼓楼,竣工仿古建筑 15 万平方米,古城风貌基本恢复。沿街楼台错落,画梁雕栋,色彩纷呈,被游人称誉为"苏北的夫子庙"。

海州古城历史悠久,文化厚重,是连云港市的城市之根、文化之源,也是连云港人追山逐海、城市东进的见证。

3. 停车场步行至双龙井非遗园——海州文史馆,有序拍集体照

刚建起的双龙井东门楼精巧挺拔,画梁雕栋,韵味十足。曲径通幽,荷池田田,古树古碑屹立其间,清风满园,真乃一处闹市中的静谧所在。到达文史馆,听讲解员从源远流长、石刻精髓、城市之光和人文荟萃四部分为学员们讲解海州人文荟萃的悠久历史。

海州历史文化底蕴深厚，人文资源丰富，深厚的文化和悠久的历史正是海州这座城市的根脉和灵魂，也是这座城市的美好记忆和宝贵财富。海州文史馆的建成，将海州几千年的历史文化以清晰的面貌展现出来，让海州文史馆成为全面记载海州历史文化发展过程的一个重要载体，把"文物"变成通俗、无形的语言时，扩大海州影响力和知名度，提升整个城市的文化品位。

4. 参观游览双龙井非遗园——自然景观

游览参观双龙井非遗园，感受它的自然风光美。改造后的双龙井游园占地约 6700 平方米，集双龙古井、望龙亭、溢香水榭、寻龙径、水映栈道、冲宵石、双龙聚涎、甘露坊八景于一体，被定位为海州文化展示地、形象代表地及文化交流地，是海州历史文化的形象代表。

5. 参观游览双龙井非遗园人文景观——双龙井

（1）有序参观双龙井。

跨过门楼，拾级而下，以双龙井为中心景点的一处江南园林，楼台亭榭，精致地显现在我们的面前。古井深邃地静卧在那里，周边翠竹环拥，林木丛丛，桂香宜人。每一口水井，都是大地上的一颗星辰，与夜空中的星辰相互辉映。而双龙井则是一口古老的大井，一颗特别明亮的星。

双龙井因井内有两条石雕龙头而得名，为市级文物保护单位。据记载，双龙井开凿于明代景泰以前，迄今已 500 余年。嘉庆州志曾收录陈宣州志中的《明曹忠重修大井记》，明嘉靖年间又大修一次，清光绪三年（1877 年）州牧林达泉又行重修，重修双龙井碑记还在双龙井游园中。据记载，海州南门外诸井皆咸，惟双龙井甘美，冬夏不枯。用双龙井水泡云雾茶，茶汤清冽，入口甘甜，回味悠长，非常特别，被称为"海州双绝"之一。

双龙井为露天石头井沿，井口有三四米宽。东西两侧各有一口小井，三井形成一个"品"字，因而又名"品泉"。井内有两个石雕龙头，泉水从龙口中喷注不息。明代曾在此建"品泉亭"，作为海州胜迹之一，供人浏览和品茗休息。

（2）学生自由讲述查询到的关于双龙井的传说和故事。

对于很多连云港人来说，它曾是海州城百姓的主要饮用水源之一，伴随了数代人的成长和记忆。有关它的传说也很多。

导师：谁愿意分享一下自己查阅到的和双龙井有关的传说或故事呢？

生1：我奶奶是老海州人，奶奶说记得小时候，双龙井曾是海州城居民的最爱，挑水、洗衣、洗菜、玩耍……以前井里面是可以看到石雕龙头的，泉水是从龙头中流出来的，所以史称双龙井。龙头是采用阳刻的手法。眼睛和鼻子是圆墩的突出。据奶奶回忆呢，在1964年之前，双龙井是一个圆形大井口，那时候的井水清澈见底，可以隐隐约约在井口看到两个吐水的龙头。但是现在好像已经看不见了。传说很久以前，会经常闹旱灾，渴得嗓子冒烟的人们四处去打井。但是打出来的井呢，它并不出水而且味道又咸。亏了一个像济公的和尚，识得风水。他说海州有一块宝地，可以打出救苦救难永不干涸的神泉。但在这个井的上面有桃花里和桃花尖一黑一白两条龙作怪。这个和尚指定百姓在东西两个地方各打了一口井，用壮实扣子的夹板盖住井，意思是锁住了双龙，从地下建造饮水，因此，海州人民从此喝上了甘甜的泉水。千百年以来，无论干旱到什么程度，也没有看到这口古井，干枯见底。

生2：我上网查资料得知，1964年之前，双龙古井为一个圆形大井口，井水清澈见底，可隐约看到井中的两个吐水的"龙头"。1964年秋，为了取水安全，海州区人民委员会用几块长条石将井口盖起，上面留有四个仅够放水桶的圆孔，同时保留了井沿北端那个三角形井口（此为下井通道口），供人们取水。1995～1998年，海州区人民政府对双龙古井开展了一次大改造，双龙井作为水井的使命便被文物和旅游景点取代。后来，海州区政府推动海州古城复兴计划，启动双龙井游园改造工程。

（3）认真观察双龙井及相应介绍牌，聆听专业人士讲解历史，在研学导师的带领下开展"双龙井"相关知识小问答。

70多岁的李传淇正在给孩子讲双龙井的历史与传说，同时给孩子普及古城的人文历史，让孩子了解古城、热爱古城，增强热爱家乡的感情。

据地方史志记载，双龙井开凿于明代景泰七年（1456年），时称沙井。至今已经有500年的历史，曾经多次修缮，是海州人民主要的饮用水源之一。清嘉庆十九年，海州知州郑时举命复修治，于井壁出水口处嵌入一对石雕龙头，始称双龙井。

嘉庆州志曾收录陈宣州志中的《明曹忠重修大井记》，明嘉靖年间又大修一次，1877 年（清光绪三年）州牧林达泉再行重修，其重修双龙井碑记至今还在双龙井游园中。

双龙井位于早先的海州古城南门外，井南几米处，东西两侧各有一口小井，三井形成一个"品"字，因而又名"品泉"。南门外诸井皆咸，唯此井甘美，冬夏不竭。最神奇的是，井内有两个石雕龙头，泉水从龙口中喷注而出，经年不息。

水，是生命之源，没有水源的地方便无人烟。人类祖先逐水而居，江河之滨是最佳选择，大城市也都形成于大江大河之畔，比如上海、南京、天津等。

在《易经·井卦》："改邑不改井。"唐代孔颖达疏曰："古者穿地取水，以瓶引汲，谓之为井。"穿地取水形成井，井水乃来自地下，属矿泉水，肯定比河水要纯净。

500 多年来，日月韶华，风霜雨雪，双龙井始终是海州城居民主要的饮用水源之一，井下那一脉巨大的涌泉，甘甜清冽，润泽了一城一辈又一辈的子民。

泽被后世，这正是双龙井最生动的注脚与写照。

陆游《古井》诗云："道傍有古井，久废无与汲。邻里共浚之，寒泉稍来集。驾言欲漱濯，冀远尘土袭。踌躇复弃去，绠短安能及？"诗人的古井情怀可窥一斑。

双龙井的青石板井台硬是被芸芸众生的一双双肉脚打磨得无比光滑，明亮如镜。海州城内居民对双龙井的水情有独钟，居住在城北的居民都习惯来此挑水回家做饭，说做出的饭特别香。周边居民的生活更是离不开双龙井，洗菜、洗衣服，以便污染甚至破坏了古井，也带来不少隐患。1997 年前后，因考虑保护居民安全问题，该井被封闭。海州政府专门拨款在井的四周筑起圆形围墙，为了保护加高了井台，新修了两米高的井阙，还曾在井口加装了铁栅栏，双龙井游园内双龙古井在改造提升中实施恢复了古井原貌工作，在井边增加了景观护栏，今日，封闭了近 20 年的古井全面打开，再现清澈的双龙井水和井底若隐若现的两个喷水"龙头"。

双龙井作为水井的使命便被文物和旅游景点取代。2015 年，为了进一步推动海州古城复兴计划，海州区政府启动双龙井景点修缮提升工程，对双龙井景点作了完善性美化。海州区委、区政府投资 700 万元，打造双龙井历史文化博览园，项目总建筑面积 429.96 平方米。不仅更好地保护了双龙井文物本体，直观体现古海州人文、历史的文化遗存，还可以给周边居民提供一个优雅的游憩场所。

双龙井景点正是一处融"茶园、游园、戏园"为一体的综合性文化景观园。

（4）边游览边拍照片。为制作双龙井的"生命轴"搜集素材。

中午：

（1）休息，吃自带午餐，注意整洁卫生。

（2）游览双龙井非遗园的美景，自由拍照留念。

（3）画一画双龙井的"生命轴"。

下午：

1. 参观游览双龙井非遗园人文景观——龙泉阁、远香堂和石桥。

早在明代便曾在此建"品泉亭"，一度作为海州十大胜迹之一，供人浏览和品茗休息。眼下，融入古典和现代风格的茶楼内，茶道正统颇具古风，极

品云雾茶香漫溢，轻抿一口，飘然欲仙。四壁悬挂的名家字画，让这座茶楼更平添了几分风雅。

2. 参观游览双龙井非遗园人文景观——景泰轩，设书局和陶艺馆

景泰轩内海州陶艺馆和景泰书局同时对外开放，海州陶艺馆重点展示海州创意陶艺作品及开展陶艺制作、陶艺体验等系列活动，打造海州历史文化交流窗口，景泰书局主要展示海州地区历史文化书籍与部分文化创意产品。

海州文史馆、陶艺馆、景泰书局的建成开馆是海州区文化事业发展的一件大事，必将对完善海州区城市功能、提升城市品位、繁荣历史文化产生积极的作用和深远的影响。

（1）双龙井游园里有戏曲爱好者在表演淮海戏，一招一式很是认真，比如海州淮海戏、海州京剧、五大宫调等都有专场演出，今天我们一起走进五大宫调。

（2）了解五大宫调

连云港，古称"海州"，山海相拥，历史悠久，文化积淀深厚，民众演唱小曲的习俗由来已久。海州五大宫调是江苏明清俗曲重要的一脉，是古老"诸宫调"宝贵的遗存，在经历数百年岁月洗礼后，这一传统曲目并未因时光流逝被淡忘，而是迎来了生机勃勃的春天。

海州五大宫调的形成，与当地经济兴衰特别是盐业生产的发展有着密切联系。板浦镇曾是历史上重要的商埠，也是海州五大宫调流入的一个重要门户。板浦自唐代建镇后，便开挖官河（亦名盐河，至今仍是连云港市区一条主要河道），渐渐成为南北通衢的交通枢纽。板浦也是淮盐重要产区，许多盐商大贾聚居在此，他们不仅留心词曲，还能上口演唱。这些小曲在当地扎下根来，流传民间，并不断汲取地方语言和民歌的丰富营养，逐渐形成了独具一格的海州五大宫调。据明代沈德符《野获编》"时尚小令"条载："嘉、隆年间（1522—1572）乃兴《闹五更》《寄生草》《罗江怨》《哭皇天》《干荷叶》《粉红莲》《银钮丝》之属，自两淮以至江南……则不分南北，不问男女，不问老幼良贱，人人习之，亦人人喜听之，以至刊布成帙，举世传诵，沁人心腑。"可见从明代开始，"自两淮以至江南"一带，各种南北俗曲经艺人们长期加工后形成的各种曲牌就已在海州地区广泛流行，至今仍是海州五大宫调的重要曲牌。

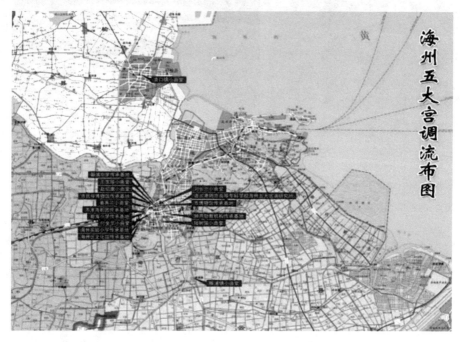

海州五大宫调历史悠久，它是指流布在连云港市及周边地区的以【软平】、【叠落】、【鹂调】、【南调】、【波扬】等为基本腔调的一种用曲牌连缀体来演唱的艺术形式。海州五大宫调伴奏乐器有二胡、琵琶、三弦等，其中尤以"杯琴"和"碟琴"最具特色。

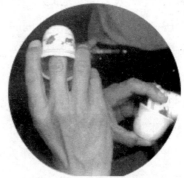

2006 年 5 月 20 日，海州五大宫调经国务院批准列入第一批国家级非物质文化遗产名录。2008 年 2 月，刘长兰被当时的文化部评为国家级非物质文化遗产项目代表性传承人。

（3）听五大宫调非遗传承人——刘长兰讲背后的故事，并采访非遗传承人。

人物介绍：刘长兰　从 18 岁起，便开始跟随老艺人钱乐山学唱海州五大宫调，这个有 300 多年历史的幽幽古调，从古老的北京皇城沿运河南下，在海州板浦民间广为传唱。时过境迁，昔日的运盐船已消失在历史的长河中，只留下它在传统民间文化中闪烁着星火光芒。

以小组为单位采访五大宫调非遗传承人，听他们讲述五大宫调背后的故事。

园内不时传出阵阵的吟唱声，二胡幽婉的和奏，杯碟清脆的叩响，随风飘向远方。这里是一个小曲堂，80 多岁高龄的国家级非遗传承人刘长兰在这里教唱海州五大宫调。

生采访：刘奶奶，五大宫调是怎样成为国家非物质遗产的呢？您还记得当初申报前的故事吗？

刘长兰奶奶：在申报前，民族民间音乐家张仲樵先生来到连云港，找到了当时在市民保中心工作的朱秋华。我在他们俩面前表演了一番。唱过以后呢，张老师就提议朱老师，将五大宫调申报为国家级非物质文化遗产。最终，海州五大宫调顺利入选首批国家非物质文化遗产名录被保护起来。两年以后，我和赵绍康被选为海州五大宫调国家级传承人。

刘长兰奶奶拿起碗、碟、筷娴熟地演奏起来。字少腔多、一唱三叹……曲调婉转，让人心旷神怡、沉浸回味。清脆有力的碟琴，韵味十足的声腔，透过这古老的旋律，仿佛又回到了昔日海州商贾云集的热闹场面。

"海州五大宫调伴奏乐器有二胡、琵琶、三弦等，其中尤以'杯琴'和'碟琴'最具特色。"刘长兰一边演示一边介绍说，竹筷敲击瓷盘以及酒盅击出的"花点"节奏与丝竹乐声相庇，形成了海州五大宫调独特的伴奏风格。

80多岁的刘长兰谈起海州五大宫调的传承和发展时表示，非遗传承并非她个人功劳，早在20世纪80年代，五大宫调濒临失传，当时连云港市文化局的同志找到她，请她将熟记于心的曲调录制成磁带，然后请专人翻成曲谱并填词，这才让濒危的古老艺术传承下来。

为了让更多人了解、熟悉、掌握、喜爱五大宫调，刘长兰成立了小曲堂。
"五大宫调爱好者有空就会来我的小曲堂切磋技艺，一些学生利用课余时间专
门过来聆听学习。五大宫调早已成为我生命的一部分，虽然已经唱了60多
年，但只要还能唱，我会一直唱下去，让更多年轻人接受它、喜爱它。"刘长
兰说。

2016年8月，应中央电视台《叮咯咙咚呛》节目组之邀，刘长兰带领六
名五大宫调爱好者走进央视参加大型原创文化传承类综艺节目。在节目录制
现场，刘长兰等人手挽手走向舞台中央，偌大的音乐厅内，其声婉转，余音
绕梁，他们以清雅娴熟、温婉细腻的唱调征服了现场观众，展示了海州五大
宫调的独特魅力。

生：刘奶奶，在央视的舞台上表演，这样的经历您一定很难忘吧？

刘奶奶："为了这一刻，我等了60年！"刘长兰回忆说，她18岁那年，
邻居家来了一位叫钱乐山的先生，听他唱了一支五大宫调曲子，从此便痴迷
其中不能自拔，决定拜钱乐山为师学艺。"老师嘱咐我，海州五大宫调虽然演
唱难度高、唱词难记，但它是中华文化不可多得的瑰宝，要认真学习并努力
发扬光大。"这句话，我一直记在心中。

相关工作人员告诉我们，五大宫调成为非物质文化遗产后，政府非常重视，经过几年的摸索，构筑了一套具有地方特色的、由"一团、九堂、多点"相结合的传承体系。

生采访：什么是五大宫调的传承"一团、九堂、多点"，具体是怎么做的呢？

工作人员：一团是专业剧团的传承，是海州五大宫调传承与保护的重要一环。连云港市淮海剧团作为市级传承单位，先后为联合国教科文组织专家团、国家非遗保护中心和江苏省的领导和专家演出多场，均受到高度的赞扬。连云港市女子民族乐团邀请著名音乐家张晓峰先生指导排练海州五大宫调有关曲目，并到江浙一带巡回演出，宣传以五大宫调为特色的连云港地域文化，受到了各地观众的好评。

九堂是指目前小曲堂已从最初的两个由我和赵绍康两位国家级代表性传承人牵头的民间小曲堂，发展为如今较具规模的九个，社会团体的传承队伍也有了明显的壮大。

而多点是指大、中小学校层面传承。近几年，教学生唱五大宫调已成为连云港市的一项重要的工作内容。海州区所属的 22 所中小学校 3 万余人，自2010 年开始传唱五大宫调。连云港师专音乐系、新浦中学、新海小学将海州五大宫调作为校本课程引入课堂，目前已有近千名学生学唱。师专还成立了海州五大宫调艺术团，并将五大宫调列入乡土教材，并多次举办专场演唱会。

目前，连云港市艺术研究所主持探索的"一团、九堂、多点"立体式、全方位、多层次的传承体系的成功运行，使"海州五大宫调"的传承呈现出生机勃勃的局面。

"这些年，刘老师除了每周在小曲堂开设教唱课程外，还带领我们参加街道、社区各类晚会，在表演的同时不遗余力地普及海州五大宫调。"刘长兰的徒弟朱开兰表示，在老师的影响下，海州五大宫调民间小曲堂、传承基地已有 16 个，自发学练海州五大宫调的市民越来越多，不少大中小学生也加入学唱队伍中来，"朋友圈"越来越大。

"近几年，教学生唱五大宫调已成为我们一项重要工作内容。海州区 22 所中小学校 3 万余人，自 2010 年开始传唱五大宫调。"连云港市海州区文体旅游局副局长张敏说，目前新浦中学、新海小学已将五大宫调作为校本课程引入课堂，数千名学生正在学唱。连云港师专还成立了海州五大宫调艺术团，将五大宫调列入乡土教材，并多次举办专场演唱会，在高校学生中引起强烈反响。

"由于海州五大宫调多以民间自娱自乐形式演唱，很少新编曲目，同时内容大多反映封建社会士大夫阶层郁郁不得志的情绪，不适合中小学生习唱，这一非遗项目的提升和发展受到很大局限。"在对海州五大宫调进行长期调研后，连云港市非遗保护中心副主任徐洪绕坦言，让海州五大宫调"活"起来重振艺术光辉，要对曲调、曲牌的艺术表现形式加以创新。

令人欣喜的是，海州五大宫调这首"老调"正在唱出新曲。"海州五大宫调在列入第一批国家级非物质文化遗产名录后，我们文旅部门就立即组建了保护传承工作班子，建立保护工作机制和传承体系。"连云港市文化广电和旅游局非遗处相关负责人说。

"把传承人当作无价之宝，才有可能留住'非遗'这个无价之宝。"连云港市海州区文体旅游局局长桑爱越表示，在解决传承人生活等方面后顾之忧的基础上，连云港实施乡土人才"智富"行动，先后出台"非遗传承人表彰"等多项优惠政策，每年评选出 10 个非遗传承基地，补助 10 万元。

有了师徒传承、学校推广、政府的保护，如今，海州五大宫调得到越来越多的认可和传唱，日益焕发生命力，成为市民文化生活中精彩的一部分。

这之后，我市在连云港师专、市淮海剧团、市艺校等处建立五大宫调传习所，开设了社区小曲堂，而刘长兰也开始收徒传授。"非物质文化遗产传承人是乡土人才人群的重要组成部分，蕴含着'大智慧'，加强民间传统文化'智库'建设，挖掘非物质文化遗产传承人群潜能，具有非常重要的现实意义。"市文广新局非遗处副处长王源远，自 2007 年从事非物质文化遗产保护工作起，他就坚持工作在非遗普查、登记、申报工作一线，积极参与并组织全市项目、项目代表性传承人和传承基地评比、审报工作。

生：五大宫调能够一代一代传承下来，政府应该也是很关注的吧？

工作人员：是的，连云港加强了对传承人的保护和管理，创造良好的氛围，帮助他们更好地履行传承责任。首先，尽心为传承人解决传承过程中的实际问题。传承人刘长兰无生活来源，传承人的补助资金让她的生活有了一定的保障，使得她能安心从事传承工作。还积极联系社区等单位，协调小曲堂的活动，为小曲堂解决传承场地的问题，陇东社区、新中社区先后腾出专门场地作为五大宫调的活动场所，让社区玩友有了活动空间。

连云港还在原有的传承和保护体系上，提出了数字化生态博物馆的构想。为此，集中了演员和伴奏及爱好者约百人，拍摄了数个月，收集了近 10 万字的文字资料、数十小时的影音资料和数百张照片资料。与此同时，连云港还把海州五大宫调数字化生态博物馆各展示点和传承点有机地结合起来，市博物馆、市民俗馆、市淮海剧团、社区等单位密切合作，给予了大力支持，解决了部分数字化生态博物馆展示点的场地及设施。有关方面还为部分展示点配制了五大宫调图板，连接了网线，配置了电脑、音响等设施，已形成了社区、学校、公益性事业单位、专业团体、高校等各方共建五大宫调传承体系的框架。

其次，添置良好的演出设施设备。为传习所添置了音像设备，购买了演出服装，改造内部环境，使传承人有更好的活动空间及设施。近几年，还陆续为几个小曲堂添置电脑、音响、板凳、谱架、二胡弦等，还赠送了五大宫调乐谱和书籍。同时，加强对传承人的管理。连云港市还与省级以上传承人签订传承约定书，要求传承人自觉承担传承海州五大宫调的重任，每年新收徒弟一人。2011 年，海州五大宫调国家级代表性传承人刘长兰正式收刘南林为徒。

同时，连云港充分利用各种报刊、广播电视、网络等媒体，广泛开展海州五大宫调的宣传，增进全社会对传承人生活状况和技艺的了解，营造尊重、爱护和支持传承人的良好氛围。江苏卫视、上海东方卫视等多次播出五大宫调传承人的传承活动。

近年来，海州五大宫调参加了国家、省、市举办的各级比赛和活动，扩大了海州五大宫调在包括连云港在内的众多城市的知名度，吸引了社会各界相当多的关注，取得了很好的宣传效果，还组织赵绍康、刘长兰等 10 余名五大宫调知名玩友参加江苏省非物质文化遗产绝技展示。

联合国教科文组织的专家和官员 2006 年底到连云港市考察时，观看了市淮海剧团、海州五大宫调玩友和连云港师专三附小学生们演唱的海州五大宫调，对其给予了一致好评。2007 年底，市淮海剧团演员陈立才演唱的《天台有路》参加文化部在陕西西安举办的全国原生民歌大赛，荣获铜奖。这也是连云港市专业剧团演员首次在国家级艺术赛事中获奖。海州五大宫调还应邀参加上海东方卫视"非常有戏"栏目的拍摄并播出。2009 年，连云港市传承人陈立才、汪敏演唱的海州五大宫调中的"软平"和"南调"，应邀参加了北京首届传统音乐节展演，受到了众多专家关注。2006 年起，每年的"文化遗产日"都有市淮海剧团的演员、传承基地的学生等表演五大宫调的经典曲目，海州五大宫调越来越深受群众喜爱。

（3）学唱五大宫调《凤阳歌》。

3. 分享今日的收获

生畅谈感言：没想到双龙井的传说这么多，而且特别有意思。这口古井竟然有 500 多年的历史，它养育了一代又一代的海州人，见证了历史的变迁。

生畅谈感言：聆听了爷爷奶奶的演唱之后，我越来越喜欢五大宫调这项本土艺术了，希望自己长大后能成为海州五大宫调的艺术传承人。在观看五大宫调传承人表演之后，学生在日记中这样写道。

师总结：双龙井文化发展在海州文化发展中具有重要的历史意义。为了宣传文明，创造文化特色，以双龙井文化之品茶、听曲、游园、赏陶、诉古为系列主题的双龙井文化节也即将亮彩。

4. 集体乘车返回，进行活动总结

研学活动结束后，学生以小组为单位，对研学过程中采风所得的照片、资料等进行整合、分工，在家长和老师的帮助下创造自己感兴趣的双龙井非遗园文化作品，形成《双龙井非遗园研学集》，提供给连云港市、区旅游局和文化局。

（二）学时保障

1. 资料收集与交流（1课时）。

2. 采访方法指导1课时（1课时）。

3. 实地研学（1天）。

（三）研学过程评价

1. 评价标准

（1）是否听从研学导师的管理，有强烈的集体意识。

（2）是否积极主动参与各项活动，表现出合作探究的意识。

（3）在考察探究过程中，培养学生在社会交往层面的综合能力。

2. 评价方式

（1）同学互评。

（2）教师点评。

（3）导游评价。

（四）研学整体评价

评价内容	★★★	★★	★
游览过程中守纪、专心、认真倾听			
大声洪亮讲述自己知道的双龙井传说			
双龙井"生命轴"绘制			
掌握小组采访的技巧			
加工所搜集资料并提取有用信息			

五、有关保障

（一）教学活动保障

1. 行前准备

为了更好地达成此次研学旅行的目标，应针对参与研学旅行的所有学生和带队工作人员进行提前培训，让大家预先了解此次旅行的目的和意义，特别是要对课程的内容进行提前沟通。

2. 周密计划

一方面，带队教师要针对活动当天的教学进程和要点，认真做好课程设计和教学方案，并形成文本提前发放到每个学生手中；另一方面，组织者要在前期和当地旅游部门做好联络和对接的工作，综合运用多方教育资源，确保实现教学目标。

（二）安全保障

一是要在行前制定安全工作预案，各位工作人员定时定岗，明确安全责任与措施。二是要开展全面的学生安全教育，增强师生安全意识。三是要组织研学师生购买意外伤害险，校方要投保安全责任险，与家长签订安全责任书。

课程四　"小神山中草药探秘"研学旅行规划

（以连云港市云山小学五年级学生为例）

课程设计：杨雪

研学主体：小学四—六年级学生

一、研学背景

（一）研学旅行目的地简介

云山小学坐落在景色宜人的云台山脚下，周围风景秀丽，师生在大山灵气的浸润中成长。山川的秀丽孕育着优美的校园环境，校内绿意葱茏，百草茵茵，云台山上的中草药就是我们综合实践活动无尽的课程资源。其学校具有综合实践活动课程基地"小神山"，山上有数百种独具当地特色的"中草药资源"，是师生进行中草药知识探究的主要场所。

学校依托中草药课程基地，先后修建了"远志亭""文竹台""凌霄广场""益智长廊"等一批景观建筑，开辟了蔬菜、中草药种植园、果蔬等种植体验区，使昔日的荒山变成了学生劳动实践的乐园，为研学实践课程逐步开发提供了优质的资源。

（二）研学旅行性质与说明

1. 课程性质

劳动实践，传统文化。

2. 课程说明

借助"小神山"的地理位置优势，给予学生适当的中草药研究环境，相信通过对中草药的研究和了解，能够让我们学校学生在了解中草药文化的同时，能够体会我国中药的博大精深，并更深地了解家乡自然、社会文化，培养学生对家乡的热爱之情。

同时，发挥劳动实践场所的示范作用，提高小神山基地生产繁育的科技含量，增强学生实践能力的培养，加强学生对于农作物的培育能力。在劳动实践中，培养学生正确的价值观和人生观，激发学生学习的兴趣，培养他们的创造能力、劳动技能和创新精神，使他们养成善于观察、善于总结的良好习惯，提高学生动脑和动手相结合的能力。

（三）学生分析

连云港市云山小学五年级的小学生是本次研学旅行活动的主体。他们生活在后云台山的脚下，从小对于云山附近环境比较熟悉，同时因为身边有一些药农，所以大部分同学对于生活中常见的中草药具有一定的了解。另外，学校具有中草药特色文化课程，开展了一系列中草药文化融合课程，学生沉浸在具有浓浓药香的校园文化氛围中，对于中草药知识、文化有一定的了解基础。因此，学生们对研学导师所讲述的内容具有一定的理解能力，适宜开展本次研学之旅。

（四）研学过程中可能遇到的问题及对策

问题1：校园环境有限，所以学生对于中草药的认识更多停留在课本上，在实地考察过程中，会遇到大量不认识的中草药。

对策：提前带领学生做好相关的准备工作，实地考察过程中，学生带好校本课程《云山百草》，并且随身携带手机，可以借助各类 App 认识和了解草药。另外，学校聘请云台山药农做校外辅导员，全程进行讲解。

问题 2：时间紧，实践操作环节多，研学内容不易完成。

对策：发挥小队合作优势，根据兴趣将学生分成小队，分解任务，提高研学效率。

二、研学设计

（一）内容

1. 认识小神山上各类中草药。

2. 了解不同中草药的药性、生长环境、药用价值等。

3. 走进小神山实地劳作，体验劳动教育。

4. 动手培植中草药。

5. 采摘小神山农作物，品尝劳动成果。

（二）方式及手段

1. 讲授

（1）运用多媒体课件和视频，认识小神山的地理位置，介绍常见的中草药。

（2）收集有关中草药的传说、儿歌谚语等知识，趣味介绍中草药，激发学生研究兴趣。

2. 探究

（1）带领学生走进小神山，欣赏山上风景，同时实地考察认识山上部分中草药。

（2）开展中草药知识搜集、中草药培植、药膳美食制作等一系列探究活动，在探究中了解中草药知识，感受我国中医文化之神奇。

3. 体验

（1）学生现场采摘、培植中草药，品尝劳动成果，体验一分汗水一分收获的道理。

（2）尝试制作药膳美食，学生合作、分享。

（三）准备

1. 行前知识储备

（1）通过上网、查阅工具书、走访有关药农等多种途径，简单搜集有关中草药的资料，成立"中草药研究小组"。

（2）考虑到学生的性别、能力等不同因素，将学生分为若干小队，并队内推举选出队长。

（3）师生共同确定活动的基本任务和流程。

2. 技术准备

（1）PPT 演示文稿。

（2）收集中草药的图片和视频资料，做好交流探讨。

3. 器具准备

手机、中草药培植工具、中草药采摘工具等。

三、研学目标

（一）研学目标

1. 价值体认：让学生亲历中草药的培植、采摘等实践体验活动，发展学生对我国中草药文化的兴趣，形成积极的参与意识、劳动观念、态度。增强动手实践意识，能主动分享体验和感受。

2. 责任担当：通过实地考察、讨论、实践等方法让学生尝试参与各种特色中草药活动当中，并且通过亲身体验，体会劳动者的艰辛，以及传承我国中医文化的社会责任感。

3. 问题解决：参与各类劳动技能的训练，培养学生的合作探究能力和动手实践能力。

4. 创意物化：鼓励学生制作创意中草药种子粘贴画，在这个过程中，以提升审美情趣和表现美的能力，培养创新精神和实践能力，学会制作药膳美食。

（二）研学重难点

研学重点：

1. 认识常见的中草药

2. 了解中草药培植的知识要点，并动手实践。

3. 尝试制作药膳美食。

研学难点：

1. 注意活动过程中的安全因素，提前熟悉路线。

2. 培植中草药时，保证学生安全。

3. 制作药膳美食时，注意用火安全。

（三）问题框架

1. 生活中你都认识哪些中草药？

设计意图：激发学生的好奇心，当学生走进小神山，会带着目的去考察，发现自己认识的中草药，了解自己不认识的中草药的相关知识。

2. 培植中草药时，有哪些注意事项？

设计意图：学会规范地培植中草药的方法，增强自己的劳动能力。

3. 你都了解哪些中草药药膳美食，你知道制作方法吗？

设计意图：提前搜集和了解相关知识，为制作做好准备工作。

四、研学旅行过程

（一）一天日程安排

上午：

1. 步行至小神山脚下，欣赏远志亭、凌霄广场等景点的风景。

2. 分别认识山上"花区""蔬菜区""果树区"的中草药，在欣赏过程中，记录下自己认识的中草药，通过手机 App 软件的形式，了解其草药的药性、药用价值等，做好相关记录。

3. 采访山上药农、工作人员，进一步认识和了解山上的中草药。

4. 知识探究：

（1）教师介绍一些常见的识别
中草药的方法，并且提示学生有些
中草药开美丽的花，结好看的果，
要注意，可能是有毒植物。不要随
便乱采、乱吃、乱闻！如石蒜、黄
杜鹃等。

5. 在蔬菜区开展采摘活动，学生采摘丰收的果实。

如何识别草药？

认识草药最好是从实际经验出发，掌握草药的根、茎、花、果的形
态，气味的特点。具体如下：

※看植物的全貌：辨认它的形态，确定是草本还是木本；看植株的
高矮，是直立还是爬蔓；看茎的形态是有毛还是无毛，有刺还是无刺，
有须还是无须等。

※看叶：主要看叶的形态、大小，是对生还是互生，是有毛还是无
毛等。

※看花：花是植物分科分属的重要依据，看时不仅要看花的形态、
颜色，而且要看花着生的部位，是顶生还是腋生，花序的形式是伞形还
是头状等。

※看果：看果的外形和内部结构。

※闻气味：有些中草药有特殊的气味，可以用嗅觉的方法加以辨别。

（2）了解有毒的中草药的辨别方法。

1. 发出恶臭怪味的。
2. 有很强的苦涩和辛辣味的。
3. 接触皮肤后会引起过敏反应的。
4. 茎叶断面有渗出很浓的黏浆汁并有异味得。
5. 用作杀灭害虫的。
以上 5 条提示可能有毒，要特别注意。

（3）布置探究任务：

　　你认识的中草药中有哪些是有毒的？哪些是无毒的？请你查一查、问一问、填一填。

　　我所认识的中草药中有毒的有：＿＿＿＿＿＿＿＿＿

　　无毒的有＿＿＿＿＿＿＿＿＿＿＿＿＿＿＿＿＿＿＿＿＿＿

　　我是通过＿＿＿＿＿＿＿＿＿＿＿＿＿＿＿＿＿了解的。

（5）在蔬菜区开展采摘活动。

中午：

在小神山附近制作药膳美食，并且品尝。

（1）各小队分享自己知道的药膳美食和制作过程。

（2）教师做好安全指导。

（3）现场制作并品尝。

下午：

进行中草药的培植活动：

（1）教师示范讲解如何培植中草药，了解培植中草药的注意事项。

①填基土

先寻找小的瓦片，盖在花盆中央的小孔上，防止浇水时沙土随着水而流失。填基土时注意土量，既不能过多，也不能太少，占花盆的三分之一。

②植幼苗

栽培自己喜爱的植物幼苗，注意苗放正，放于花盆正中央。

③培土

培土时要保证苗扶正，土量不要太多，一点一点填入盆中。填好后轻轻压一压，使幼苗能够站稳。

④浇水

水量适中。

（2）学生分小组开展培植活动。

（3）教师现场点评。

（4）集体乘车返回，进行活动总结。

研学活动结束后，鼓励学生继续围绕中草药知识开展各类探究活动，如制作中草药的粘贴画、搜集中草药谚语等，并提出活动改进意见和建议，通过微信等网络平台进行交流与分享。

学生后续研究成果图片：

谚语搜集卡

药膳制作卡

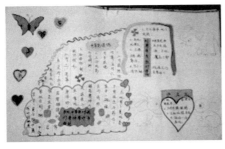

中草药手抄报

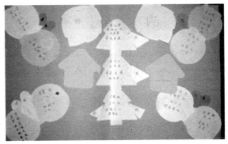

中草药知识搜集卡片

（二）学时保障

1. 中草药资料收集与交流（1 课时）。

2. 总结交流研学收获（1 课时）。

（三）研学过程评价

1. 评价标准

（1）是否积极主动参与研学活动，具有集体主义感。

（2）是否乐于搜集相关资料、采访药农，有主动探究意识。

（3）在劳动过程中，是否具有劳动实践能力。

2. 评价方式

（1）同学互评。

（2）教师点评。

（3）药农考核。

（四）研学整体评价

评价内容	★★★	★★	★
认识各类中草药，并能说出相关知识。			
能够成功培植中草药植物			
掌握药膳制作方法，色香味俱全			
了解简单的中草药文化			

五、有关保障

（一）教学活动保障

为了更好地开展研学旅行，教师提前做好安全准备工作，熟悉路线，提前预知各类风险并做好准备工作。

提前做好学生的知识储备工作，了解中草药相关知识，让学生有准备的实地考察，带着问题研学旅行，从而提高研学旅行的效率。

做好各类教学资源的整合，发挥资源优势，使学生研有所获。

（二）安全保障

1. 制定安全工作预案，各位工作人员定时定岗，明确安全责任与措施。

2. 做好学生安全教育，增强学生安全意识。

3. 购买相关意外伤害险，校方要投保安全责任险，与家长签订安全责任书。

课程五　"灌南汤沟酒酿造技艺"研学旅行规划

（以连云港市院前小学五年级学生为例）

课程设计：夏心家

研学主体：小学四—六年级学生

一、研学背景

（一）研学旅行目的地简介

汤沟酒酿造技艺（灌南汤沟酒酿造技艺）（江苏省第一批非遗项目）

汤沟酒产于江苏省灌南县汤沟镇。"南国汤沟酒，开坛十里香"，这是我国清代著名戏剧家、诗人洪昇在 311 年前为汤沟酒写下的诗句。正是汤沟酒，使灌南这个苏北小城声名鹊起，蜚声中外。

汤沟大曲起源于北宋年间，成名于明朝末年，据海州志记载，早在宋时，汤沟地区就有了酿酒作坊，鼎盛时达到 13 家。到了明朝末年，汤沟大曲经当时的滨海县殷福记商号运销日本和东南亚一带，汤沟酒开始为世人所瞩目。

汤沟酒酿造技艺是连云港市地方传统手工技艺。汤沟酒是江苏浓香型白酒的代表之一，其相关酿造技艺的产生、传承、发展均在灌南县汤沟镇境内。汤沟酒根据其质量可分为特曲、优曲和普曲。其中以特曲酒为优，其产品具有馥郁浓香、绵甜甘洌、不上头、不刺喉、尾净、回味悠长的特点。2007 年，汤沟酿酒技艺经江苏省人民政府批准列入江苏省"非物质文化遗产"名录。

（二）研学旅行性质与说明

1. 课程性质

考察探究、劳动实践、文化交流。

2. 课程说明

古今一法，天地同酿，汤沟酿酒坐拥 400 年历史，生生不息的酿酒文化造就其独特的风格，无与伦比的酿酒技艺让汤沟几百年来的味道得以延续，这里不仅有得天独厚的自然环境，优雅诗情般的人文芳华，还有匠心独运的制造工艺。香泉、鳖大汪、百年清朝老窖池等文化遗产与镇内已建成的酒街、香韵街、裕祥街、河下街交相辉映，生态文化酿造基地、汤沟酒业产业园两大功能板块，彰显人文特色。

研学旅行，就是路与书的融合。汤沟酿造技艺之旅，同学们可参观传统酿酒作坊、蒸馏车间、罐装生产线、酒文化展示体验中心，了解白酒发展历史及其文化内涵，亲身体验传统非遗技艺，感受中华文化精髓，体验了不一样的"大课堂"。

（三）学生分析

院前小学五年级孩子已经具备了一定的主动问题意识和实践能力，能够从生活和学习中挖掘自己感兴趣的活动主题，尝试着和同学展开小组合作学习，能够灵活运用一些探究问题的方法，搜集信息资料，分析和处理简单的问题，也能在活动中逐步形成良好的个人品质和提升自己的综合素养。因此，在五年级这个学段开展汤沟酿造技艺之旅，将课堂延伸至课外，给孩子一段不一样的体验，为孩子搭建一个敢于尝试新鲜事物的平台，让孩子发现更大的世界。

（四）研学过程中可能遇到的问题及对策

问题1：去灌南汤沟酒厂参观走访是不是等同于学校组织的一小部分学生的一次旅游活动。

对策：学校可以将此次参观、走访活动作为一项社会实践活动来组织。让学生围绕主题，生成几个相关的小课题，在老师的指导下，放手让学生尝试着去研究，难以解决或需现场体验的，可由学生带着问题去现场通过一些手段去解决。其次，根据活动深入开展的需要，设计切实可行的教育目标，让学生得到更加丰富的收获。

问题2：研学旅行过程中，没法确保每一个学生都能投入其中。

对策：研学活动安排，应尽可能地考虑学生的兴趣特点，多听学生的声音，充分尊重学生的意愿和需求。同时，要重视研学旅行过程中的评价，引导学生真正参与到活动中来。

二、研学设计

（一）内容

1. 了解汤沟酒的酿造历史。

2. 学会与酒有关的诗句。

3. 古代诗人与酒有关的故事。

4. 简单熟悉汤沟白酒的酿造流程和酿造方法。

5. 参观陶瓷器具展厅，感受古代人民的智慧。

6. 搜集身边人的饮酒状况与健康知识的综合调查分析，倡导人们健康饮酒的习惯。

7. 整理有关葡萄酒或米酒制作的资料，尝试自己动手制作葡萄酒或米酒。

（二）方式及手段

1. 交流互动

（1）通过抖音平台，观看《主播带你走进汤沟》节目，并就孩子们感兴趣的话题与主播进行互动，让学生初步感知汤沟的酿造技艺和企业文化。让学生明白做人也应该像汤沟企业文化一样，实实在在，人生亦如酒一样，只有经过多年沉淀，才会发出醇香。

（2）带领学生通过网络搜索、图书查阅、访谈身边人等形式，收集有关于汤沟酒的诗句和典故，拓宽孩子们的视野，进一步加深与自然界的亲近感，激发学生投身研究的热情。

2. 体验探究

（1）带领学生走进汤沟酒文化体验中心，跟随讲解员的脚步，文明参观汤沟酒制曲、制酒、储存、勾兑以及包装等整个生产流程，一起参观重温汤沟酒的发展历史，充分认识汤沟酒严谨的生产过程及精湛的传统工艺。

（2）走进国家级手工古法酿酒工艺文化体验区，在技术人员的引领示范和协助下，参与部分既定动作。

（三）准备

1. 行前知识储备

（1）通过上网、查阅工具书、调查身边人等多种途径，简单搜集有关汤沟制酒的历史资料，成立"汤沟酒酿造技艺研究小组"。

（2）分类整理需在参观过程中需要解决的问题，责任到人，分工明确。

（3）师生共同确定活动的基本任务和流程。

2. 技术准备

（1）抖音直播间平台，与主播互动。

（2）收集简单制作米酒或葡萄酒的相关资料，做好交流探讨。

三、研学目标

（一）研学目标

1. 价值体认：通过调查汤沟制酒文化和民俗的影响，培养学生发现问题、分析问题和解决问题的能力。

2. 责任担当：通过参观、讨论、分析、演示、亲手制作等方法让学生尝试参与白酒酿造的过程，并且通过亲身体验，体会劳动者的艰辛，以及传承家乡酒文化的社会责任感。

3. 问题解决：通过参观、体验，让学生对汤沟酒文化及韵味有初步的了解，培养热爱和传承中国悠久历史文化的感情。

4. 物化成果：提高学生对酒文化的探究兴趣，在父母老师帮助下，尝试酿造葡萄酒、樱桃果酒。

（二）研学重难点

研学重点：

1. 制酒的一般流程（制曲、踩曲、堆积、馏酒、润粮、上甑、摊晾、下窖、下曲）。

2. 一般白酒勾兑的方法。

3. 尝试酿制葡萄酒或米酒。

研学难点：

1. 学生是否积极投入，细致观察和聆听讲解，做到熟悉酿造的每一环节。

2. 参观过程的有序、有效以及行程中的安全。

（三）问题框架

1. 你知道汤沟酿制技艺怎么一下子成为非遗项目的？

设计意图：激发学生的求知欲，让学生通过调查、交流、访谈等形式的研究，明白汤沟酒的厚重历史和文化积淀，有着它本身所独有的魅力。

2. 你知道纯粮酿造和勾兑酒区分的方法吗？

设计意图：走进白酒制作车间，与技术员互动交流，学会简单地从味、浓度、风格上进行分析。

3. 你知道汤沟酒有哪些系列吗？

设计意图：提前搜集资料，了解相关知识，参观时交流互动。

四、研学旅行过程

（一）一天日程安排

上午：

1. 乘坐旅行车至灌南汤沟文化体验中心。

2. 观看汤沟酒文化宣传片。在观看过程中，侧重了解汤沟的文化、企业的精神，以及汤沟白酒在国际、国内的知名度和今后的展望。

3. 参观汤沟酒厂，感受浓烈的酒乡文化。参观过程中，记录下酿酒工艺流程，就一些疑难问题及时与讲解员互动交流。

下午：

1. 组织学生参观省级保护文物——四百年酿酒老窖。品尝"香泉"水，观赏"鳖大汪"。

2. 二郎神文化遗迹公园，游园赏景，感受博大精深的道教文化和中华孝文化。

3. 学生乘车返回，教师车上点评总结。

（二）学时保障

1. 观看抖音平台《主播带你走进汤沟》节目（1课时）。

2. 葡萄酒或米酒制作分享（1课时）。

（三）研学过程评价

1. 评价标准

（1）研学前获得间接经验阶段：能否了解汤沟酒酿造的历史并知晓酿造技艺的一般流程。是否明确自身需要关注的重点知识。

（2）研学中获得直接经验阶段：多感官地进行观察，能主动提出有价值的问题，并能运用恰当的方法解决问题。

（3）研学后整理经验阶段：能对搜集的信息进行整理，形成自己的观点或作品并能运用恰当方式分享自己的作品。

2. 评价方式

可以通过学生的听课状态，完成小组内分配任务是否及时等方面来评价，也可通过学生的体验状态、参与程度、是否提出有价值的问题等来评价，还可通过学生的作品、交流表达、参与程度等来评价。

（四）研学整体评价

评价内容	★★★	★★	★
能基本了解汤沟酒酿造的历史，能知晓或背诵几首关于酒的诗句			
主动提出问题，能灵活运用有效途径解决问题			
多感官地观察、了解，过程记录翔实			
掌握制酒流程，了解影响酒的因素			

五、有关保障

（一）教学活动保障

1. 研学前准备

（1）师生熟知此次外出旅行的目的和意义，并分小组落实相关问题和任务。

（2）召开班级家长会，向家长宣传研学旅行课程方案，并适时选出部分家长代表参与活动的全过程。

（3）检查各项课程准备工作，关键环节细致查看（校医、药品），确保万无一失。

2. 周密计划

（1）加强与汤沟酒文化体验中心负责人的联系，提前将学校研学旅行课程方案传至对方，让对方提前准备，以保证研学活动的有效开展。

（2）制订切实可行的量化管理的评价方案，让学生研学实践期间有计划、有目标、有收获。

（3）加强对教师的培训，让教师熟悉研学旅行过程的各个环节，能对学生所遇问题及时解惑，激发学生在参观、体验过程中的潜能，让学生最终有所获。

（二）安全保障

学校制定研学旅行安全预案，明确主体责任，落实相关责任人。为师生购买意外险，校方责任险，与家长签订安全责任书，与受委托开展研学旅行活动的汤沟集团签订安全责任书，从而落实各方责任。给学生讲解安全出行的知识和规则，引导学生规范自己的行为，远离危险源头，树立安全意识和规则意识，提醒和教育学生，要熟记带队老师联系方式，若真的遇到突发事件，及时报告带队老师进行处理。

课程六　"汪恕有滴醋酿制技艺"研学旅行规划

（以连云港市院前小学五年级学生为例）

课程设计：王宽海

研学主体：七—九年级学生

一、研学背景

（一）研学旅行目的地简介

汪恕有滴醋制作技艺（江苏省第二批非遗项目）

汪恕有滴醋是江苏省连云港市古镇板浦汪氏以手工技艺酿制的烹饪作料。其创始人汪一愉于清康熙十四年（1675年）开始以制醋为业，取宋苏轼为汪氏宗谱所题"恕心能及物，有道自生财"一联的首字，挂牌"汪恕有醋坊"。汪氏酿醋时，采用大缸发酵，醋从缸壁的底部孔中滴出，且该醋味浓，酸度亦高。烹饪时，特别是拌凉菜时，只需数滴，便使菜肴酸中透出绵甜香郁，所以称为"滴醋"，在醋品中独树一帜。故清代学者袁枚在《随园食单》中盛赞"板浦醋为第一"。淮海地区民间在谈到做菜作料时，"香滴醋"已成俗语。汪恕有滴醋以优质高粱为主料，以麸皮、小麦、豌豆等为辅料，采用固态发酵方法，人工翻醅、淋醋。成醋装入陶罐露天存放半年以上方才出厂，醇香绵甜，酸中有香，愈陈愈香。每道工序的火候，存放时间都凭手试、眼观、鼻闻，其技艺全凭口传心授。自汪一愉首创以来，现已至第十一代传人，始终恪守"传男不传女，传嫡不传外，传媳不传婿"的祖训，祖传配方，秘不示人。现以第十一代传人汪宗遂为厂长的"汪恕有滴醋厂"，研制开发了调味、保健、风味三大系列共 20 多个品种，已被国家商务部命名为"中华老字号"。

（二）研学旅行性质与说明

1. 课程性质

实践活动，历史文化。

2. 课程说明

板浦镇位于连云港市南大门，北距连云港市中心仅 15 千米，镇区总面积 80.84 平方千米，耕地 7.47 万亩；总人口 6.5691 万；辖有 5 个社区居委会和 16 个行政村。著名非遗项目汪恕有滴醋厂就位于该镇境内，汪恕有滴醋于清康熙十四年（1675 年）创牌，历时 300 载，名扬海内外，曾得到乾隆皇帝的赞誉和袁枚《随园食单》的推崇，80 年代以来，先后荣获市优、省优、部优产品证书和国际国内许多金牌奖杯，为江苏省著名商标，现已发展到 3 大系列 20 个品种，产销两旺，盛誉不衰。汪恕有滴醋厂为省明星企业，年生产能力达 1 万吨，是苏北地区最大的食醋专业生产厂家；2005 年 10 月，被确定为"全国工业旅游示范点"。

了解汪恕有滴醋的传统制作工艺流程，首先是原料处理，接着是酒精发酵工艺，然后是醋酸发酵工艺，再接着是熏醅淋醋，紧接着是加热灭菌，最后是包装检验，出厂，最终进入市场销售。中国传统醋文化以儒家文化和哲理为核心，是中国传统文化的精髓，我们要加以保护和传承，从知行合一的方面入手，传承中国传统的美食文化。

此次走进连云港市知名企业汪恕有滴醋厂开展实践活动，了解滴醋的制作工艺流程，学习滴醋的制作方法，锻炼学生的劳动技能，培养学生保护环境的意识及热爱家乡的感情。

（三）学生分析

连云港市西苑中学的学生是本次研学旅行活动的主体。他们生活在城市，平时对乡村生活的体验并不是太多，所以他们对本次研学活动有着极大的热情和向往，当老师提出了研学计划时，他们都踊跃地报名参加。

（四）研学过程中可能遇到的问题及对策

问题1：对滴醋的认识仅停留在网络上或书本上，对实地考察所见到的内容认识不对等。

对策：带领学生走进醋厂，现场观看醋厂工人师傅的一系列工作流程，尽可能多地安排讲解人员在现场给予同学们解说。

问题2：由于平时相关研学活动参加次数不是很多，学生的安全出行有待加强。

对策：出行之前制定周密的安全防范措施，小组分工，互相监督，确保安全保障得到落实执行。

研学设计

（一）内容

1. 了解汪恕有滴醋的历史。

2. 了解汪恕有滴醋闻名海内外的原因。

3. 走进醋厂实地参观，体验劳动教育。

4. 走进滴醋制作车间，认识滴醋制作流程。

5. 学习滴醋食用技法，品尝劳动成果。

6. 促进学生对家乡醋文化的认知，增强热爱家乡的感情。

（二）方式及手段

1. 讲授

（1）运用多媒体课件和视频，了解汪恕有滴醋厂的地理位置及人文环境。

（2）收集汪恕有滴醋的历史发展进程，感受家乡的历史文化底蕴。

2. 探究

（1）带领学生走进醋厂，按照老师和解说员的统一要求，对厂里的图片宣传资料有一个初步的认识，体会制醋工人的艰辛。

（2）走进制醋车间，在制醋工人的指导下，参与部分制作工序，探究不同制作流程中需要注意的事项。

（三）准备

1. 前期准备

（1）课程导入，学生收集关于汪恕有滴醋的相关资料及新闻报道等。

（2）学生交流各类资料内容，老师有针对性地给予学生适当的评价及指导，并提出走进工厂参观时的注意事项。

2. 技术准备

（1）PPT 演示文稿。

（2）收集汪恕有滴醋的图片和视频资料，做好交流探讨。

3. 器具准备

笔记录本、手机或相机、统一的服装。

二、研学目标

（一）研学目标

1. 增强学生的价值认同：让学生亲身参观工厂的品牌文化，体验工人师傅的制醋流程，发展学生对家乡特色历史文化的兴趣，形成积极的参与意识、劳动观念、态度。促进学生对家乡的热爱之情。

2. 增强学生责任担当能力：通过参观、讨论、分析、演示、观看工人师傅制作等方法让学生尝试参与制醋的各个工作流程，通过亲身体验，体会劳动者的艰辛，以及传承家乡醋文化的社会责任感。

3. 提升学生的审美能力：通过观看工厂的图展、影像资料及车间的工艺流程，提升审美情趣和表现美的能力。

（二）研学重难点

研学重点：

学习制醋的工艺流程：原料处理—酒精发酵工艺—醋酸发酵工艺—熏醅淋醋—加热灭菌—包装检验—出厂销售。

研学难点：

提升学生的审美能力：通过观看工厂的图展、影像资料及车间的工艺流程，提升审美情趣和表现美的能力。

（三）问题框架

1. 你了解汪恕有滴醋的相关情况吗？

设计意图：激发学生的好奇心，当学生走进醋厂时，与自己已了解的知识进行比较，体会从网络上了解的知识和现实情况的比较。

2. 在制醋过程中哪些工艺会对醋的品质有影响？

设计意图：让学生了解制醋工艺流程中的注意事项。

3. 你知道手工制醋与机器助力制醋的差别吗？

设计意图：走进制醋车间，感受现代化设备带来的工作效率，比较手工制醋的区别。

4. 醋在美食文化及保健养生中的作用？

设计意图：让学生明白各种醋产品在美食文化及保健养生中起着不可或缺的作用。

（四）研学旅行过程

一天日程安排

上午：集合参观

一、早晨 7 点学校前院集合，统一乘车去海州区板浦镇的汪恕有滴醋厂。

二、参观汪恕有滴醋厂的展览室，请工作人员讲解相关的展图，并引导参观。

板浦镇地灵人杰，有着丰厚的文化底蕴，古往今来，荟萃了众多才子名流：经学大师凌延堪，著名学者许乔林、许桂林、乔绍侨、乔绍傅、吴振勃，武状元卞賡，女戏剧作家刘清韵，现代中科院院士汪德昭、汪德熙、程培津，科教文界名人汪德耀、朱仲琴、江问渔、朱琳、程君复、武心慈，解放军少将丁文斋、刘长斌等都是板浦人。一代文坛巨匠李汝珍在板浦写成了不朽名著《镜花缘》。板浦镇是工业重镇，现有工业企业 28 家，已形成棉纱纺织、医疗保健、食品酿造、医用耗材等支柱产业；骨干企业主要有华丰纺织（连云港）有限公司、连云港银鑫纺织有限公司、连云港惠庭实业有限公司、连云港市汪恕有滴醋厂和西都生化有限公司。而这些产业中尤其以汪恕有滴醋厂最为著名。

汪恕有滴醋厂的展区一共两个，参观师生随着讲解人员的步伐边欣赏展馆里的图展，边听讲解员的介绍。这片展区是讲述汪恕有滴醋厂的发展历史，从康熙十四年（1675年），汪一愉在当时的板浦场盐课司大使田种玉（渭南人，康熙七年任职）的支持和倡导下，在自家作坊门口挂上了"汪恕有"的金字招牌，两旁对联为"恕心能及物，有道自生财"。从此，"汪恕有"滴醋在古海州乃至两淮地区打响了。清时海州历任知府都特喜食用汪醋，经常派人到板浦"汪恕有醋坊"来挑运。

乾隆十六年（1751年）春，乾隆皇帝二次下江南船过运河，海州知府方鲁前往觐见，在所贡献的地方名特产品中就有"汪恕有"滴醋。乾隆皇帝开始时不屑一顾，但品尝后顿感酸醇爽口、回味悠长，不由得龙颜大悦，失声连赞"美哉！美哉！"皇帝金口玉言一出，"汪恕有"滴醋则名气大增，一度作为皇室贡品。中国传统文化以儒家文化和哲理为核心，是中国传统文化的精髓，我们要加以保护和传承，并充分发扬家乡传统醋文化思想，加深对人们社会主义核心价值观教育，从知行合一的方面入手，将此次研学活动外化为积极的爱国主义行动。

学生关注点：了解汪恕有醋厂的发展历史，以及对家乡经济文化的贡献。

（1）学生听介绍，观看图展思考。

（2）提出自己的疑惑与问题。

（3）解说人员答疑解惑。

三、分组争当优秀解说员

学生在现场接受解说人员的培训，掌握解说的技巧与注意事项，并现场当起解说员。

（1）先为自己的同学和老师讲解，并让同学和老师提出批评意见。

（2）选派优秀代表为外来的嘉宾和参访者进行现场解说，充分地锻炼学生的语言表达能力和自信心。

下午：

一、走进车间，观赏制醋工作流程。

1. 将学生分成若干小组，每组选出组长。

2. 将各组组员分别派到各个工艺流程的现场。

3. 观看各条流水线的工人师傅的制醋情况。

制醋流程如下：

（一）原料处理

1. 粉碎：精选红高粱磨碎，以 40 目为标准。高粱要求颗粒饱满，无杂质，无变质（友情提醒：所选高粱必须质地上等）。

2. 润料：以100kg 高粱为单位，每100kg 加50kg 水。搅拌均匀，堆放12 小时以上，夏天要摊开，冬天要堆起（友情提醒：时间要得到充足的保证才行）。

3. 蒸料：润料后，送入高粱蒸煮锅进行蒸料。上汽后蒸 2 小时，以蒸透不粘手，无硬心为标准。

4. 冷却：高粱经蒸料后，出锅放入加有原料 2 倍水的原料池中冷却。当温度降低至26℃~30℃时，加入用大麦、豌豆制作好的大曲，并搅拌均匀。

（二）酒精发酵工艺

1. 入缸：原料经蒸熟、冷却、加曲、搅拌后，放入酒精发酵缸中，并加入 1%的酒精酵母和 100kg 水/100kg 原料。

2. 前发酵：前发酵期为 4 天，每天搅拌 2 次，温度最高为 33℃~35℃。

3. 后发酵：后发酵为 8 天，前发酵结束后，密封酒精发酵缸。

（三）醋酸发酵工艺

1. 拌醅入缸：酒精发酵后将酒精醪，取出酒精发酵缸，拌入麸皮、谷糠。水分以 63%，搅拌均匀为标准。放入醋酸发酵缸中。

2. 接火：新拌好的醋醅放入醋酸发酵缸中 6 小时，接入发酵三天的火醅以 43℃~45℃为标准，接醅量以 10%为标准。

3. 中醅发酵：醋酸发酵前期为中醅发酵，每天翻搅 2 次。温度为 40℃~45℃。

4. 熟醅加盐：醋酸发酵为期 9 天，当醋酸发酵成熟后加入食盐。

（四）熏醅淋醋

1. 熏醅：取 40%的醋醅进行熏蒸 4 天，每天翻醅 1 次。温度不超过 80℃。

2. 淋醋：60%的醋醅与 40%的熏醅放入淋醋池后，用开水浸泡 24 小时，然后淋出新醋。

（五）加热灭菌

将醋放入灭菌锅，加入香料，100℃灭菌 15 分钟。

（六）包装检验

包装成品经理化、卫生检验合格后入库。

（七）出厂销售

合格成品出厂。

4. 学生加入工人师傅的队伍中，亲自体验制醋的劳作。让学生体会劳动者的艰辛。

5. 各个小组集中：分享每个小组的收获感受，就每个工艺流程中重点需要注意的事项和要点进行强调，让学生多加关注。

四、学习了解醋在现实生活中的各种用途

1. 现场采访，邀请工人师傅说说醋的各种用途

（1）食醋对人体十分有益，有杀菌消毒的作用。如果经常食用，可以提高人体的免疫力，帮助抵御外界病毒的入侵。

（2）食醋也可以用于清洁物品，将物品表面的细菌杀灭干净。比如洗手洗脸，清洁小孩子的一些玩具。

（3）一些新买的日常用具，比如碗筷，可以用加有食醋的水煮十几分钟，既可以杀死它们表面的细菌，还可以祛除一部分这些物品在制作过程中所用到的化学物品，使用起来更加安全。

（4）食醋在厨房中不仅可以用来调味，它还有着很多的作用。比如祛除海鲜河鲜产品的腥味，嫩化肉质，使肉类更加鲜美。

（5）清洗蔬菜水果，也可以先用加有食醋的水洗一次，再用清水洗一次。

可以有效去除蔬菜水果表面的细菌，吃起来能更加的放心。

（6）另外，食醋还可以用来防止脱发过多和解决头屑问题。在洗头的水中加几勺食醋，能起到一定的效果。

2. 活动总结，集体乘车返回

研学活动结束后，每名学生撰写一篇关于此次研学活动的心得体会，或整理好自己拍摄的照片视频，并提出活动改进意见，通过微信等网络平台进行交流与分享。

学时保障

1. 汪恕有滴醋厂资料的收集与交流（1课时）。

2. 观看汪恕有滴醋厂的历史发展视频资料（2课时）。

研学过程评价

1. 评价标准

（1）在小组中是否有主人翁意识，是否服从组长的管理。

（2）是否积极主动参与各项活动，并在活动中得到大家的认可与赞誉。

（3）在体验活动中是否有安全意识，并能有自己独特的感受。

2. 评价方式

（1）自评。

（2）小组互评。

（3）教师点评。

研学整体评价：

评价内容	★★★	★★	★
参观展馆时纪律，以及为小组增光添彩的意识			
熟悉制醋工序，了解影响醋质量的关键因素			
了解醋在生活中的各种用途			
各阶段活动中学生的表现情况			

相关保障

（一）教学活动保障

为了能圆满完成此次研学旅行的目标，对参与研学旅行的所有学生和带队工作人员进行提前培训，让大家了解此次旅行的目的和意义，特别是对课程的内容要提前了解，做好相关材料准备。一方面，带队教师要针对活动当天的教学进程和要点，认真做好课程设计和教学方案，并形成文本提前发送到每个学生手中；另一方面，组织者要在前期和汪恕有滴醋厂的相关工作人员进行沟通，确保参观研学活动的顺利开展。

（二）安全保障

在开展研学活动前就制定好安全工作预案，各位工作人员明确安全责任与措施。开展全面的学生安全教育，增强师生安全意识。组织参加研学师生购买意外伤害险，与家长签订安全责任书。

课程七　"走进淮海戏　魅力润童心"研学旅行规划

（以连云港市海州湾小学五年级学生为例）

课程设计：伏琴

研学主体：小学生

一、研学背景

（一）研学旅行内容简介

淮海戏（江苏省第二批非遗项目）

淮海戏是江苏省主要地方戏曲剧种之一，流行于连云港市、淮安市、宿迁市及徐州市、盐城市部分县区。淮海戏的形成，已有 200 多年的历史。相传清代乾隆年间，海州一带流行由秧歌号子发展而来的"太平歌"和猎户所唱的"猎户腔"，有邱、葛、杨（一说张）三人将其加工润色为"怡心调"和"拉魂腔"，并以此来演唱农村生活和民间故事。后邱去淮北，葛去山东，杨留在海州，他们各自吸收了当地民歌和语言的特色，遂形成泗州戏、柳琴戏和淮海戏。

淮海戏音乐唱腔丰富多彩，深受广大群众的欢迎。女腔以"好风光"为基本腔，以"二泛"等为辅助唱腔；男腔以"东方调"为基本腔，以"金风调"等为辅助唱腔。唱腔的特点是乐句的尾突然翻高八度且耍腔，具有拉人魂魄的艺术魅力。淮海戏的传统剧目有"三十二大本，六十四单出"之说，其中《皮秀英四告》《三拜堂》《催租》等久演不衰，在苏北地区几乎家喻户晓。淮海戏的一些表演身段明显脱胎于苏北农村生活，具有浓郁的乡土气息。

（二）研学旅行性质与说明

1. 课程性质

实践研究，历史文化。

2. 课程说明

淮海戏，是江苏省独具特色的剧种，在江苏省北部、宿迁市和淮安、盐城两市北部等城镇地区广为流传。据清代李调元《雨村剧话》记载："秦腔始于秦州，盛于长安，流入晋、冀、鲁、豫至淮水止。"由此推断，淮海戏本为秦腔的一支，在发展中才逐渐形成具有浓郁民间气息受老百姓喜爱的新剧种。

"走进淮海戏 魅力润童心"，首先是带领学生了解淮海戏，了解淮海戏的起源、形式，以及历史发展，了解淮海戏在家乡、校园的传承，体会传承淮海戏这一中华传统文化的意义。

中国传统戏曲文化来源于老百姓的生活，是老百姓日常生活的真实写照，反映了老百姓对生活的美好愿望，本次研学从知行合一的方面入手，此次研学活动走进戏院，走进戏曲人物，真实感受淮海戏的魅力，增强学生热爱家乡的感情，热爱祖国传统文化的情感。

（三）学生分析

连云港市海州湾小学五年级"国粹文化"社团学生是本次研学旅行活动的主体。他们在生活中对戏曲有一定的了解，因此对这次研学活动也有了很大的期待，热情和兴趣贯穿活动始终。这个阶段的孩子已经具备一定的研学能力，之前通过网上查阅、社会访谈对淮海戏已经有了初步的了解。同时，我校"国粹文化"也开展了相应的社团活动，因此，学生们对研学导师所讲述的内容具有一定的理解能力，适宜开展本次研学之旅。

（四）研学过程中可能遇到的问题及对策

问题1：对淮海戏的认识不够，可能导致研学活动不能达到预期的效果。

对策：带领学生先期搜集资料，课堂交流展示，筛选更具价值的问题。

问题2：行程满，戏院以及相关被采访人的联系需要先期做好充分的准备。

对策：加强沟通，同时合理安排实践路线。

二、研学设计

（一）内容

1. 了解淮海戏的历史。

2. 认识淮海戏在家乡的传承。

3. 走进校园、戏院设身处地地感受淮海戏的"唱念做打"的魅力。

4. 采访艺校霍一君表演艺术家，认识家乡"淮海戏"作为非物质文化遗产在全国的影响。

5. 模仿表演，促进对家乡艺术文化的认知，增强热爱家乡的感情。

（二）方式及手段

1. 讲授

（1）运用多媒体课件和视频，认识淮海戏的历史起源、发展。

（2）收集淮海戏相关资料，感受家乡的艺术底蕴。

2. 探究

（1）带领学生走进校园。学生通过观察、采访，了解淮海戏在身边的流传形式。

（2）走进戏院，在戏曲演员的指导下观看淮海戏，适时进行采访活动。

3. 体验

（1）模仿表演，学生在"穿穿演出服""模拟唱选段"的活动中近距离走进家乡艺术文化从而增强热爱家乡的感情。

（三）准备

1. 研学前知识储备

（1）课程导入，学生收集关于淮海戏的各类资料。

（2）学生交流各类资料内容，老师讲授去戏院的各项注意事项。

2. 技术准备

（1）PPT 演示文稿。

（2）收集淮海戏的图片和视频资料，做好交流探讨。

3. 器具准备

摄像机、照相机。

三、研学目标

（一）研学目标

1. 价值体认：让学生在观一观、问一问、动一动等实践体验活动中，发展学生对家乡淮海戏的历史文化兴趣，形成积极地传承家乡文化的意识，增强民族自豪感。

2. 责任担当：通过参观、讨论、分析、演示等方法让学生亲身体验淮海戏的魅力、淮海戏传承人的精神世界，以及传承家乡传统文化的社会责任感。

3. 问题解决：参与观看、采访、表演等活动，培养学生的合作探究能力以及沟通协调能力。

4. 审美提升：通过观看欣赏，提升学生的审美情趣和表现美的能力。

（二）研学重难点

研学重点：

1. 观看淮海戏演出。

2. 采访身边的戏剧人物。

3. 模仿表演。

研学难点：

1. 与戏院的联系。

2. 与采访人物的先期沟通。

3. 模仿表演，注意各类服饰、道具的保护以及人身安全。

（三）问题框架

1. 你知道淮海戏的历史吗，知道淮海戏与家乡的关系吗？

设计意图：激发学生的好奇心，了解家乡戏曲文化的历史底蕴。

2. 你知道身边有哪些淮海戏的表演艺术家？

设计意图：让学生知道淮海戏就在身边。

3. 你知道淮海戏唱法的特点，想不想来两句？

设计意图：走进戏院，亲身体验，走进家乡的戏曲文化。

四、研学旅行过程

（一）一天日程安排

上午：乘汽车到连云港大剧院。观看淮海戏剧目《樊梨花》《皮秀英四告》。

实地进行访谈学习、模仿表演。

1. 首先观看纪录片《淮海戏的前世今生》

清代乾隆和嘉庆年间，因处于太平盛世，经济发达，文化也得以繁荣，淮海戏艺人的数量更是达到前所未有，艺人的活动不受人约束，一般为个体分散活动，很少组成戏班演出。他们走南闯北，在农家门前演唱要点食物和清水，所以也被称为"打门头词"。而且演唱的内容也多是民间流传的历史神话故事和民间俗事故事，伴奏的乐器主要是一把三弦，老百姓称"三刮调"。直到道光年间，戏班才开始成群地出现，到处演出，表演固定的剧目，剧情较为简单，这是小戏的最初形式。光绪年间，受徽剧、京剧的影响革新了唱腔，丰富了曲目和表演技巧。后来在中国共产党的帮助下，排演了很多关于现代生活的剧目，并在 1947 年成立大众淮海剧团，从此，小戏命名为"淮海戏"，正式登台演出。淮海戏唱腔轻松明快而又显得高昂慷慨，始终扎根在人民的生活中，乡土气息浓厚，有独特的地方特色，很受百姓的喜欢。主要以板式唱腔为主，男女演员同腔不同调。伴奏乐器以三弦、高胡、竹笛、唢呐为主，另外还有呼胡、琵琶、扬琴等乐器。因为淮海戏既能在舞台上演出，也能在乡间街头摆戏摊演出，所以很多民众在行走或者农闲时都会哼唱两声淮海戏来解闷，成为当地不可缺少的文化娱乐。在表演形式上，淮海戏也根据民间动物采取仿生物学，创作了鸡创塘、野鸡溜、驴打滚、猪吊腰、鳖爬走、狗拜年等诙谐幽默的表演形式，还根据人行走的特点创作了脚尖走、穿八字、膝盖走、矮步蹭等表演形式，生动有趣，深受百姓欢迎。淮海戏的经典剧目也有很多，反映现实生活题材和农村的现代戏，更为老百姓喜爱。20世纪70年代末到80年代末，淮海戏更是登上了顶峰。2006年，淮海戏入选国家级第一批非物质文化遗产名录。然而随着西方文化的冲击和电视电影的普及，人民群众的文化生活日益多元化，对淮海戏的兴致日渐式微，尤其是年轻人喜欢戏剧的更是少之又少，随着城市化进程的加快，人们的生活节奏也逐渐加快，人心变得浮躁，静下心来品味淮海戏已经成为奢侈。目前剧团主要以老年演员为主，淮海戏的绝技面临着后继无人的危机，因此抢救和保护历史文化内涵丰富的淮海戏已经迫在眉睫。

2. 观看淮海戏剧目《樊梨花》《皮秀英四告》

学生关注点：认识淮海戏的表演形式、内容，感受淮海戏的唱腔特点。

3. 实地采访

了解淮海戏目前的流行趋势，学生进行实地采访，问询工作人员相关问题。

如：淮海戏曲的上演时间、剧目安排；观看人群以及反响，做好摄像和记录工作。

学生关注点："淮海戏"目前受欢迎的程度，普通老百姓、小学生对淮海戏的认知度。

4. 分工合作　亲身感受

各位同学近距离感受了淮海戏，对于参与表演肯定是热情满满，让孩子们穿穿服饰，跟着表演艺术家们吼两嗓子，比画两下，交流探讨表演感受。

下午：参观连云港艺校，了解学校戏曲专业开设情况；采访霍一君老师

1. 参观连云港艺校，聆听学校学生处老师做讲解艺校简介以及学校开设戏剧专业情况

连云港市艺术学校创建于 1959 年，是连云港市唯一一所公办全日制中等艺术专业学校。学校占地面积 70 亩，校舍建筑面积 3.8 万平方米，是一所文化底蕴深厚的园林式学校。经过近 60 年的艰苦奋斗和辛勤耕耘，学校已发展成为专业设施齐全、师资力量雄厚的艺术类专业学校。2018 年，学校获评江苏省优质特色职业学校。

学校设有舞蹈表演、音乐、美术设计与制作、戏曲表演、乐器修造五个专业。其音乐专业为国家级民族文化传承示范专业、省级特色专业；舞蹈表演专业为省级特色专业、省级示范专业、省级课程改革试验点；戏曲表演专业为国家级非物质文化遗产淮海戏传承基地；艺术表演专业群被评为江苏省现代化专业群；学校艺术剧院为省级高水平示范性实训基地。

学校主要任务是为社会培养艺术精品人才和为高等艺术院校输送优秀毕业生，开设公共基础课程和专业技能课程。毕业生高考升学率稳定在 90% 以上，舞蹈表演专业高考升学率多年达 100%。

学校组建的青年歌舞团，先后受国家文化部、中国侨联委派赴欧、美、亚、非等数十个国家和港澳台地区进行文化交流演出，并作为江苏省职教艺术团（分团）、连云港市廉政文化艺术团，每年承担"江苏省高雅艺术进校园""连云港市廉政文化乡村行"等演出活动。

近年来，学校被授予"江苏省精神文明先进单位""江苏省文化系统先进集体""江苏省中等职业学校先进集体""江苏省中等职业学校德育工作先进集体"等荣誉称号。

2. 采访淮海戏表演艺术家霍一君

霍一君老师：国家二级演员、国家级非遗项目淮海戏唯一省级代表性传承人。

学生问题预设：

您几岁开始学习淮海戏？您表演了哪些淮海戏剧目？我们小学生如何传

承"淮海戏"文化精髓？

（二）学时保障

1. 淮海戏资料收集与交流（1课时）。

2. 观看淮海戏历史发展视频资料（1课时）。

3. 研学活动时间（1天）。

（三）研学过程评价

1. 评价标准

（1）是否听从研学导师的管理，有强烈的集体意识。

（2）是否积极主动参与各项活动，表现出合作探究的意识。

（3）在展评活动中是否体现出学习成果。

2. 评价方式

（1）同学互评。

（2）教师点评。

（3）家长参评。

（四）研学整体评价

五、有关保障

（一）教学活动保障

1. 研学准备

为了更好地达成此次研学旅行的目标，应针对参与研学旅行的所有学生和带队工作人员进行提前培训，让大家预先了解此次旅行的目的和意义，特别是要对课程的内容进行提前沟通。

2. 周密计划

一方面，带队教师要针对活动当天的教学进程和要点，认真做好课程设计和教学方案，并形成文本提前印发到每个学生手中；另一方面，组织者要在前期和剧院、艺校充分联系，综合运用多方教育资源，确保实现教学目标。

（二）安全保障

一是要在行前制定安全工作预案，各位工作人员定时定岗，明确安全责任与措施。二是要开展全面的学生安全教育，增强师生安全意识。三是要组织研学师生购买意外伤害险，校方要投保安全责任险，与家长签订安全责任书。

课程八　"桃花源里的红色印记"研学旅行规划

课程设计：邱艾军　张秀勇

研学主体：基地受训四—六年级学生

一、研学背景

2017 年，教育部发文关于进一步完善传承中华优秀传统文化的指导性意见，明确提出弘扬中华优秀传统文化的重要性和具体策略性建议，如精选对学生终身发展有重要价值的课程内容，加大各学段的权重等。"红色文化"教育对学生的成长有着无穷的正身、明志的力量，也是传承我们中国共产党的红色基因，培养同学们热爱祖国、热爱家乡的情怀。连云港中小学生素质教育基地坐落在海上云台山麓南侧山坳之中，素有连云港"桃花源"之美称。这里不仅景色美、人文美，更有着丰富的红色教育资源：万寿山抗日石刻、连云港保卫战遗迹、万毅将军亲手开凿的"将军泉"……这些红色历史印记都在我们教育基地附近。为此，基地专门为所有来参加社会实践活动训练的同学们设计了红色教育主题实践活动，使同学们在走进基地，初步了解家乡的革命历史的前提下，进而能够走出基地，积极探寻红色故事的发生地，从而与家乡的红色故事建立真实、直接的联系，做好价值引领，树立责任担当意识，传承历史文化根脉，推动红色基因入心入脑，引导同学们认清自己的"根"和"魂"。

二、活动目标

价值体认：通过学生的自主活动，发掘整理区域特色红色资源，了解家乡的抗日历史、战斗历史。

责任担当：积极参与搜集资料、分组讨论、小组合作等多种活动，并在活动实践中增强团队合作能力和人际交往能力。

问题解决：通过制作"红色印记"目标活动卡、徒步"红色印记"打卡活动的形式，能基本了解掌握家乡的红色印记，并能讲好连云港红色故事。

创意物化：传承中国共产党的红色基因，培养同学们热爱祖国、热爱家乡的情怀，推动红色基因入心入脑，树立责任担当意识，引导同学们认清自己的"根"和"魂"。

三、实施过程

第一阶段　了解桃花源里的红色印记

活动目标：

通过制作《"红色印记"目标活动卡》的过程，初步了解基地周边地区红色教育资源的分布、故事、意义。为后期实地探寻实践打卡做好路线规划、活动策划、人员分工等充分准备。

活动内容：

1. 网络搜索有关万寿山抗日石刻、万毅将军、连云港保卫战等相关知识的资料。

2. 通过对资料的研读，制作不同主题的资料剪贴报。

3. 填写《"红色印记"目标活动卡》确定后期研学活动主要内容与目标。

活动前准备：

1. 介绍万寿山抗日石刻、万毅将军、连云港保卫战等方面的多份资料，供学习小组选择使用。

2. 卡纸、固体胶、彩笔、剪刀等制作剪贴报的工具。

3. 打印好的《"红色印记"目标活动卡》，每人一张，活动结束上交，留作资料。

活动过程：

一、活动导入

生活中的色彩无处不在，不同的色彩给人不同的感受，也能够代表不同的含义。下面，让我们看看，以下的这些事，让你想到了什么颜色。

1. 宿城是一个山美水美的地方，这里的人民都注重环境保护，每个人都在为家乡的绿水青山保驾护航（绿色）。

2. 宿城历史悠久，保驾山讲述的就是唐太宗李世民东征时，曾在此山被高句丽大将盖苏文围困，幸得躲于此山，指挥将军士卒力拼盖苏文率领的高丽兵，等待援军到来击退高丽兵，才免于厄难的故事。至今，保驾山中还留有唐王洞（黄色，与皇帝有关；或者与中华民族辉煌的历史有关等）。

3. 在宿城有很多革命战争时期的遗迹，其中特别有名的连云港保卫战就发生在宿城大桅尖。连云港保卫战孤军坚守一个地方达到 289 日之久是国军抗战史中不多见的。中国军队两次战斗击退了日军的海上大规模进攻，给日军以极大打击。拒敌于海上，打破日军企图把连云港作为"徐州会战"补给线的计划，解除了第五战区右侧的威胁，显示了中国人民百折不挠的反侵略意志（红色，这是革命的颜色，是鲜血成就的事业）。

确实，不同的事件让人想到不同的颜色。同学们对此都深有体会了。在接下来的几天在连云港基地以及周围的实践研学过程中，我们将会对这些都有进一步的了解。那么今天，就让我们一起先从红色开始，一起来探寻"桃花源里的红色印记"。

二、"红色印记"初探

1. 整体介绍

宿城的红色革命历史遗迹有哪些呢？通过视频或老师讲述，了解连云港保卫战遗迹、宿城万寿山抗日石刻、大桅尖万毅将军亲自带领开凿的"将军泉"，宿城的老人们对这些事都有着自己的记忆。

2. 以班级为单位分组确定研究主题，制作资料剪贴报

同学们以班级为单位自然形成了几个小组（4~6 人为一个小组），请大家确定一个研究主题，上来领取有关资料，共同分工制作一张主题剪贴报。

主题一：连云港保卫战（解密"连云港保卫战"；一场硬仗——连云港保卫战）

主题二：万寿山抗日石刻（万寿山抗日石刻上的故事；忠勇抵抗　誓保山河）

主题三："将军泉"（万毅将军其人；"将军泉"边忆将军）

3. 提出要求

（1）小组活动过程中，人人有活儿干。（研读材料，勾画重点语句；设计主题，画出剪贴报小样；选择、剪裁材料；粘贴装饰剪贴报；收集制作过程趣事，展示介绍剪贴报及创作过程。）

（2）确定本主题研学建议，填写在《"红色印记"目标活动卡》上。

4. 小组活动，教师巡视指导

重点关注小组是否有分工，在制作过程中出现的问题，提醒同学在展示过程中要介绍你们的小组分工，以及制作过程中发生的事情等。最后，要提醒大家填写《"红色印记"目标活动卡》，介绍去这个地方可以做的事情和意义。

三、分小组进行成果展示

1. 提出成果展示"十分"评价标准

小组全部成员上台参加展示1分；主题剪贴报完成，并有主题、有栏目、剪贴的内容有标注3分；有介绍小组分工情况的内容1分；有介绍小组制作过程中发生的事情的内容1分；小组展示有亮点2分。《"红色印记"目标活动卡》内容填写字迹工整，建议明确，目标清楚2分。

2. 小组分工练习，教师相机指导

3. 小组展示，其他小组与老师共同评价，打出分数

四、活动总结，提出研学活动要求

这节活动课，我们初步了解了宿城红色教育基地的一些基本情况，以及它背后的故事。俗话说：读万卷书，行万里路。后面的活动，我们就会实地去看一看，带着我们的《"红色印记"目标活动卡》，实现我们的目标！

附：《"红色印记"目标活动卡》

连云港教育基地红色主题教育 "红色印记" 目标活动卡

姓　名		班　级	
活动记录时间	活动目的地		
活动内容	当我到了这个红色教育基地，我想做这些事： 1. 2. 3.		
活动感想			

第二阶段　追寻桃花源里的 "红色印记"

活动目标：

通过打卡《"红色印记"目标活动卡》的内容过程，以小组徒步的形式，实地探寻实践 "红色印记" 打卡任务，真实体验抗日战争时期革命先驱们战斗的艰苦，进而深刻领会红色文化的革命精神，体会当今幸福生活的来之不易。

活动内容：

1. 徒步前往自己的《"红色印记"目标活动卡》目的地，完成任务内容（拍照留念、诗歌朗诵、宣讲红色故事等）。

2. 小组配合组织 "伤员撤离" 模拟演练

3. 制作活动美篇记录。

活动前准备：

1. 不同红色印记目标活动地带队老师，以及分组花名册。

2. 照相机、照片打印机。

3. 卡纸、固体胶、彩笔、剪刀等制作剪贴报的工具。

活动过程：

一、根据各小组自己的《"红色印记"目标活动卡》目的地进行分组，由不同的老师带队，徒步实地探寻实践"红色印记"打卡任务。

二、创设战斗情境：

当同学们基本完成自己的目标活动卡的打卡任务之后，教师公布回营活动任务。

师：同学们，大家今天来到的都是记录着连云港红色历史的地方，它的一草一木、每一块石头都在讲述着当年战斗的激烈，战士们抗击外来侵略者的决心与不屈，更有他们团结一致抵御外敌的智慧。现在我们遥想一下当时的场景，想象自己也是其中一员，现在战斗已经结束，我们虽然获得了胜利，但是也有人负了重伤，无法正常行走。现在，我们要回到营地——连云港基地，我们能把他丢下吗？（不能）那么，现在要求，每组派一位同学担任被救护伤员，一只脚不能沾地，要在小组其他成员的照顾之下，回到营地。

小组分工，讨论回营方式，进行"伤员撤离"模拟演练。

三、小结回顾，提升感悟

回营后，要求同学们围绕本次活动做好小结回顾，思考几个问题：

（一）"红色印记"中有哪些"红色革命精神"？

（二）如果我参加这场战斗的话，我面临的最大困难是什么？

（三）我在这次活动中，最深刻的感悟是什么？

（四）作为中国少年先锋队的一员，我们该怎么做？

第三阶段　感悟桃花源里的"红色印记"

活动目标：

通过制作《桃花源里的红色印记》图文美篇及剪贴报，主动分享体验与感受，使同学们更深刻地理解红色文化的本质内涵，深刻领会红色文化的革命精神，培养作为中国少年的责任与担当意识。

活动内容：

制作活动图文美篇及活动总结剪贴报。

活动前准备：

可以用于制作电子图文美篇的电脑或者手机、照片打印机、卡纸、固体胶、彩笔、剪刀等制作剪贴报的工具。

活动过程：

一、回顾活动情况导入

教师通过带领同学们阅读观看自己制作的回顾本次活动情况的美篇，与同学们共同回顾活动的整个过程：

阶段一，通过网络、视频了解连云港保卫战、万寿山抗日石刻、万毅将军与将军泉的故事，并制作剪贴报，制作自己的《"红色印记"目标活动卡》。

阶段二，在老师的带领下，徒步来到自己的"红色印记"目标打卡地，活动打卡，并在回程中模拟战斗状态，"伤员撤离"演练。

师：带着满满的收获，每个人在第二阶段结束后，都在思考老师留给大家的四个问题：

1. "红色印记"中有哪些"红色革命精神"？

2. 如果我参加这场战斗的话，我面临的最大困难是什么？

3. 我在这次活动中，最深刻的感悟是什么？

4. 作为中国少年先锋队的一员，我们该怎么做？

相信每个人都有自己的答案，今天就围绕回答这四个问题进入我们"桃花源里的红色印记"红色文化教育课程的第三个阶段：总结、感悟、担当！

二、公布本节课的任务清单

1. 运用电脑或手机，制作自己小组的图文故事。

要求：学会运用"美篇 APP"，或者电脑软件制作，图文并茂。

2. 总结物化：将自己的图文故事制作成照片剪贴报。

要求：主题明确，图文并茂，有自己的个性特色。

3. 各小组组织活动，教师巡视指导过程中，教师要关注到各小组的分工情况，通过及时点评与深入指导，引导他们有序、有效率地活动。

三、展示总结

1. 电脑展示小组美篇的图文故事。

2. 展板粘贴展示各小组的剪贴报图文故事。

师总结：家乡的红色故事值得我们每个人去了解、去品味、去讲述、去传承。今天，我们通过制作电子美篇、剪贴报图文故事的形式，去讲述和宣传我们桃花源里的红色印记、红色精神，明天我们更会用行动、用成绩去传承红色文化的奋斗精神、革命精神，为民族复兴、共产主义事业而时刻准备、努力奋斗！

课程评价：

"桃花源里的红色印记"课程第一阶段评价量化表

小组名称：　　　　　　　　成员姓名：

评价内容、标准		分值	自评	互评	师评	均分	备注
价值体认	了解家乡红色故事	10					
	能说出红色故事所蕴含的红色精神	10					
责任担当	积极完成小组分工任务	10					
	与小组其他成员相互配合完成剪贴报	10					
问题解决	设计剪贴报设计方案，解决主题选材设计等问题	15					
	完成《目标活动卡》，解决填写打卡任务的问题	15					
创意物化	每人能够参与制作一张小组主题剪贴报	15					
	每人完成一份《目标活动卡》	15					
总评得分		100					

"桃花源里的红色印记"课程第二阶段评价量化表

小组名称：　　　　　　　　　成员姓名：

评价内容、标准		分值	自评	互评	师评	均分	备注
价值体认	认同并亲身感受红色故事讲述的内容	10					
	能感受到红色故事所蕴含的红色精神	10					
责任担当	积极完成小组分工任务	10					
	与小组其他成员相互配合完成"伤员撤离"模拟演练	10					
问题解决	根据《目标活动卡》，解决打卡任务过程中的问题	15					
	设计小组演练方案，解决过程中人员分配等问题	15					
创意物化	每人能够参与拍摄打卡照片、任务	15					
	每人完成一份《目标活动卡》	15					
总评得分		100					

"桃花源里的红色印记"课程第三阶段评价量化表

小组名称：　　　　　　　　　成员姓名：

评价内容、标准		分值	自评	互评	师评	均分	备注
价值体认	能激发对革命烈士的崇敬及对共产党、对祖国的热爱之情	10					
	能宣传红色故事所蕴含的红色精神	10					
责任担当	积极完成小组分工任务	10					
	与小组其他成员相互配合完成美篇和剪贴报图文故事	10					

续表

评价内容、标准		分值	自评	互评	师评	均分	备注
问题解决	设计美篇、剪贴报制作方案，解决主题选材设计等问题	15					
	完成美篇、剪贴报制作，解决任务分配及分工合作的问题	15					
创意物化	每人能够参与制作一张小组主题剪贴报	15					
	每人能够参与制作完成一份电子美篇图文故事	15					
总评得分		100					

活动反思

这一课程，从第一阶段的制作目标活动卡开始到徒步重走红色之路，到最后的分享总结、拓展延伸，对学生无疑是非常有益的，其培养了学生的爱国精神、探索精神以及实践能力，提升了学生的道德素养与综合能力，使学生在红色研学中得到全面发展。同时，红色研学旅行让知识跨出传统课堂，在鲜活的研学课堂中接受红色文化教育，传承红色革命基因。

但是这一课程其中也难免会出现一些小的问题，例如我们老师人手不足，一个班级只能配备一名研学导师，一名教官，实际活动中在关注安全的同时难免会对有些学生关注不到位，出现了有的学生重旅轻研问题。另外，有的老师在最后环节的讲解内容等方面缺乏科学设计，不能充分体现时代的主旋律，忽视了对学生的自主探究、互助合作和动手能力的培养，难以体现学生的主体地位。

研学课程是新兴的一门综合性课程，需要我们老师不停地探索与学习，注重自身专业能力的提升，来应对目前新形势下的研学任务。

第六章

以研学旅行为载体承载新时代劳动教育

第一节　劳动课程一　竹编技艺劳动实践研究

一、活动背景

中国作为竹文化的发源地，其竹编艺术是非常的古老而又神奇，是集结了竹子的本质、气节于一体的编织艺术。在六七千年以前的新石器时代，我们的祖先就已经开始运用竹子来编织器皿了。连云港地区有着种植竹子的历史，竹编工艺源远流长。竹编制作工艺技术有着悠久的历史传承，保持了连云港传统的地方特色。连云港竹编工艺构思严谨、造型美观大方、纹理清晰、古朴典雅，以显工显艺为基本特征。为了让同学们进一步了解竹子、爱护竹子，了解我国悠久的竹文化，因此，我们决定以《竹编技艺劳动实践研究》为主题开展一次综合（劳动）实践活动。

二、活动对象

小学中高年级

三、指导教师：李生彩

四、活动目标

1. 价值体认：通过研究活动，了解竹子在我们生活中所起的重大作用，了解家乡竹子情况，增强环境保护意识。

2. 责任担当：通过深入社会实践、调查，了解竹子的情况，对竹子的种类、习性、价值、文化等方面有进一步了解和认识，了解中国文化源远流长、博大精深，增进探究热情，不断学习，不断创新。

3. 问题解决：通过搜集资料、观察讨论、小组合作等多种活动方式，培养获取信息的能力，动手实践能力，以及创意设想的能力，并在实践中增强团队合作能力和人际交往能力。

4. 创意物化：通过技艺学习，可以编织一些简单的竹制品。

五、活动时长

4—6 课时。

六、活动过程

第一阶段　活动准备阶段

一、确定活动主题

越来越多的新建小区里都种上了竹子，各个校园里也都有竹子。为什么人们越来越爱种竹子？竹子有什么作用？我国是世界上竹类资源最为丰富、竹林面积最大、开发利用竹资源最早的国家之一，素有"竹子王国"之称。竹子因青翠挺拔、奇姿出众、凌霜傲雪、四季常青受到了人们的称颂。人们赋予它心虚节坚、坚韧不拔、风度潇洒的"君子"美誉。在悠悠几千年的历史发展长河中，竹子与人们的生活息息相关，"宁可食无肉，不可居无竹"，宋代著名文学家苏东坡的一句名言，揭示了中华文明史中一个特殊的现象：竹作为一种特殊的质体，已渗透到中华民族物质和精神生活的方方面面。为了让同学们进一步了解竹子、爱护竹子，感受我国悠久的竹文化，因此，我们决定以《竹韵》为主题开展一次综合实践活动。

二、成立研究小组

经过大家商量，确定从四个方面进行研究：竹子的种类、竹子的习性、竹子的价值和竹子的文化。我们按自己的意愿组成八个研究小组，进行横向研究，两个组研究一个子课题，两组之间既有合作也有竞争。小组成立后，每个组都积极做准备，首先为自己的小组起名、商量口号、设计名片。

三、制订活动计划

接下来，各个小组分头行动，在组长的带领下群策群力，分组制订研究计划，研究同一子课题的小组还在一起商量，为更好地开展实践活动，他们团结合作，共同制订活动方案并对方案进行了论证，还在实践过程中不断完善自己的活动方案，为下面的研究活动做精心准备。

第二阶段　调查研究阶段

一、查找资料

计划定好后，每个成员都积极行动起来，认真开展研究活动。各个小组首先利用课余时间，从网上和各种书籍上查找竹子的资料，了解竹子的相关情况，并对收集到的资料进行整理、筛选，不少同学做了摘抄卡。通过这一活动，同学们初步了解了竹子的情况。

二、观察竹子

对竹子有了初步的认识后，同学们就开展了实地调查研究活动。首先是观察竹子，观察竹子的外形，了解我市种植的不同种类的竹子，观察竹子的生长情况。我市苍梧绿园中有专门的竹岛，同学们利用课余时间多次到苍梧绿园的

竹岛中进行观察，还邀请了毕业于南京林业大学的苍梧绿园管理处的梁科长为大家介绍竹岛中的竹子。天空下着蒙蒙细雨，但同学们的热情非常高，在梁科长的带领下来到竹岛，梁科长为大家做了一一介绍。如红竹、翠竹、紫竹、孝顺竹、早园竹、阔叶箬竹、黄槽竹、菲白竹等，这些竹子是苍梧绿园建园时从浙江运过来的，当时也是选用适宜本地生长的品种。由于竹子的竹鞭繁殖能力很强，为了防止地下的竹鞭互串导致竹子长杂了，在竹岛上的每种竹子之间，地下都灌注了厚厚的水泥。当时栽种的几十种竹子，也有几种不适应在这里生长而死去，现在又用一些金镶玉竹填补在里面。除了介绍这些品种的竹子外，梁科长还给大家讲了许多关于竹子生长、栽种方面的知识，如竹子喜欢温暖湿润的环境，所以山上的竹子比较多，尤其是南方的竹子比较多。竹子是多年生的，尤其是春季，春雨过后，竹子长得非常快，可以听到竹子拔节的声音，就像故事中说的，春天在竹笋边睡觉，一觉醒来，已经

在竹林里了。由于竹子繁殖快，所以竹林中每年就要砍去一些老的竹子，栽种的时候，也不应该栽得密。这些知识让大家受益匪浅。下面是一些同学的观察日记节选：

假期，我和范治麟、陆尧、徐浩宇约好去苍梧绿园观察竹子。一到目的地，我们就迫不及待地寻找开来。苍梧绿园的竹子，基本都分布在园内东南方向的竹岛上，这里生长着许多品种的竹子，有水竹、茶杆竹、早园竹、紫竹、红竹、毛竹、罗汉竹等，当然还有我们连云港本地的金镶玉竹。

刚看到竹子时，我想到了竹节虫，它们的外形都是一节一节的。竹子的叶子微微发黄，竹干则有黄有绿，它们细细长长的，在春风中摇来摆去，像许多少女翩翩起舞。在竹林下方，我们发现了许多竹笋，它们才刚从土里钻出来，圆锥体样的外形很简单，表面包着一层褐色的外衣。

梁阿姨带领我们来到竹岛，将每种竹子的名称和传说仔仔细细地讲给我们听，让我增长了很多知识。其中我最感兴趣的有三种竹子：

一、斑竹。斑竹又称湘妃竹，一般高 4~6 米，相传《红楼梦》中林黛玉花园里就种有这种竹。那么它为什么叫"斑竹"呢？梁阿姨告诉我们，斑竹刚发芽时就会有一种细菌在它体内，使它小时候就长一些小斑点，随着年龄的增长，小斑点会越来越多，所以叫斑竹。斑竹为什么又称湘妃竹呢？"泪弹斑竹子，舜妃遗憾积湄江"就向我们讲述了关于它的美丽传说。我仔细一看，斑竹上那一个个斑点，真的很像是一滴滴眼泪。

二、菲白竹。菲白竹非常矮，最矮的才到我们的脚踝。在它的竹叶中央有一条白色的条纹，它具有非常高的观赏价值。别看菲白竹那么低矮，但是它一样有竹节，一样会开花。"麻雀虽小，五脏俱全"，这个词语就非常适合菲白竹。

三、孝顺竹。孝顺竹属于丛生型，竹干竹叶都呈嫩绿色。它的生长很有特点，不像金镶玉竹那样扩散开来生长，而是围着中间的那个"母亲"生长。就像母亲老了，儿女们形影不离地陪伴在她左右一样，所以取名"孝顺竹"。

三、采访

为了进一步了解竹子的生活习性和种类等特点，各小组同学都开展了采访活动，有些采访是各个小组同学一起进行的。同学们来到花果山，请花果山上的导游为大家介绍山上的竹子种类和竹子种植情况，导游还将同学们带到金镶玉竹碑前，介绍了金镶玉竹的传说以及金镶玉竹的特点等情况，并告诉大家，国家发行的邮票中的一枚就选用了

我们连云港市特有的金镶玉竹，在花果山上专门立了一块金镶玉竹碑。金镶玉竹也成为我们连云港市的市竹。同学们发现金镶玉竹碑后面的金镶玉竹已经枯黄了，认为竹子是不是已经死了。导游说这些竹子只是"假死"，等天气再暖和些，竹子还会变绿的。

同学们还采访了花果山园林管理处绿化科的庄科长，了解山上竹子的生长和保护情况。同学们在三元宫下面的屏竹禅院里与绿化科的叔叔们一起，先由

杜皓月对叔叔进行采访，接着同学们就自己不懂的问题七嘴八舌地问了起来。同学们对竹子开花的现象特别感兴趣，请绿化科的叔叔仔细讲解。

四、学习编竹篮

同学们通过查找资料和观察竹子在生活中的作用，发现我们每家每户都离不开竹子，竹篮、竹席、竹筷、竹铲、竹椅等。竹子做成这些生活用品难不难？是怎么做出来的呢？我们了解到王子宁的家在花果山，他的奶奶年轻时学过编竹篮，虽然现在已经有很长时间没

编过竹篮了，但仍然能给大家展示一下。知道这一消息，同学们都很高兴。

都想乘机学习编竹篮。在周六的早上，我们一部分同学来到花果山找王奶奶。为了教大家编竹篮，王奶奶一大早起来就砍了几根青竹，将竹子做成了竹篾，并已经用竹篾起了一个小小的头，在九龙桥等我们的到来。王奶奶边编边讲解要领：用一只脚固定篮底，不能让篮底跟着转动，左右手相互配合，一手抬压，一手负责穿。同学们看着，觉得编竹篮还挺简单也挺有意思的，于是一个个争着要上去编。最先上去编的是我们班的李雨轩，可是他手忙脚乱，双手配合得不好。只听周围的小伙伴观众们一会儿就喊"错了、错了"，李雨轩只好拆开去重编，王奶奶也不时上去帮两下，再手把手教一会儿。直到他能配合着编几下为止。别的同学早就等不及了，李雨轩一停，都争着上。本次编竹篮，孙慧琳和郑紫月两位同学编得又快又好，获得王奶奶和旁边家长的一致夸奖。最有意思的是王启任同学，每次他编的时候在一旁观看的同学

发现他编错了就异口同声地喊道"错了、错了、又错了"，害得王奶奶上来将编错的地方又拆开重新编。看来，王奶奶教大家编竹篮比她自己编要累得多。虽然每个同学都只编了几圈，但有几个同学一编完就捂着自己的腰喊"真累呀"，看来编一个竹篮还真不容易呢！接着，同学们想知道竹子是如何变成竹篾的，王奶奶就拿起一把刀，到屋后砍了一棵竹子，戴上手套，三下两下，就将竹子去除枝叶、一分二、

二分四、四分八……还将劈开的小竹片去除里面的黄芯，只留下薄薄的青竹皮，王奶奶的动作是那么娴熟，引得周围的同学和家长一阵阵喝彩的声音。

接着，同学们对王奶奶进行了采访。通过采访，我们知道王奶奶年轻时跟师傅学过编竹篮，每个篮子要用四五

棵竹子，而且最好选用青竹编，青竹韧性好，编出来的竹篮结实耐用。编的时候应该将青皮部分朝外，这样编出来的竹篮结实又漂亮。王奶奶以前经常编竹篮，一个竹篮要编三四个小时，一天能编两三个竹篮。编的竹篮有的给家里用，大

部分是上街卖钱。因为近十几年花果山不让居民随便砍伐竹子，王奶奶就不编竹篮了，而是在玉女峰上摆起了小摊。这次是应同学们的请求才砍了家后院的几根青竹编给大家学的，因为多年没编，手艺已经有些退步了。在同学们编的竹篮基础上，王奶奶完成了后面的工作：收口、上把儿，直到整个竹篮完工。王奶奶对编出的这个竹篮并不满意，觉得这篮子编得太松了，既不好看也不好用。这是因为我们各个同学七手八脚地编，有的编得松，有的编得紧，有的又错了拆开重编，所以导致下面的底空隙有些大。而我们同学却都非常喜爱这个竹篮，因为这个竹篮里也倾注了大家的"功劳"。虽然这天还不停地下着雨，但大家的兴致都非常高，孩子和一同去的家长们都觉得这样的实践活动很有意义，让孩子得到锻炼。下面是一些同学写的日记节选：

一路上，雨"哗哗"地下着，而我的心情却格外兴奋和晴朗。一丛丛翠竹从我面前一闪而过，我不禁心生疑惑：竹子如此坚硬，是如何编成竹篮的呢？

很快我就有了答案——我们见到了王子宁的奶奶。奶奶告诉我们，她一般用韧性较强的青竹皮编竹篮，把青竹皮劈成几毫米宽的长条做纬线，再劈一些比较宽的青竹皮做经线，也就是做支撑了。奶奶还给我们拿来了一个已经编好一点底盘的半成品篮子，样子有些像蜘蛛网。先把粗竹条摆成"米"字形，细竹条从"米"字形中心点开始，在几条粗竹条之间一上一下地穿梭，一圈一圈地往外绕，这根细竹条绕完了，再找一根接着绕……接着轮到大家编竹篮了，看起来简单，做起来真难！奶奶不断在旁边指点着："最好竹条绿色的那面朝外，结实。""孩子，你又编错喽！来，是这样编的……"底盘编得差不多了，奶奶把粗竹条的头扎在一起，变成水滴的形状。轮到我编时，我牢

记奶奶说的要领，左手按着竹篮边，右手小心地绕着，尽量编得紧一点……

四7班　庄展羽

听王奶奶说，她家就住在花果山上，学会编竹篮已经有四十多年了。今天，她将为我们演示整个编竹篮的全过程。首先，编竹篮的竹条分为经线和纬线，所谓经线就是形成篮子的底座和框架的宽一点的竹条，纬线就是围绕着经线旋转形成篮子身体的细一点的竹条，分好经线和纬线之后接着就是制作篮子的底座并打好框架了。王奶奶拿着已做好的篮子的框架便开始给我们示范如何编织竹篮，她说："编织时，要一只脚踩在底座的中心，把作为纬线的竹条沿着八根经线一上一下地旋转，纬线的竹条有两根轮流编织，用完后再续接……"我们看着不过瘾，便争先恐后地要求自己编织试试，于是一时间笑料百出：有的顺序搞错，有的手法不对，有忘记了换竹条，有的竟然不知道怎么旋转……虽然天空下起了大雨，但却丝毫影响不了我们的兴致。大家边编织边交流，原来这看似简单的活竟有着这么多的学问呀！不过，熟能生巧，几圈练习下来，大家总算都能掌握要领，不一会儿一个篮子的底座就大功告成了。接下来就是编织篮子的身体了，王奶奶把伸向四周的作为经线的八根竹条一根根向上弯曲并用绳子捆成包子的形状后，再把纬线的竹条按照前面的方法沿经线一圈圈编织，最后就慢慢形成了一个圆形的篮子了。

看完了王奶奶制作竹篮的过程，我觉得最难的是削竹子。当我们亲眼目睹了王奶奶拿着她的"飞刀"上下飞舞，不一会儿就把一根粗壮的竹子分成薄薄的粗细均匀的竹条时，我们都惊呆了：这才是真正的熟能生巧啊！王奶奶还跟我们说，编竹篮的竹子最好选用生长2~3年的青皮竹，这种竹子的竹节小，韧性好，不容易折断，这种竹子编出来的竹篮非常耐用。

通过今天的参观学习，让我们取得了很大的收获，不但学会了制作竹篮，还了解了竹子的作用。同时也让我们明白了用竹子制作出来的东西既美观实用，又低碳环保。竹子真是浑身都是宝呢！

四7班　陆尧

五、寻找竹子的身影

我们港城的竹子多吗？哪些地方会种竹子？喜欢种什么品种的竹子？为了解开这些谜团，同学们开展了"寻找竹子的身影"活动。同学们到自己所在的小区、附近的学校、公园和单位进行调查，寻找竹子。同学们利用放学后和周末寻找

竹子。此次活动，同学们发现我们市里竹子种植得比较多，各大单位的院内、新建的小区、我市的大中小学校、公园……都或多或少地种植了竹子，大部分种的是金镶玉竹，也有的种青竹。花果山上主要有金镶玉竹，也有的种青竹和毛竹，而我市的苍梧绿园里的竹岛种的竹子种类最多，有青竹、斑竹、茶秆竹、阔叶箬竹、黄槽竹、菲白竹、孝顺竹、紫竹、红竹、金镶玉竹等十几个品种的竹子，简直成了一个小型的竹博园。只要能找到竹子的地方，都曾留下过同学们的身影。

通过梁科长的介绍，我们认识了孝顺竹，孝顺竹是一丛丛生长的，所以是"丛生型"竹子，而且它是围着母体生长，不会出去一点，所以名为"孝顺竹"。有一种竹子叫"菲白竹"，它是属于"地被竹"，就是像小草一样矮，我们看了一种叶子上带白条的地被竹，我们都很怀疑：这到底是不是竹子。通过梁科长的介绍，我们还知道了许多的知识，如竹子喜水，由于南方水分充足，所以，南方的竹子比北方多。竹子刚"出生"的一段时间后，竹笋长了多高，竹子以后就长多高，不变了。所以，那二十多米的竹子就是在那时长那么高的，听说竹子长得快时，还能听见拔节的声音。

四7班　郑紫月

为了了解金镶玉竹，我专门去了花果山观赏了竹子。来到竹园，只见一根根翠绿的竹子站在那儿。它们多么像一群穿着绿裙子的公主啊！高雅又不失调皮，显得那么美丽动人。我往竹林里一钻，霎时，一阵阴凉感扑面而来。

哇！真是天然的"太阳伞"哪！

四 7 班　杨雯涵

六、探寻竹的价值

　　竹子在我们的生活中有什么作用？人们用竹子干什么用？带着这个问题，我们查找资料、询问家长，并在生活中和商店中寻找竹制品。我们发现，我们发现竹子全身都是宝。竹子在生活中用得非常多，竹子的作用主要有以下几种：一、食用，主要表现为竹笋和笋干。二、观赏用，主要表现为园林观赏竹。三、材用，居家用品如竹扫帚、竹菜篮、竹梯等；纯工艺品如竹风铃、竹雕刻、竹乐器等；建材用品如竹地板等；其他材用如竹炭、竹醋液、竹浆造纸等。四、药用，主要表现为竹沥、竹叶、竹茹等。如鲜竹沥。竹子对我们的贡献可不小呢！你瞧，竹子做成笛子、箫和吐良等乐器，吹奏出许许多多美妙的音乐；竹子做成了一个个家庭日用品，给我们的生活增添了许多方便；竹子可以做成美味的竹笋和竹筒饭，可以做成治病的药，制成许多精美的工艺品，盖出竹屋，变成了一把椅子、一张床，种植竹子让空气变得更加清新，尤其是现在竹子还可以加工成竹纤维，制成毛巾、衣服等。竹纤维是继棉、麻、毛、丝之后的第五大天然纤维。竹纤维具有良好的透气性、瞬间吸水性、抗菌、抑菌、除螨、防臭和抗紫外线功能。竹子怎么会做成衣服呢？原来，竹材—制竹片（首先把竹子截断去掉竹节并剖成竹片，竹片的长度根据需要而定）—煮炼竹片（将竹片放入沸水中煮炼）—压碎分解（将竹片取出压碎锤成细丝）—蒸煮竹丝（将竹丝再放入压力锅中蒸煮，去除部分果胶、半纤维素、木质素）—生物酶脱胶（把上述预处理的竹丝浸入到含有生物酶的溶液中处理，让生物酶进一步分解竹丝中的木质素、半纤维素、果胶，以获得竹子中的纤维素纤维。在分解木质素、半纤维素、果胶的同时也可在处理液中加入一定量的可以分解纤维素的酶，以获得更细的竹原纤维）—梳理纤维（把酶分解后的竹纤维清洗、漂白、上油、柔软、开松、梳理即可获得纺织用的竹原纤维）—纺织用纤维。这样，就能纺织成毛巾、衣服等竹纤维制品了。

我们小组今天下午又活动了，活动的主题是"关于竹子"。

我们去了张氏灯具城，还去了兴隆装饰城，我们看到了竹子编制的灯具，还有竹子制成的地板。店里的老板还给我们讲解了竹子地板的种种好处，让我们对竹子又有了一个全新的了解。竹子是一种常见的植物，它的枝干虽然不是很粗，但韧性很好，折也折不断，所以自古以来都深受人们的喜爱。

通过这次小组研究，我们对竹子的生活习性和用途有了深入的了解，还做了大量的笔记，我现在知道了竹子喜欢在南方生活，它不需要有肥沃的土地，不用浇水、施肥、除草，生长速度很快，不到一年就可以使用了，所以竹子是一种很好的经济作物。

竹子的全身上下都是宝，是一种很有价值的植物，它能用来做成竹筏，做成筷子、椅子、家具、牙签……用处真是多得数不胜数呀！竹子根部还能挖出竹笋，是一种既好吃又有营养的蔬菜，估计再也没有哪种植物能有这么多的用途了。

这也可能就是从古至今人们对竹子一直都那么喜爱的原因吧！竹子与人类结下了不解之缘，竹子为人类奉献了自己的全部，在华夏文明历史上写下了光辉的一页。

四7班　傅秋童

我们还采访了医生，了解了竹子做成的药——鲜竹沥。同学们利用下午放学后，来到我们学校附近的市第二人民医院采访内科的医生，由于提前已经联系好了，所以，医生已经做好了准备，提前在那里等我们的到来。

我们开展了跟竹子有关的综合实践

活动，为了更好地了解竹子对我们人类的贡献，我们来到市第二人民医院，专门就竹子的医学用途对张医生进行了实地采访。大家把准备好的采访提纲，一一进行了采访，现场热火朝天，气氛活跃，问得张医生都口渴得不得了。通过采访我们得知，有一种药就是用竹子制成的，那就是鲜竹沥口服液。下面我们就来认识一下吧。

竹沥又叫"竹汁""竹油"，是从竹干和竹鞭中采取的液汁，为青黄色或棕黄色透明液体，具有很高的药用价值和食用价值。据考证，我国历代著名医书都有记载：竹沥甘寒性凉无毒，有清热化痰止渴、解热除烦、镇惊利窍作用，主治中风痰迷，肺热痰壅，惊风癫痫，血虚、乙脑、流脑、破伤风、眼疾等症。

鲜竹沥为淡黄色至红棕色的液体，具有香气，味微甘，是一种价格便宜的中成药。鲜竹沥口服液的作用是清热化痰，常用于肺热咳嗽痰多，气喘胸闷，中风舌强，痰涎壅盛，小儿痰热惊风等症状的治疗。

但要注意哟，我们在用药时一定要在大人的监护下使用，我们自己也要看看说明书上的注意事项，看看哪些症状是不能服用的。当然最好的方法，就是我们要加强锻炼身体，保证我们的身体不生病或少生病，这样我们就可以摆脱对药物的依赖，毕竟"是药三分毒"啊。

通过这次采访，不但让我进一步了解了竹子，更让我们对竹子的妙用有了更深层次的认识。这次实践活动真是不虚此行，受益匪浅。

四7班　李雨轩

七、竹文化追踪

竹子在我们的生活中，除了利用价值多以外，还有什么原因使我国人民特别喜爱竹子？竹子在我国悠久的历史中又有什么含义？因此，我们开展了竹文化追踪之旅。我们上网查找了许多资料，并向家长和老师请教，知道竹有着不一般的中国传统文化含义，竹子四季常青象征着顽强的生命、青春永驻；竹子空心代表虚怀若谷的品格；其枝弯而不折，是柔中有刚的做人原则；生而有节、竹节必露则是高风亮节的象征。自古以来，竹子便有"梅兰竹菊"

四君子之一、"松竹梅"岁寒三友之一等美称。我国是世界上竹类资源最为丰富、竹林面积最大、开发利用竹资源最早的国家之一，素有"竹子王国"之称。竹子因青翠挺拔、奇姿出众、凌霜傲雪、四季常青受到了人们的称颂。人们赋予它心虚节坚、坚韧不拔、风度潇洒的"君子"美誉。"宁可食无肉，不

可居无竹"，宋代著名文学家苏东坡的一句名言，揭示了中华文明史中一个特殊的现象：竹作为一种特殊的质体，已渗透到中华民族物质和精神生活的方方面面。古今文人墨客对竹充满了赞美，留下了大量的咏竹诗和竹画。难怪大家都喜欢小区里种植竹子。我们还发现，许多地方还会用竹子做图案进行装饰，如我们在秀逸苏杭小区里就找到了用竹子写的对联在亭子上，还用竹子图案装饰亭子。在花果山和苍梧绿园，都将小桥建成竹子形状的，看起来就像是用大竹子做成的竹桥。我们还到卖书画的店里，看到了许多关于竹子的画，同学们也不甘示弱，请美术老师教我们画了两节课的竹子。

八、竹子诗歌比赛

我国许多文人墨客都喜爱竹子，也留下了许多写竹子的诗。同学们通过查找搜集了不少描写竹子的古诗。为了让同学们了解这些诗歌，了解文人墨客对竹子的喜爱，我们班还举行了竹子诗歌比赛活动。此次比赛，王培毅、杜皓月获得了大家的一致好评。

于潜僧绿筠轩（宋·苏轼）

宁可食无肉，不可居无竹。无肉令人瘦，无竹令人俗。人瘦尚可肥，士俗不可医。

竹石（清·郑燮）

咬定青山不放松，立根原在破岩中。千磨万击还坚劲，任尔东西南北风。

九、问卷调查

为了了解我市居民对竹子的了解和
认识情况，我们几个小组联合制作了一
份调查问卷，对市民进行问卷调查。同
学们在老师指导下，制作了一份调查问
卷，打印好以后，我们每人都负责几份
进行问卷调查。本来以为是很简单的
事，没想到做起来却是很困难的。我们

来到马路上，对几个聊天的人进行问卷调查，当我们做了自我介绍并说明要
进行问卷调查的情况后，几个人却并不搭理我们，使我们觉得很难堪。还有
的人直接推辞说自己不认识字。当然，也要感谢一些热心的市民，他们认真
做了问卷，最令人感动的是一位卖东西的老爷爷，他因为年纪大了，看不清
字，就让我们读给他听，然后口头回答让我们替他填上。我们的活动中要是
都有这样的老爷爷支持，该有多好呀！

港城市民竹子知识调查问卷

您好！为了了解港城人民对竹子的了解和使用情况，我们开展了此次问
卷调查活动。请您花两三分钟时间，认真阅读并如实填写下列问题。您的回
答能给予我们很多帮助。

1. 您喜欢竹子吗？

A. 喜欢　　　　　B. 不喜欢　　　　C. 一般

2. 您所居住的小区里栽种了竹子吗？

A. 种很多　　　　B. 种一些　　　　C. 没种

3. 您喜欢小区里种植竹子吗？

A. 很喜欢　　　　B. 不喜欢　　　　C. 无所谓

4. 您知道我们港城最著名的竹子是哪种？

A. 毛竹　　　　　B. 湘妃竹　　　　C. 金镶玉竹

5. 您家里有几种竹制品？

A. 没有   B. 1 种   C. 2 种   D. 3 种及以上

6. 您知道竹子有下列哪些用途？（可多选）

A. 造纸   B. 食用   C. 做家具   D. 竹炭   E. 做爆竹

7. 您认为竹子做的产品是绿色环保的吗？

A. 是   B. 不是   C. 不知道

8. 您对我们港城的市竹有什么建议？

谢谢您的参与！

我们对问卷进行了整理，在老师和家长的指导下，写了一份调查报告：

港城市民竹子知识问卷调查分析报告

为了了解港城人民对竹子的了解和使用情况，我们开展了此次问卷调查活动。本次调查活动是由师专一附小四（七）班全体同学组织开展的，主要面向港城人民。同学们深入各小区、商铺等，对各类人群发放问卷。总共发放问卷 75 份，回收 75 份，回收率为 100%，回收问卷全为有效答卷。通过调查分析，可以了解港城市民对竹子的认识情况。以下是调查汇总表。

问卷问题	A	B	C	D	E
1. 您喜欢竹子吗	81.3%	0.0%	18.7%		
2. 您所居住的小区栽种了竹子吗	20.0%	53.3%	26.7%		
3. 您喜欢小区里种植竹子吗	84.0%	1.3%	14.7%		
4. 您知道港城最著名的竹子是哪种吗	4.0%	6.7%	89.3%		
5. 您家里有几种竹制品	22.7%	20.0%	18.7%	38.7%	
6. 您知道竹子有下列哪些用途（多选）	58.7%	54.7%	94.7%	65.3%	33.3%
7. 您认为竹子做的产品是绿色环保的吗	86.7%	6.7%	6.7%		
8. 您对我们港城的市竹有什么建议					

通过以上调查可以得出：

1. 港城市民非常喜欢竹子。

2. 通过问卷调查中的小区有 50% 的小区内栽种竹子，但数量不是很多，仍有部分小区（都是老小区）没有种植。

3. 84% 的人很喜欢小区内种植竹子，不喜欢小区内种竹子的人非常少。

4. 绝大多数被访问者都知道港城名竹是金镶玉竹，但仍有人不知道，需要进一步加大宣传力度。

5. 被访问者家里竹制品超过三种的人数最多，基本上每家都有竹制品在使用。

6. 竹子的用途中用于做家具是大家知道最多的，其次是竹炭和造纸方面，而竹子有来做爆竹这一用途知道的人就相对较少了。

7. 绝大多数人认为竹制品是绿色环保的，但也有一部分认为竹制品不是绿色环保或者不清楚竹制品是否是绿色环保产品。

8. 对于港城市竹有什么建议这一问题，有 55% 的人没有作答，其他人主要的建议是加大竹子的宣传力度，扩大种植面积，建成绿色小区，建设美好家园。

第三阶段　保护竹资源行动阶段

通过开展的各种调查活动，同学们发现，我们周围还有不少破坏竹子的现象，如随意砍伐竹子，踩踏竹笋，偷采竹笋，在竹子上乱刻乱画等，同学们个个早就跃跃欲试，要为我们家乡的竹资源保护做出自己应有的贡献。

一、宣读倡议书

八个小组积极合作，由组长商量，写出了一份保护竹子的倡议书，并利用我们学校的周一升旗仪式后对全校宣读，发出倡议，呼吁全校师生要爱护竹子。

爱护竹子倡议书

亲爱的同学们：

大家好！

竹子有非常多的用途，可以食用、可以药用，还可以利用它编竹篮、做扫帚等，随着科技的发展，竹子的价值得到更为广泛的开发利用，比如竹纤维、竹炭制品、竹饮料等。因为竹子有生长快、成材早、产量高的优点，所以竹子得以大量种植利用。在公园里、小区里、山上随处可以看到成片的竹林，既净化了空气又带来了实用价值。

可是我们也看到了一些不文明现象的发生，比如乱砍竹子、乱挖竹笋、滥用嫩竹等，让我们非常遗憾！为了保护环境、爱护竹子，我们提出如下倡议：

1. 树立绿色文明观念，自觉爱护竹子。不滥伐竹子、不踩踏竹子、不乱挖竹笋。

2. 看到不文明现象要及时劝说阻止。

3. 做一些爱护竹子的标语插在竹林中以提醒人们爱护竹子。

4. 经常给身边的朋友讲解竹子的用途，宣传竹子的价值。

竹子是大自然赐予我们的宝贵财富，它的优良特性使之具有巨大的经济价值。同学们"勿以善小而不为，勿以恶小而为之"，让我们行动起来，从我做起，从身边小事做起，爱护竹子，保护大自然，共建一个美丽的家园吧！

师专一附小四（7）班

二、制作宣传标志牌

大家发出倡议后，又积极开展了制作宣传标志牌活动。同学们先设计了保护竹子的标语，还有一些同学在家长的帮助下制作了保护竹子标志牌，并将标志牌插入竹丛边。

小竹在成长，请你勿打扰。

竹子绿化宝，毁坏何忍心。

绿化家园，文明人心。

手下留情，足下留青，爱护环境，人人有责。

保护竹子，人人有责。保持地球生态平衡，就是保护人类自身。

小竹有生命，请你多留青。

哪里有绿色，哪里就有生命。

除了欣赏什么也不要做，除了脚印什么也不要留下！

保护竹林，就是保护我们人类。

青草翠竹你我他，咱们同住一个家。

　　每次看到苍翠欲滴的竹林，我们总会有一份好心情，为了让大家拥有好心情，为了保护好竹林，我决定制作保护竹子的标志牌！我先请爸爸用木板和木棍钉成了牌子，让妈妈找来两张大大的白纸，然后再阅读资料查找标语，终于构思好该怎样制作了，我先在纸上画上漂亮的竹子，然后再写上大大的美术字——竹子在生长，请你勿打扰，为了友情提醒，我给它们涂上了鲜艳的颜色，非常美丽！画好后，我和爸爸一起把它粘在宣传板上，正在我欣赏扬扬自得时，奶奶提醒了我："要是下雨怎么办？应该用塑料纸封起来。"说干就干，我和爸爸连忙找来大大的塑料袋，把标语板子封好了，看到我的标语牌，我很有成就感，有了我的标语提示，相信大家一定会爱护竹子、保护竹子，做一个文明市民！

四7班　朱清岩

三、制作竹子手抄报

　　各小组为了将各自调查、研究的成果很用心地宣传及展示，积极发动组员们制作手抄报。一幅幅精美的手抄报上不仅记录了学生们的研究成果，也融入了学生们对竹子珍爱的情感。

　　做好手抄报，一共有四大要素：第一大要素就是要有一个美丽又符合手抄报主题内容的边框，比如做竹子的手抄报，边框就可以用竹子的枝干来做边框，也可以用竹叶做边框，这样可以使手抄报整体更加美观。第二大要素就是里面要有有关手抄报主题的画，比如，竹子的手抄报里一定要有竹子的画，而不适合画大树或其他东西。如果没有画的话，那样的手抄报看起来就是死气沉沉的，一点也不好看。第三要素就是字和画占的比例应该是一样多的，字占一半，画占一半，这样就显得均匀美观。第四要素也是最重要的，就是书写要认真，如果担心写不好，可以先画几个框框，在框框里写字，而且尽量在方框里画上横线，写起字就工整了。注意以上几点，就可以做好手抄报了。

四7班　朱清岩

第四阶段　总结交流阶段

经过两个月的活动，同学们对竹子的认识已经有了一个飞跃，他们把自己的收获、体验、对活动的评价、建议都写在日记本上。准备在成果展示时大展身手。

成果展示课上，我们举行了手抄报比赛，进行图片资料展览、研究报告展示等活动，尤其是根据研究情况，还表演了一些跟竹子相关的节目，有的用竹子吹奏乐曲，有的朗诵赞美竹子的诗歌，有的还自编自演了保护竹子的小话剧。在表演的过程中，大家又深入地了解了竹子，环保意识得到增强，也让观众们进一步了解了竹子。

别伤害竹子（话剧）

主要角色：小朋友、紫竹、水竹、翠竹、毛竹

一位小朋友走到紫竹面前，用小刀在紫竹的竹干上随意刻画之后，还随手摘下几片叶子便离开了。

紫竹：唔、唔、唔……（哭声）

水竹：紫竹妹妹，你怎么啦？

紫竹：我好难受啊！

水竹：你为什么哭得这么伤心呢？

紫竹：因为那些人类，特别是一些小孩子总来伤害我们，随意砍伐，乱刻滥画，让竹叶变成了垃圾。

翠竹：没错，我们身上到处是伤痕，有些伙伴都被伤害得奄奄一息了！

毛竹：我们长大后可以为人类做贡献，做成家具、竹笛等物品，可他们却不爱护，反而来伤害我们。

紫竹：我们无论是植物还是动物，都有生命的啊，他们来伤害我们时，不觉得很丢脸吗？

水竹：比我们高级就很了不起吗？不就是会走路和说话而已！

翠竹：我们对绿化也有帮助，他们应该爱护我们呀！

毛竹：我们的作用这么大，牺牲自己奉献人类，而他们却毁坏我们，真是太狠了。

紫竹：我们大家都是地球妈妈的孩子，妈妈花费了许多的心血和汗水来养育我们，而人类却不懂回报，反而伤害我们，真为他们感到羞耻。

水竹：妈妈的容貌需要人类来呵护，他们这样做，太没良心了！

翠竹：妈妈的美丽容颜来之不易，他们这样做，真让人难以置信！

毛竹：唉！他们这样破坏的行为，让妈妈伤透了心，可他们自己熟视无睹。

紫竹：是啊！人类对保护我们这个大家园，有着不可推卸的责任。

合：亲爱的人类，让我们一起呵护地球妈妈的美丽容颜，请别再伤害竹类与花草树木！

　　　　　　　　　　　　　　　　　　　　　　　四 7 班　孙慧琳

大家还交流了活动中的一些趣事和本次活动的感受，反思自己在活动中的成功和不足之处，开展自评与互评活动。后来，经大家评议，"胜利小组"

被评为本次活动的"最佳表现组","星辰小组"和"七竹娃小组"被评为"最佳合作组"。杜皓月、郑紫月被评为优秀组长。朱清岩、孙慧琳、李雨轩被评为"制作小能手"。

通过近两个月的"竹韵"综合实践活动，让我们的沟通能力得到很大提高，团结合作意识大大增强。比如，在进行问卷调查时，我们遇到了一些人，他们根本不愿意填写问卷，任凭我们怎么说，却理都不理我们。

在制订计划表时，许多同学都能尽情地表达自己的意见，积极为小组活动出谋划策，使我们的小组计划定得很具体实用。当时讨论的时候因为大家太积极了，有点吵，我们也会迅速地安静下来，变成一个倾听者。这也让我们意识到"团队"的重要性。

活动反思：

本次综合实践活动，学生参与活动的热情相当高涨，团队意识也随着活动的深入而逐步加强，学生的研究能力、表达能力等都大有提高。大家在活动过程中获得的那份快乐体验、树立的自信心，动手能力的提高，责任感的增强，合作意识的培养，这些都是一种很重要的成果，这对于同学们今后的身心发展都是很有价值的，是终身受益的！活动也显示了我们一附小四7班学生积极向上、团结合作、热爱家乡的优秀品质。通过这次活动，同学们对竹子有了深入的了解，同时也表示要学习竹子虚心、有节的品质。但在实践中我们也发现，由于活动时间比较长，孩子们平时也有并不轻松的学习任务，加上实践活动既需要占用课余时间，也需要完成实践后的作业，导致一些孩子开始积极性高，后来兴趣降低的现象。也有一些孩子，实践活动积极，却不能按要求完成各项活动后的作业，或者作业马虎，只是应付。这些，都是我们在以后的活动中需要注意的事情。

本次活动涉及了很多的采访，这又涉及联系被采访的人。这在一定程度上给采访工作带来了很大困难。如孩子们曾多次以小组为单位去苍梧绿园进行观察，但竹岛中刻在石头上的竹子的名字是繁体字，实在难以辨认，孩子们很想请教相关管理人员或专家，可是，孩子们却难以找到相关的管理人员，一些管理人员根本不让孩子们进入管理处的大门。因而苍梧绿园竹岛上的竹子种类和名称一直是难以解决的问题。后来,指导老师请学校里的其他老师帮助联系,才邀请了植物研究方面的专家梁科长为大家介绍竹岛上的竹子,这让同学们兴奋不已。希望社会上能对孩子们的综合实践活动多一些支持。

第二节　劳动课程二　南城民用石器实践研究

活动背景

我们家乡连云港市南城镇是个有着悠久历史的山区小镇。现代科技发达了,许多传统的文化渐渐退出了人们的视线。我们对南城的古文化有多少了解,结果发现我们虽然生在南城,长在南城,但对南城的古文化了解少之甚少。

我们对碓、石磨、上马石、碌碡……学生们已经不知道它们叫什么,有什么作用,更不了解承载着文化的石器。为了让大家更深入地了解家乡南城,更好地热爱家乡——南城,我们讨论并决定开展以"南城民用石器的研究"为主题的综合实践活动。

活动目标

1. 价值体认:通过活动的开展,感受先辈的聪明才干,激发我们的自豪感,更加热爱南城。在活动中形成参与、关心的进取意识,培养团队精神。通过此活动的开展,我们了解到民用石器的魅力,感受到祖先的创新能力。

2. 责任担当:通过调查、统计、采访,拟写书信、写倡议书、查阅资料等活动,提高语言表达、搜集处理信息的能力。

3. 问题解决:通过采访、调查、搜集资料,对家乡民用石器有深入的了解，拓宽我们的知识面。

4. 创意物化：通过对家乡石器文化的深入研究，以不同的宣传方式，表现了学生们的研究成果。

活动对象及活动时间：

活动对象：六年级（2）班全体学生。

活动时间：2019 年 3 月—2020 年 1 月。

指导教师：盛江波。

活动特点：

学生从生活中挖掘活动主题，以小组活动方式展开，彰显了学生的潜力，张扬了学生的个性。

活动过程

第一阶段　准备阶段

一、精心准备，激发兴趣

1. 课前介绍：同学们，我们学习过《卧薪尝胆》，还记得我是怎么教"舂米""推磨"的。当时又是画图，又是讲解，你们还是一头雾水。最后我们是通过去实地看碓、磨，并请老奶奶使用给我们看，我们才真真理解了"舂米""推磨"。其实，我们的家乡还有许多具有丰富文化内涵的古迹，包括碓、石磨、碌碡、上马石等，它们能让我们深入地了解家乡的文化底蕴，更好地去热爱家乡！

二、调查分析，确定方向

发放调查表，了解一下现在的学生对南城的古文化有多少了解，结果发现：学生虽然生在南城，长在南城，但对南城的民用石器了解少之甚少。学生急于了解一下家乡的民用石器，为此才开展了以"南城民用石器的研究"为主题的综合实践主题活动。

首先，我们互相交流已知道的南城的古迹，共同欣赏了南城的古城门、碓、石磨、上马石、碌碡等（图片），根据个人爱好和区域划分，同学们通过选题，选择研究课题，成立四个子课题：

第一组：碓　　　第二组：石磨

第三组：碌碡　　第四组：上马石

在分组时出现人数严重失调。碓组同学人数很少，很多同学都希望研究上马石和碌碡，石磨组人员也较少。教师经过和同学商量并协调，最后基本上人员失衡好一些。

各小组在组长带领下制订方案。展示并改善方案。根据各小组制订的方案，各小组下面开始实施活动。

我们各个小组布置实施阶段任务，并提出要求：

注意安全，团结协作。寻求方法，实地考察。

三、明确任务，形成合力

"南城民用石器的研究"这一主题贴近学生的生活，能最大限度地激发探究欲望，聚焦我们的"视点"。我们从兴趣出发，围绕主题提出一系列的值得思考、探究的问题，并能运用已有的知识储备将问题转化为一个个可操作、可挖掘的小课题（碓、石磨、碌碡、上马石）。同学们再一次由着自己的兴趣自主选择课题组。共同的爱好似无形的小舟将我们载向探究的航程。

小组成员之间的互助与合作。各小组成员在组长的带领下又为本组起了响亮的名字及具有向心力的口号，如碌碡碌碡力争向上、综合实践探索无限。这些如一根无形的绳索将小组成员凝聚成一体，形成了一股合力，催生了探究活动的动力。

四、完善计划，张扬个性

"用兵之道，以计为首"，有了详尽的方案，活动就有了明确的方向。在制订活动方案时老师重在引导学生找到课题研究的切入口，细化活动的各个环节，以便于在活动中有的放矢。在方案中小组的分工很重要，它关系到活动每一个环节的落实。在尊重个人兴趣的同时，各组组长与成员共同协商分工，确保活动的顺利进行。

老师对活动从人力、物力、财力、时间等方面进行审视，并适时地给予相应的指导。如碓组方案深入了解碓无从下手，老师建议寻找碓的主人。但如何联系被采访对象又成了难题，老师则建议在全班"招聘"此类人才，活动得到了响应，上马石组长张奥同学打通了妈妈的电话，得到了家长的支持，由家长帮忙联系，困难迎刃而解。由此跨越组别，共享资源的计划一应而出。

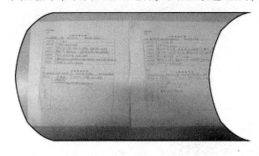

这一张张看似简单且又枯燥的方案，却记载着综合实践活动的全过程，这是一项工程，一个有待实施的蓝图。它培养的是我们的规划、分析与预测能力，它可以彰显我们的潜力，张扬我们的个性。

第二阶段　实施阶段

开展扎实丰富多彩的活动

我们回顾，分享六周以来对课题的调查研究过程（看幻灯片同学的活动情况）：

剪影一：深入实地考察、统计，采访爷爷奶奶、搜集关于南城民用石器的书籍情况。

剪影二：我们在南城街道办事处采访文化站的邱站长的图片。

剪影三：采访青春社区刘德华书记的视频。

剪影四：到街上发倡议书，宣传对上马石的保护。

剪影五：课题小组成员交流、整理资料，对重点问题进行再次调查，合作撰写调查研究总结的情景。

通过看幻灯片，展示同学研究活动的情况。然后分组将调查、统计、采访的记录表、查阅相关的资料呈现出来。让各组成员说一说在活动过程中遇到哪些困难，又是如何解决的。并对小组成员前段活动情况相互评价。

最后老师做了简单的总结，布置中段交流汇报的任务。

第三阶段　中段交流展示阶段

一、确定展示内容，选择展示方法，经历方法探究过程

伊始，回顾活动情况，老师总结了前段时间对家乡南城民用石器进行了研究（看课件），从情况看，我们取得了一定的成果，但如何让别人知道我们的研究成果呢？

引出《南城民用石器的研究》成果展示方法的指导。

二、汇报活动过程，欣赏整理活动资料，引导方法指导需求

先让两个小组中心发言人概述本小组成员前一阶段的研究情况。

如上马石组（我是组长张奥，我们组研究的是上马石，我们首先制订了简单的方案，又进行的是小组成员分工，我和唐振负责收集资料，陈必莹负责寻找上马石和照片，于文文负责设计采访的问题。我们组成员都绘制手抄报）。主要汇报小组成员分工，小组开展了哪些研究活动。

然后，让小组两个成员说说自己的研究过程：

（采访人员）我们小组成员首先找到南城存留的上马石的地点，然后为上马石拍照，并采访韩阿姨。我们才知道，上马石的作用是：给人们上马时，方便人们上马用的。我们还知道，原来十几年前，这里的上马石还是很多的。但是，因为不爱护它，有很多的上马石已经不知去向了。我们通过采访才知道，最近方圆几里都没有上马石，只有南城还仅存四块上马石。三块在六朝一条街上，一块在城隍庙前的一个饭店里。

（收集资料人员）我们在收集上马石资料时，很多书上也找不到这方面的资料。后来，上网在百度中收索也没找到，在百度词典中才找到一些关于上马石的资料，才知道在西安还有很多的上马石啊！

石磨组汇报　略

主要汇报自己参加了哪些活动，收集了哪些资料，有哪些收获和感想，在活动中遇到哪些困难，是怎样克服的，是怎样积累自己的研究过程与研究成果的等。并把自己的研究资料展示在自己的桌子上，欣赏各组的研究成果，在小组长的带领下我们走下座位，自由地去欣赏他们最感兴趣的小组的研究收获。同学们可以边看、边想、边跟身边的同学交流，在刚才的欣赏过程中，你看到了什么，有什么感想，可以谈谈对于这组同学研究过程的想法，也可以谈他们研究成果的感受，还可以谈欣赏别人成果后的想法。同学们各抒己见。

但同学们通过欣赏活动资料，发现仅仅把资料全部展示在桌面上，同学们看起来也不太方便，该怎样改进这种展示和交流的方式呢？

三、确定展示内容，选择展示方法，经历方法探究过程

为了改变这种资料展示的单调性和欣赏的不方便，我们应该怎么做？教师引导我们：可先确定成果展示内容，再选择合适的展示方法。

我们在组内交流讨论以前在综合实践研究活动中，一般展示了哪些内容。

学生充分讨论，归纳如下：

（1）展示活动过程：活动的经过（活动的时间、地点、过程、结果等）、活动的收获（活动遇到的困难、解决问题的方法、活动取得的成果等）、活动的感受（成功的体验、失败的教训等）。

（2）展示活动成果：活动调查表、统计表、采访记录表、资料收集卡、观察日记、黑板报、倡议书、制作材料、活动图片、活动录音、录像等。

然后，我们分小组讨论：自己小组里的研究资料有哪些，我们想展示哪些内容，是否要把所有的研究资料都展示出来？等等。

我们结合小组实际活动情况，围绕本小组的研究课题，删去组员间重合的研究资料和与研究主题无关的研究资料，从而确定各小组成果展示的内容：

（1）碓组：成果展示的内容有上网收集的资料，如何在菜园里找到碓的？黑板报、采访记录表，手抄报、电子小报、快板，童话剧。

（2）石磨组：成果展示的内容有采访记录表、《凤凰文化书》，倡议书、书签、Word 的照片。在饭店找到水磨的视频，电子小报，讲解石磨的作用。

（3）上马石组：成果展示的内容一般有收集的一些上马石的资料、展示在六朝一条街倡议、学校师生倡议、采访视频、Word 的照片、活动心得。

（4）碌碡组：成果展示的内容一般有采访记录表、收集资料、在操场的草坪上滚动碌碡的视频和照片、手抄报、快板书等。

我们讨论采用合适的方法展示自己的研究成果：

小组里的研究资料可以用什么样的方式展示出来，能反映本小组研究过程的水平且有较大的影响力？

最后，归纳总结：

A. 将研究过程中的各种影像资料、照片制作成幻灯片播放出来。

B. 将收集的研究资料编写成手抄报或展板展示出来。

C. 举办快板比赛，编制童话剧表演等。

D. 制作书签。

四、制订展示方案，预设展示流程，提升展示效果

通过小组讨论，我们制订成果展示方案：（如下）

_____组成果展示方案

研究课题			
展示时间	展示地点		
小组成员			
展示形式			
展示分工			
展示流程			
拟聘请的 指导教师			

小组制订了交流成果展示方案，老师根据各组成果展示方案的具体情况，引导各小组完善成果展示方案。

第四阶段　成果展示汇报

一、创设问题情境，激发成果展示兴趣

我们前段时间对家乡南城的石文化进行了研究，我们分了四个子课题组。分别是碓组、石磨组、碌碡组、上马石组。我们根据自己的爱好选择自己喜欢的课题进行研究。每组同学在组长的带领下根据制订的方案进行研究，采用实地考察、采访、查阅资料等方法获取了大量资料，并且进行整理，大家都想把自己的收获和快乐与别人分享，与大家一起分享快乐和困惑。

二、汇报活动过程

全组队员都上台，一人展示制作课件。组长介绍找寻碓的过程，其他组员补充其他资料。(看幻灯片)

碓组组员：小组成员首先找到南城菜地里存留的碓窝，然后找到碓窝的主人江奶奶，并采访江奶奶。知道了碓，是很久以前人们用的石器。碓是由碓窝和碓锥组成。江奶奶说："这个碓已经有100多年了，我们以前是把一些没脱壳的稻谷倒入碓窝里面，然后用碓锥使劲地锤击碓窝里的稻谷，时间长了就可以把谷物皮去掉了。"碓组同学表演自编自导的童话剧《碓窝与碓锥的争吵》，碓组同学展示自己组采访邱站长的视频，他们还把自己组成员制作的PPT展示出来。学生展示了很多的采访心得。

同学们各抒己见，评价、讨论和交流各自的想法。

石磨组组长和组员汇报：

石磨的作用：石磨是用于把米、麦、豆等粮食加工成粉、浆的一种机械。开始用人力或畜力，到了晋代，汉族劳动人民发明用水作动力的水磨。通常由两个圆石做成。磨是平面的两层，两层的结合处都有纹理，粮食从上方的孔进入两层中间，沿着纹理向外运移，在滚动过两层面时被磨碎，形成粉末。

我们在街头巷尾寻找到已经被废弃的石磨。通过采访石磨的主人李阿姨，

知道在以前是家家都离不开石磨的。组织学生开展用碓去谷物皮，用石磨加工玉米等劳动体验活动。

我们还在饭店找到了水磨。李逶灿汇报并表演自己写的石磨的快板。

他们还展示自己组成员做的手抄报、电子小报、书签等。

同学们互动交流。谈谈收获和不足之处。

上马石组长和组员汇报：

上马石的作用是：给人们上马时，方便人们上马用的。我们还知道，原来几年前，这里的上马石还是很多的。但是，因为不爱护它，有很多的上马石已经不知去向了。我们组为此发出倡议书，希望南城父老乡亲们都来保护这一文化古迹。它是先辈的智慧结晶。我们也建议政府采取保护措施。

组员：我们在收集上马石资料时，很多书上也找不到这方面的资料了。后来，我们在信息老师黄老师的帮助下，学会上网。在百度中收索也没找到，在百度词典中才找到一些关于上马石的资料。请看展板吧（小黑板上有书签、活动评价表、收集上马石的资料、手抄报等）。对于我们上马石组的汇报，其他组同学发表了意见和看法。

同学们各抒己见，评价、讨论和交流各自的想法。

主持人：谢谢你们精彩的汇报，下面请盛老师讲话，大家欢迎。

老师：同学们，通过这次活动，你们每个人都对南城的民用石器了解了一些，你们知道了同学之间的合作，与人交往，学会了向陌生人采访等。综合实践能力都提高了很多。在实践的过程中，你们遇到困难能够自己想方设法地解决，实在解决不了的困难也能求助家长和老师。学会了共同努力、共同研究、共同讨论、共同解决问题，相信同学们下次综合实践活动会更加出彩。

第五阶段　评价反思阶段

一、创设情境，激发兴趣

前段时间对家乡南城的古文化进行了研究，分了四个子课题组。分别是碓组、石磨组、碌碡组、上马石组。同学们根据自己的爱好选择自己喜欢的课题进行研究。每组同学在组长的带领下根据制订的方案进行研究，采用实地考察、采访、查阅资料等方法获取了大量资料，并且进行整理。大家对自己在这次活动过程中表现是否满意，对同学的表现又是如何评价的？以后的课题研究中还有需要自己注意的地方吗？这节课我们一起来研讨一下，请同学们畅所欲言。

二、汇报活动过程

各组成员在组长带领下，在小组内畅所欲言，学生可以谈自己的成功之处，也可以分享自己的失败感受。

在小组长带领下，填写了小组成员活动评价表。

回家请父母填写一下自己这次活动有哪些进步与需要改进的地方。

小组内分享自己的活动感受及以后活动的建议。

小组派代表分享一下自己的活动感受。

学生活动感受：

我通过这次研究，我的感受是：通过这次活动，我知道上马石的作用。知道了以前的人很聪明啊！（唐振）

我是研究南城石磨组的。通过这次研究，我明白了南城的石磨的历史，又进一步了解了碓等石器。并用碓与石磨进行劳动，体验古代劳动人民辛勤劳动的过程。真是收获多多啊！（金怀美）

前一阶段时间，我们在盛老师的带领下，开展了对南城石文化的研究。当时，我们一共有四个小组。我是作为碌碡组的一名组员。我还和其他组的部分同学去采访邱站长，采访的主题是关于"南城民用石器的研究"。

在这一次活动中，我体会到，这是一次非常有意义的活动，回想起来依然历历在目！我如同遇到了比考 100 分还要高兴的事。每一次活动，我都记得一清二楚。特别是这一次，我会记住一共有四个组，并且是与我亲爱的同学一起活动的。这次活动最辛苦的当然还是我们敬爱的盛老师，她脚伤没好，还是和我们一次次出去活动。我们全班同学都很感激我们的盛老师。

在这一次活动中，我明白了石器的一些用法，比如石磨，是以前用的一种工具，可用来磨豆浆、磨米糊，等等。还有碓，也是以前的工具，它是用脚踩的，就像是玩跷跷板一样，特别有趣，我从中也知道了劳动是最快乐的。

每一次活动都会让我长见识，大开眼界，这次更是让我认识了碓，上马石、石磨、碌碡等有意义的东西。

我在这次活动中也悟出了一个道理，只有付出才会有收获。这次活动收获可真不少啊！（江睿）

这次活动使我大开眼界，走出课堂，走向户外，走向社会参观采访，让我认识到了很多的民用石器，了解到了它们的用途。真可谓是"纸上得来终觉浅，绝知此事要躬行"。（李逯灿）

家长及社区人的部分评价：

活动刚开始，孩子积极性很高，但我很担心孩子会半途而废，没想到他坚持到最后，现在变得懂事多了。（李逯灿的家长）

南城是块风水宝地，这次活动让学生了解南城，知道南城的民用石器的文化，真是太好了。我不用担心南城的历史会被遗忘掉了。（封力文的家长）

看了倡议书，我深受感动，我们都是南城的主人，都应该保护南城的历史文化资源，不能任意破坏……不然真的就成为南城的罪人了。（青春社区书记——刘德华）

教师的反思：

南城处处都有凤凰文化的沉淀。本次活动选择了南城的历史古迹探寻，这仅仅是古文化中的点滴。活动开始，让学生欣赏古文化图片，让学生选取最感兴趣的内容，作为研究课题。这样既尊重学生的意愿，体现以学生为主，又发挥了学生的自主性，并根据学生的兴趣自由组成小组，有助于培养学生的参与意识，合作意识。活动中，教师是促进者、引导者，平等的参与者，活动过程中重在培养学生良好的观察习惯，增强合作、搜集信息、整理信息的能力。

通过向南城的父老乡亲们"倡议"的形式中，既展示了成果，又训练了学生的表达能力，同时也宣传了南城的历史文化。倡议书是学生在交流体验时真情的流露，从这一点也可以看出，学生的思想得到了升华，与活动中的许多环节一样，并非教师的预设，而是自然的生成。如学生评价、组内评价、小组间评价、出黑板报、手抄报、书签、展板展示等形式，体现了实践活动的地域性、开放性、自主性、综合性和活动性。学生不仅获得知识，能力得到了锻炼和提高，更重要的是学生实现了重新评价自我、了解自我，实现了自我的超越——这是我们一直努力的目标。

当然本次活动还存在不足，基于学生的年龄、经验，体验的深度还不够，南城历史古迹、文化遗址较多，由于时间有限，对于学生感兴趣的问题不能一一做出探究，这还有待在以后的活动中进一步深入。

第六阶段　拓展延伸阶段

我们这次的"南城民用石器的研究"的综合实践活动起源于同学们对家乡文化的探寻，通过课题的研究加深了对家乡的了解，对南城古老人民创新精神有了更深的体会。

我们全班同学还策划了以下几点：

宣传倡议，引起广泛关注。

我们写下一份倡议书，并在升旗仪式上宣读倡议书，号召全校学生、南城镇市民行动起来吧，走近家乡的古文化，保护家乡的上马石。

倡议书

亲爱的同学们，南城的父老乡亲：

上马石，在古代的大户人家，或官僚贵族家在宅门前常设置两块巨石，一块为上马石，一块为下马石。这是为骑马人准备的。

上马石，在古代来说作用极大，一是显示主人的等级，二是上马时真离不开它。

现在有些人为了区区几百元钱就把先人留下的上马石出卖，很是可惜。我们在考察中发现，南城的上马石已经寥寥无几了。

我们倡议为了让南城的上马石不再流失，让我们大家都来保护它们，让上马石成为南城一道亮丽的风景线吧。

倡议人：　　　　　六（2）班全体同学

2019 年 9 月 3 日

多元展示，让每位学生都展示最美的一面。

在活动后期，各小组成员出了手抄报、电子小报、书签等，每位成员都写了自己的活动心得。很多小组成员还编排了节目，呼吁更多人加入保护南城的石器文化中。现在我们班级成立了扬帆旅行社。活动虽然告一段落，但是在孩子们心中留下了深深的烙印。

古文化的探寻在继续

附件：活动剪影及成果

石磨组黑板报　　　　碓组黑板报　　　　碌碡组黑板报　　　上马石组黑板报

   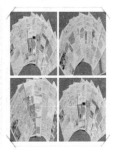

采访刘德华书记　　采访文化站站长　　学生在做电子小报　　学生做好电子小报

碓组在考察并采访　石磨组找到现存的石磨　碌碡组找到碌碡　上马石组找到仅存四块上马石

书　签　　手抄报　　学校倡议　　六朝一条街倡议

学生自己写的研究石器快板

学生在阅览室查阅资料　学生写的采访心得　　　　陈必莹的作文在　　学生多篇作文发
　　　　　　　　　　　　　　　　　　　　　　　省里获奖　　　　表在苍梧晚报

学生 5 篇作文发表在连云港文学　校园美文

 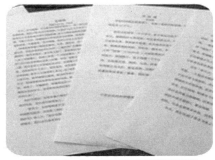

参考文献

[1] 段玉山，袁书琪，郭锋涛，周维国. 研学旅行课程标准. ［M］. 上海：华东大学出版社，2019.

[2] 中华人民共和国教育部制定. 中小学综合实践活动课程指导纲要. ［M］. 北京：北京师范大学出版社，2017.

[3] 江苏省教育厅编. 江苏省义务教育劳动与技术课程纲要. ［M］. 南京：江苏科学技术出版社2017.

[4] 万伟. 综合实践活动建构创意与实施策略 ［M］. 南京：江苏教育出版社，2012.

[5] 郭元祥. 综合实践活动课程的实施 ［M］. 北京：高等教育出版社，2003.

[6] 陈大六，徐文琦. 研学旅行理论与实务 ［M］. 武汉：华中科技大学出版社，2020.

[7] 吴颖惠，等. 研学旅行学校指导手册 ［M］. 北京：北京师范大学出版社，2018.

[8] 王嵩涛. 中小学生研学旅行课程指引 ［M］. 北京：首都师范大学出版社，2019.

[9] 周海青. 小学综合实践活动课程序列化构建与实施 ［M］. 南京：江苏人民出版社，2015.

[10] 倪娟，李广州. 自然·自然观·自然教育思想发微——兼评新课程改革中"回归自然"的适切性 ［M］. 武汉：教育研究与实验，2007.

[11] 陆庆祥，汪超顺. 研学旅行理论与实践 ［M］. 北京：北京教育出版社，2018.